U0771650

教育部人文社会科学重点研究基地重大项目：国家治理体系现代化中的传媒治理研究（22JJD860016）

编译
文库

社会学

张成良　孔非　著

调查性报道采访：
理论与实践

Investigative Reporting Interviews:

Theory and Practice

中央编译出版社
Central Compilation & Translation Press

图书在版编目（CIP）数据

调查性报道采访：理论与实践 ／ 张成良，孔非著 ．
北京：中央编译出版社，2025.6. -- ISBN 978 - 7 - 5117 -
4782 - 2

Ⅰ．G212

中国国家版本馆 CIP 数据核字第 20242R0P87 号

调查性报道采访：理论与实践

责任编辑：郑永杰
责任印制：李　颖
出版发行：中央编译出版社
地　　址：北京海淀区北四环西路 69 号 （100080）
电　　话：(010) 55627391（总编室）　　　　(010) 55625174（编辑室）
　　　　　　 (010) 55627320（发行部）　　　　 (010) 55627377（新技术部）
经　　销：全国新华书店
印　　刷：三河市华东印刷有限公司
开　　本：710 毫米×1000 毫米　1/16
字　　数：244 千字
印　　张：15.5
版　　次：2025 年 6 月第 1 版
印　　次：2025 年 6 月第 1 次印刷
定　　价：95.00 元

新浪微博：@中央编译出版社　　　　**微　　信**：中央编译出版社(ID: cctphome)
淘宝店铺：中央编译出版社直销店(http://shop108367160.taobao.com) (010) 55626985

本社常年法律顾问：北京市吴栾赵阎律师事务所律师　闫军　梁勤
凡有印装质量问题，本社负责调换，电话：(010) 55626985

序言：中国媒体走进后调查性报道时代①

随着 1994 年中央电视台《焦点访谈》的开播，很多人认为中国调查性报道进入全面发展、遍地开花的时期。各省市电视台先后推出主打的调查性报道栏目，强化新闻舆论监督的作用，此后，《南方周末》等平面媒体也迅速在业内崛起，掀起一波调查性报道的高潮，媒体调查性报道出现了泛化的现象。

在国际传媒背景和国内媒体经营思路调整的情况下，传统媒体新闻调查性报道也发生了变化，以网络为代表的新媒体的参与推动，在客观上加快了这种改变。

一、传统媒体调查性报道的困境

调查性报道从诞生之日起，就代表着社会的正义、先进，与邪恶、落后做斗争。但是，由于调查性报道过程中媒体存在的错位、缺位和越位等问题，以及调查性报道的单一媒体属性，往往需要借助其他行政、司法等监督手段体现监督实效，所以调查性报道很容易陷入尴尬境地。

（一）"焦点"类栏目风光不再

在传统媒体调查性报道栏目中，中央电视台的《焦点访谈》可以说是电视媒体的风向标。在《焦点访谈》开播后，许多省市电视台纷纷成立新闻评

① 笔者曾根据网络媒体的环境发表过有关论文，对于后调查性报道的特征和影响进行分析论证，此处引用这一文章作为本书序言，意在突出时代发展对调查性报道的影响。
张成良：《中国媒体进入后舆论监督时代》，载《新闻知识》，2007 年第 4 期，第 8 页。

论部，开办具有调查性报道功能的栏目。1994年开播的电视述评栏目有吉林电视台的《八点纪实》、黑龙江电视台的《今日话题》、河北电视台的《社会纵横》、福建东南电视台的《东南纪实》、浙江电视台的《黄金时间》等20多个栏目，从某种意义上说，1994年可以被称为"焦点访谈"年。①

三十多年过去了，虽然《焦点访谈》等栏目还在固守调查性报道的阵地，但是其被赋予的权威光环正渐渐消散。传统媒体的不断出局和解体，或是节目形态的转型发展，使得节目改变原来以调查性报道为主的播报模式，转向全天发生的国内、省内重大新闻事件、热点话题，打造全天新闻晚间时段的第一出口。此外，浙江、河北等电视台"焦点"类栏目这几年也已经销声匿迹。仅存的调查性报道电视栏目中，也大都面临着改版等实际问题。

《南方周末》在1996年转型后即以调查性报道为重要特色，报纸定位是"关注弱势群体"。随着该报在业内的迅速崛起和重新定位，《南方周末》定位已经转为"为中产阶级服务"，让调查性报道与建设性报道齐头并进。

在当年的调查性报道"明星媒体"星光黯淡后，曾经获得受众广泛赞誉的调查性报道专栏正在或已经发生变化。有的在重重压力下偃旗息鼓，有的在探索中寻求改变，还有的仍在坚守调查性报道的一方阵地，喧嚣一时的调查性报道热潮逐渐平静了下来。

调查性报道类节目的洗牌除了媒体经营的自身需求，外在环境因素也是造成专栏调整的一大原因。以智能媒体为代表的新兴媒介格局使得中国传统媒体面临着全面的挑战。

（二）地方保护影响调查性报道力度

有人把调查性报道看成是"特殊权力"，其实这只是人们对媒体舆论的主观看法。媒体具备的只是表述民意的"软实力"，在既有的立法、司法和行政"硬实力"架构内，起着一定的权力平衡作用。在地方权力框架内，媒体的软实力往往会遇到种种其他权力制约。

2006年5月，"陕西潼关收费站乱收费"事件被河南媒体揭露后，陕西

---

① 胡文龙：《中国新闻评论发展研究》，北京：中国人民大学出版社2002年版，第391页。

媒体立刻刊发了立场截然相反的报道，这一事件被媒体称为"潼关事件"。同一新闻事件，竟然出现完全不同的两种声音，当地媒体显然在替被监督的工商部门打圆场。

2004年末，闹得沸沸扬扬的深圳"姐姐事件"，也是北京和外地新闻记者采写的。"姐姐事件"起因是深圳市五部门联合下发文件，"号召"全市中小学生观看一部电影，引发部分学生家长的反对。事件发生之前，深圳当地的媒体曾做过大量正面宣传报道，但当事件被揭露以后，当地媒体则几乎一律装聋作哑，保持沉默，只是在深圳市委公布调查和处理意见后才开始露脸。

其实，类似的情况全国各地都发生过。回顾近年重大事件的调查性报道事例，首先发现问题并进行报道的几乎都不是当地新闻媒体，而是中央或者外省的媒体。在整个事件揭露过程中，当地新闻媒体往往是三缄其口，保持沉默，直到上级做出处理决定，才会发一条官方消息应付一下。①

在重大事件面前，当地新闻媒体为何屡屡失语？实际上，媒体从业者都明白，对当地调查性报道可能付出的代价。从领导的角度看，显然不愿意往脸上"抹黑"，所以调查性报道最大压力来自行政意志，行政意志决定了调查性报道的所需代价，部分权力部门也往往以"给政府脸上抹黑""影响团结"等地方保护性论调打压当地媒体的调查性报道。新闻工作者为求自保，只能放弃新闻报道原则。由于对本地区、本行业进行监督存在较大困难，一些媒体便跨地区跨行业监督，通过曝光别的地方、别的行业的问题来"弥补监督不足"和"加大监督力度"②。

（三）调查性报道的反噬性影响

随着调查性报道在各级媒体的广泛使用，常受媒体关注的部门也想出各种办法逃避媒体监督。一些权力部门利用部门内部红头文件限制记者采访，逃避调查性报道，如果新闻媒体置若罔闻，继续进行调查性报道，权力部门

① 俞月亭：《新闻舆论监督的尴尬》，http://www.blogchina.com/new/display/186571. html（访问时间：2006年10月29日）。

② 任贤良：《舆论监督的现状、问题与解决方法思考》，载《中国记者》，2006年第8期，第4页。

就会动用手中权杖。2002 年 8 月 1 日，兰州市公安局就以部门红头文件的形式向兰州市 6 家都市类报纸负责人下达公函，宣布对 16 名记者进行"封杀"。

2006 年 7 月，深圳富士康集团以《第一财经日报》侵犯名誉权为由，要求两名记者赔偿总额 3000 万元，并要求法院查封两名记者个人财产。此案引起了一场关于媒体"舆论"与"资本"较量的讨论，虽然两个月后双方互致歉意，达成谅解，但是这一案件本身也表明媒体调查性报道受到的反噬正在增加。由于我国目前新闻法律法规还不够完善，所以受调查性报道对象与新闻媒体的法律较量，往往以媒体败诉而告终。一直以来我国媒体涉及的新闻官司胜诉率不到 20%，这一数字表明，传统媒体的调查性报道正面临着等待法律认定的合法性身份的尴尬。

2006 年，新疆电视台的两名记者在采访时遭到一家企业领导的围殴和非法滞留，这是不到一个月内新疆发生的第二起记者采访被殴打事件。尽管相关负责人表示将认真调查处理，但始终也未见任何道歉。仅 2006 年 11 月，全国至少有 6 名记者在采访中被殴打。①

二、新媒体为调查性报道带来新方向

在中国传统媒体调查性报道日趋平庸的时候，网络新媒体却悄然成为调查性报道的新晋势力。回顾近年来颇有影响的新闻事件，媒体接力报道成为一个主要特征，在媒体的接力报道中，网络媒体往往率先发难，形成第一波媒体舆论漩涡，随着传统媒体后续介入，舆论造势也因此被进一步放大。

重庆彭水曾经出现一个"彭水诗案"，一位当地公务员因为一则针砭时弊的短信诗词被刑拘，受到非法关押。此事在网络上传开后，报纸等媒体迅速介入，于是，以往那种个别地方政府不顾当地舆论与民意一手遮天的霸道行径得到了有效遏制。如今，信息在互联网的发布如此简捷便利，任何一个人都可以轻易地向全世界发布新闻，这导致了调查性报道格局的改变。② 新媒体

---

① 王娅妮等：《舆论监督任重道远》，新华网，https：//news. sina. com. cn/o/2006-12-20/091910818616s. shtm（访问时间：2006 年 12 月 19 日）。

② 曹鹏：《中国传媒市场进入后 WTO 时代》，载《新闻记者》，2006 年第 12 期，第 36 页。

以刊发载体的优势突破了传统媒体的传播范式，使调查性报道的核心主体发生了变化。

2006 年 1 月 17 日，一位神秘举报人在清华 BBS 上指责"汉芯一号"发明人陈进作假，骗取国家上亿元无偿拨款。这一指责立刻引来一些媒体的关注，随后上海媒体《21 世纪经济报道》开始跟进报道，并迅速在国内媒体间形成舆论风潮。经过调查组多方调查取证，最终确认"汉芯造假"事件成立，这一事件成为轰动一时的造假大案。

此外，在"湖北汉川红头文件规定喝酒指标"等国内新闻调查性报道事件中，网络也成了重要的新闻来源和新闻报道的参与者，在"网络新媒体—传统媒体—新闻舆论—受众"的传播链条中，媒体之间的接力报道成为调查性报道新的方向，特别是微博等自媒体的异军突起，为这种合作传播整合了更为丰富的新闻资源，调查性报道原有模式也将发生改变。

三、后调查性报道时代的媒体传播特点

随着新媒体的介入，调查性报道的格局正在发生变化，以明星媒体为风向标的调查性报道方式已经远离人们视线，而媒体间经过整合后形成的新阵线突出彰显了媒体的理性。在后调查性报道时代，理性引导的媒体揭露性报道变得更加成熟和稳健。

（一）媒体调查性报道回归理性

从媒体自身发展来看，调查性报道是媒体提高影响力的不错选择，所以 10 年前，各种媒体几乎是一哄而上，打造自己的调查性报道平台。但是，新闻影响力并不代表媒体的公信力，专靠调查性报道的媒体容易形成习惯性立场，为了调查性报道的监督权力而监督，为了引起关注而调查。就像人们评价早期的《南方周末》一样："浅、偏、露是其致命缺陷。缺少的是高屋建瓴的指引力和思想厚度。而公信力、责任感、正义感是一份严肃报纸的坚硬内核。"[①] 正因为面临种种发展问题，《南方周末》在改版后，把"爱心、正义、

[①] 禹建强：《媒介战略管理案例分析》，北京：华夏出版社 2004 年版，第 246 页。

良知"变为后来的"正心、积健、高远"，通过自身调整，突出理性的思考成分。美国《财富》杂志对此也颇有心得，他们认为，媒体发展到一定阶段后，"负面报道"的采编成本不断增加，收益反而在下降，打造媒体品牌的其他途径会增多。媒体有了相当的知名度后，读者对其可借鉴、学习内容的期望值会上升，也就希望看到其他方面的文章。①

具有理性思考的媒体是负责任的媒体，理性的调查性报道也是打造媒体品牌的必由之路。现阶段我国调查性报道类节目的改版和结构调整，昭示了媒体调查性报道的理性回归，也是社会大环境发展的必然要求。

(二) 新媒体参与突破地方行政保护障碍

由于受到地方保护等诸多因素影响，传统媒体在面对当地重大新闻事件时，常常出现缺位的情况。中央与外省媒体虽然可以补位，但是这种补位不得不面临着新闻封锁和缺乏核心调查信息等困难。

在网络新媒体这个调查性报道新形态出现后，地方调查性报道的封锁出现了松动。往往是新闻事件中的当事者现身或以"神秘人"的身份出现，把调查性报道议题引到网络上，通过网络在全国范围内传播，形成第一轮舆论冲击。前文提到的"彭水诗案"就是一个典型例子，在当地主流媒体受限无法参与报道的情况下，网络媒体形成的民间舆论迅速传播，形成轰动全国的新闻事件。在另一起"徐工并购案"中，博客作为新载体成为新闻传播的第一出口和主战场，并由此引来传统媒体的跟进报道。

因为网络的大众传播属性，地方保护对网络舆论无法施加压力，这种"信息衍射"形成特有的舆论反射弧，绕过了区域内的行政障碍，在外围形成舆论波动。而随着舆论关注的持续升温，一些中央和其他外省媒体接力关注并介入报道，形成新的报道语境。新媒体的参与，突破了原有的地方行政干预，形成了更为广泛的新闻舆论空间。

(三) 媒体间合作形成新闻调查性报道合力

在后调查性报道时代，调查性报道中的"明星媒体"已不复存在。多极

---

① 孙燕君等：《期刊中国》，北京：中国社会科学出版社 2003 年版，第 398 页。

共存，理性协同是目前调查性报道的现状。媒体在调查性报道中相互配合，形成了泛媒体间合作的舆论联盟。

实践证明，在一些重大的典型调查性报道事例中，新闻单位相互联手，协同作战，对扩大调查性报道影响，加大调查性报道力度，推动调查性报道事例解决，起到了重要作用。

1999 年，珠海市为了以调查性报道推动经济发展，各媒体记者组成了一个"特别报道组"，从报道实践看，他们采用媒体联动的方式，协同作战，扬长补短，形成了调查性报道的强大合力和立体攻势。

近年来发生的一些特大事故的真相披露，也是媒体协同作战的结果。如山西繁峙的矿难事故报道过程中，《中国青年报》、陕西省的《华商报》、新华社、中央电视台等媒体记者在迷雾重重中相互配合，在荒野中找到了矿方焚烧、掩埋矿工尸体的罪恶铁证，从而揭开了矿难被瞒报的真相。再如"西安彩票案"和"潼关事件"等，这些调查性报道背后都能看到媒体合力报道的身影。

眼下，调查性报道虽然没有了三十多年前的热闹喧嚣，但是经过沉淀，如今，新旧媒体正以产业发展的眼光寻求构建理性和谐的调查性报道环境。目前的这一阶段，注定要成为后调查性报道时代全面发展的见证者。

目 录
CONTENTS

第一章　调查性报道的采访

【阅读要点】

掌握调查性报道的概念和历史源流，了解调查性报道在我国的发展与变迁。在实习实践中学习调查性报道的采访与写作技巧。能够分清楚调查性报道与其他深度报道的区别与联系。调查性报道的学习，首先要明确调查性报道选题的原则和要求，突出对"公共利益"属性的判断，同时要学会在采访中熟悉与掌握新闻事实的挖掘与呈现，这是应该学习和掌握的要点。

调查性报道是归类于深度报道的重要体裁。之所以将其独立成体，是因为调查性报道在回答新闻背后"是什么"的同时，也充分展现出新闻深度采编的全流程图景。

学习调查性报道，是在校新闻学与传播学专业大学生了解新闻深度报道的流程，把握调查性报道外在的文本呈现和内在的细节分析之间的关系的重要途径。学生通过新闻呈现与表达，了解从事实到新闻事实，再到新闻作品之间的逻辑关系。调查性报道写作要求新闻工作者具备丰富的新闻写作经验，不仅仅是表述清晰，还强调运用叙事语言讲好故事，设计好文章结构，这是调查性报道学习的精髓所在。

第一节 调查性报道概述

何谓调查性报道？美国学者梅尔文·德弗勒等人认为调查性报道是"为获得内情和揭露丑闻而强调细致地收集事实的报道风格"。埃默里则认为："调查性报道就是指利用长期积累起来的足够的事实和文件，就事情的意义向公众提供一种强有力的阐释。"在甘惜分主编的《新闻学大辞典》中这样定义："一种以较为系统、深入地揭露问题为主旨的报道形式。"事实上，这种定义主要借鉴西方新闻界，发源于美国，由揭丑性报道逐渐演化而来。

从我国调查性报道近年来的实践来看，中国新闻学者和新闻工作者对于调查报道的理解和运用则更加宽泛，可以说突破了西方强调的以"揭露问题为主旨"的报道形式，它本着积极参与公众关心的新闻事件的态度，通过深入挖掘获取新闻事件、新闻人物或热点问题背后隐藏的内容并加以揭露。强调对于公众关注的新闻事件"为什么发生"以及"事实究竟如何"等问题，通过可靠的调查研究，用第一手资料和可靠的数据，抽丝剥茧，为读者展示权威的调查结果，以此开拓新闻报道的视野，增强新闻报道的深度。

那么，何为调查性报道呢？调查性报道是记者通过调查采访，深入挖掘和揭露被掩盖的新闻真相的报道形式。我国调查性报道主要源起于早期的报纸《内参》，1980 年《工人日报》公开报道了"渤海二号"沉船事件，这被视为早期有影响力的调查性报道。20 世纪 90 年代以后，《中国青年报》推出《冰点》栏目，此后，《南方都市报》《南方周末》等报刊先后推出调查性报道栏目，调查性报道就此在中国报刊媒介生根发芽。真正以专栏形式推出并产生深远影响的是中国的电视栏目报道，1980 年中央电视台开播《观察与思考》栏目，被视为调查性栏目的开端。1996 年中央电视台新闻评论部推出的《新闻调查》栏目，是我国真正意义上的新闻调查报道类栏目。

一、中西方调查性报道的不同体现

相对来说，我国新闻界出现的调查性报道尽管有着西方调查性报道的印记和影响，但不可否认的是，国内新闻工作者本着拿来主义的批判性思维，对调查性报道进行了符合中国国情的运用与改造。[①] 根据我国社会主义初级阶段的实际国情，国内媒体在强调正确舆论导向的同时，摸索出具有中国特色的调查性报道的实践新思路。总结起来，我国的调查性报道与西方主要国家的调查性报道都强调以事实为依据的报道原则，说到不同之处，则主要体现在以下几个方面：

一是目的有所不同。西方媒体的调查性报道源于国家大选的选战需要，带有鲜明的工具属性，即利用调查性报道来影响参选一方的选情，以此瓦解对手的民众支持，从美国尼克松政府时期的"水门事件"开始，调查性报道呈现出鲜明的政治立场。而我国的调查性报道强调在舆论导向上发挥作用，是在维护国家、党和人民群众根本利益的同时，采编与发表具有权威性的调查报道，引导主流舆论的目的清晰明确。

二是利益方有所不同。西方调查性报道直接受益者是部分政客和既得利益者，其揭露黑幕和丑闻的做法正是迎合相关利益方的直接诉求，因此不排除夸大新闻事件甚至操纵舆论的嫌疑。我国的调查性报道则是站在党和人民群众的利益方，事关公共利益，即便是对不正之风或阴暗面的揭露，也带有鲜明的党性原则，强调正面报道的舆论导向。

三是手段有所不同。西方记者采写调查性报道会采取独立调查的方法和手段，不惜使用"侦破"案件的方法和手段，为了获取私密材料甚至动员间谍手段等，这使得调查性报道超出了新闻报道本身的内在逻辑和要求。我国的调查性报道，在保证客观公正的前提下，主要以正面报道为主，辅助以"微服暗访"等手段，便于深入基层了解真实情况，获取第一手可靠的材料。2019 年山东省各地媒体广泛采取的媒体"问政"栏目便是这种调查性报道的

[①] 袁丰雪、仇玲、周海宁等：《融媒体时代新闻采访与写作》，北京：新华出版社 2019 年版，第 297 页。

集中体现。

二、调查性报道的特点

应该说，不论是业界还是学界，对于调查性报道的属性和特征，均存在一个由浅及深地认知和发展的过程。因此，调查性报道可视为一个动态地发展和变化的过程，其特点主要如下：

一是调查性报道的自主特征。调查性报道由于专业性强、目的明确，一般都由新闻专业记者采访完成，报道过程中新闻界自主选择要报道的目标，独立设置新闻议程，独立进行调查活动，记者的主体性新闻生产的意识得以充分体现。在新兴媒介环境下，未来一段时间，以个体为主导的独立调查性报道将会得到孕育和产生，调查性报道的自主性也会进一步得到强化。

二是调查性报道的新闻性特征。调查性报道以调查与揭露当前正在发生、现实社会环境中存在的，而且是读者最为关切的问题为主。事实上，调查性报道和调查报告最为明显的区别就在于，调查性报道本质是新闻报道，是一种基于新闻采访与写作的文体要求；调查报告则立足于研究与经验总结，一般篇幅较长，力求根据一项工作或项目的开展情况进行系统性调查与分析，最终归纳或总结出具有一定规律性的结论或观点，这些总结的结论、办法、意见和启示，指导人们解决在实践生活生产中遇到的问题。

三是调查性报道的科学性特征。调查性报道基于事实选题报道，强调调查的扎实可靠，深入细致，不虚张声势、不故作高深。调查性报道的科学表现为选题的科学性，调查流程的科学性，报道写作过程的科学性。调查性报道本着以事实说话的原则，只有坚持科学性原则，才能保证报道的准确合理，才能客观公正地引导舆论，从而提升报道媒介自身的公正性和权威性，这是对调查性报道的要求，也是对职业记者的根本要求。

当然，调查性报道不同于其他报道，它需要消耗大量的时间和精力，要求新闻记者秉持工匠精神以努力完成篇幅长、分量重的报道稿件，使受调查者对调查结论心服口服，不会提出质疑和反对意见。

新闻背后

2005 年，笔者接到观众热线电话反映，某市一些市场出售
"垃圾猪肉"。根据新闻线索，记者首先在一些早市调查走访，
了解到"垃圾猪肉"确实存在。商贩为了赚取更高利润，对外
声称为"稀食猪肉"，价格略高于普通猪肉。在后期采访中，

扫一扫看调查
性报道原文

记者来到距离市区五公里左右的一个大型垃圾场。二十余人滞
留在垃圾间挑拣剩菜剩饭。春末夏初，垃圾场散发的腐臭气味很远就能闻到。
记者通过近距离观察走访，了解到垃圾场每天被捡拾走的垃圾有三十余吨，
可以保障一千多头成年生猪的食用。接下来笔者调查到垃圾猪生产的产业链
条：有人每年以一万元价格承包垃圾场的翻捡工作，再分包给专门捡拾垃圾
喂猪的其他个体。在这个层层分包的产业链条保障下，未经检疫的"垃圾猪"
从喂养到出栏售卖就成为见怪不怪的事情。接下来，笔者还调查了某市垃圾
综合处理场场长，某市肉联厂的负责人，某市兽医卫生监督检验所的工作人
员，以及对"垃圾猪"有着深入研究的吉林农业大学动物科技学院的博士专
家，通过深入采访调查，了解到垃圾猪市场存在的种种问题，提出了解决垃
圾猪问题的有效方案。

第二节 调查性报道的时代性变迁

调查性报道产生于大众传播时代，以报刊为代表的媒介推动了调查性报
道的开展。在调查性报道的黄金时代，其足以成为影响政治、文化、经济与
社会生态的重要力量，在西方社会是足以与立法权、行政权和司法权相媲美
的第四种权力。可以说现代社会公民意识的觉醒，离不开调查性报道的传播
与影响，调查性报道的一次次信息披露，如波开浪裂一样揭露各类社会问题，
进而在一定程度上影响着社会权力的重新分配。随着媒介形态的演进，报纸、
广播、电视和互联网不断汇入媒介生态，由此形成媒介生态位竞争，在不断

削弱前在媒介权威的同时，调查性报道也面临更加泛化的趋势。

调查性报道的时代性变迁，从本质上看是新闻报道本身的回归。从赋予权力的专业组织报道，到复位于信息披露与展示，调查性报道回归到职业本位，而非僭越到权力环境中行使超出本身职能的权力。这样看来，褪去权力加持的调查性报道在回归专业化本位的同时，也在融媒体技术环境中呈现出全新的时代面相。

事实上，在融媒体环境中调查性报道的载体已经发生了变化，网络媒体成为调查性报道的新阵地，在融媒体技术加持下，传统媒体的人员流动更是为网络媒体的调查性报道锦上添花。前些年便已经崭露头角的凤凰网、腾讯等网络媒体推出的调查性报道，一度产生深远的影响，比如依托传统平台凤凰卫视的凤凰网此前关于缅甸战事的调查性报道等，其影响甚至超过传统媒体。与早期网络媒体相比，2014 年 6 月 28 日开始上线运营的《澎湃新闻》则把融媒体环境下的调查性报道推向一个新的高度，其把调查性报道地点确定在全国范围内，图文、视频、图表、文字和关系图是澎湃报道的主要样式，2017 年起澎湃新闻还加入短视频形态，丰富报道手段。除了图文和短视频，澎湃新闻还策划运用可视化呈现形式，多元符号呈现，将融媒体表达的特征体现得淋漓尽致。

调查性报道的时代性变迁，重构了媒介报道生态，由此带来后真相时代的种种现实问题。一方面，信源的多元呈现与博弈现状影响着调查性报道的权威主体建构，与此同时报道主体的泛化与议题设置的开放带来多元主体传播的新格局；另一方面，多元媒介形态的符号叙事成为融媒体调查性报道的新特征，符号多元化、场景复合化、情景沉浸化等融媒体平台使调查性报道更加丰富形象。这也意味着调查性报道正逐渐从以往传统媒体的内容建构向着场景建构的方向迈进，由此带来了媒介生态的全新改变。

应该说，调查性报道的时代性变迁是传统媒介与新兴媒介内容深度融合的结果，通过融合带来报道主体的变化和变迁、报道范式的变化、报道议程设置的开放性变化等，报道的媒介形态呈现出显著的融媒体传播特征。

一、报道主体的变化与变迁

在媒介融合的背景下，新闻传播的受众角色将由单一线性到多重交叉演变。[①] 传统媒介新闻传播的主体，主要存在于新闻生产与传播的流程中，不论是传播机构中的上位主体和本位主体，还是传播收受环节中的收受主体，都是专业化新闻生产背景下的新闻传播主体。新闻报道主体则主要聚焦于媒体机构的专业生产群体，其组织传播与"把关人"的特征十分显著。融媒体报道中的主体存在着两个倾向：一是报道主体的扩展与泛化问题；二是报道主体传授身份模糊，趋向于高度融合。

调查性报道主体的扩展与泛化问题，主要体现在融媒体技术对于报道新主体的赋能作用上，使得非专业化的社会力量加入融媒体报道活动中，成为融媒体报道的重要力量。新扩展的融媒体报道主体主要包括：非媒体背景的专业化新闻生产力量，业余的或专业化的"自媒体"，利用自媒体平台进行传播的各种机构、组织和企业，技术性的信息采集、整合工具或平台。报道主体扩展与泛化给新闻生态带来重要影响，专业媒体一马当先，它补充了专业媒体的报道触角，增加了新闻事件的议题设置，改变了专业媒体单向度的传播范式。最重要的是，融媒体报道主体的"全民性"互动机制挑战了专业媒体的组织传播地位，专业媒体生产者与社会环境中参与新闻生产的个体之间在融媒体环境中处于平等位置，由此带来话语关系的平衡。

调查性报道主体传授身份模糊，趋向于高度融合的倾向，主要体现在融媒体报道倾向于传授一体化建构上，报道主体与收受主体之间没有确定的分工界限，新闻报道的生产与收受之间即时转换。报道主体不再享有独立设置报道议题的专业权威，报道议题设置的协调性决定了议题设置只是融媒体场景建构的核心组成部分，其面临着随时被转换或否定的可能性。当然，将报道主体吸纳于同一场景之中，并进行彼此交互的融媒体平台也显示出高度的主体性特征，其通过融媒体技术完成媒介形态链接，确保融媒体报道之间完

[①]　徐沁：《媒介融合论：信息化时代的续存之道》，北京：中国传媒大学出版社 2000 年版，第 258 页。

成跳转，由此也带来融媒体报道主体之间的转变。

随着融媒体技术的发展，未来调查性报道的主体还存在着一定的误区：那就是智能时代随着大数据新闻、智能新闻、算法新闻的不断推陈出新，融媒体报道是否面临着从人到智能机器的主体转变。众所周知，目前的新闻报道中"人"作为报道活动的主体，从新闻信息的采访到写作编辑，再到后期的传播发送，人是各环节的主体存在。事实上，传播活动本身就是"人"主观能动性的体现。融媒体环境下，大数据、云计算、物联网，这些具有智慧特征的技术正悄然改变着未来的传播格局，人与技术的关系也使得融媒体报道主体确认成为一个有待解决的新问题。

从专业主体到多元主体的转变。新媒体的影响，从媒介专业主体转向了更加多元的主体，包括专业媒体人、民间调查者、新闻事件的当事人等。调查性报道主体的变化，从本质上看也是传统调查性报道的去魅化过程，人人都是叙事者，人人都具叙事观，这是新兴媒体的赋权行为。但考虑到调查性报道的专业属性，有专业媒体背景者依旧是调查报道的核心主体，只不过核心主体周围融入了参与调查主体。这里就涉及一个新的概念——个媒体，个媒体是相对于自媒体而言的一个概念，是通过新兴媒体自我赋权形成的以意见领袖为核心形成持续对外影响的媒体时代。自媒体时代突出的是"人人即媒体"传授一体化特征。从数字化媒体传播过程的视角来看，人人都享有数字信息传播的权利，这样的归纳本无可厚非，然而，从信息协同传播的自组织过程来看，自媒体的概念又显得笼统而泛化。因为虽然人人都拥有信息传播的权利，而且也可以自我赋权，但这是相对于信息出口而言的信息入口，对于信息出口，我们更加关注的是信息的质量和借此所获得的话语权问题。按照协同传播中的自组织特点，影响到协同传播的序参量——舆论领袖对于数字化媒体的舆论导向具有重要引导作用，因此从数字媒体权利建构的角度来看，自媒体状态是一个自我赋权的无序状态，个媒体状态则是完成话语权建构的有序状态和结构。①

---

① 张成良：《新媒体素养论：理念、范畴、途径》，北京：人民出版社2015年版，第189页。

在新兴媒体环境下，个媒体包括了具有专业生产素养的核心主体及参与调查主体的集合形态，调查性报道的议程设置是由核心主体主导的有机报道过程，报道过程中也不排除参与主体升级为核心主体的可能性，其过程随着信息资源的把控而变化。从这个意义上说，个媒体本质上是一个有机运动的调查性报道认同体，在共同的诉求下协同完成调查性报道的全过程。

二、报道范式的变化

传统调查性报道范式从产业形态上看属于职业形态的范式，从生产流程上看属于线性的工作范式。

调查性报道的职业范式转变，是新闻报道本身置于何种环境中产生的内在本质性表征。传统的调查性报道强调职业语境，因此形成了早期的职业研究范式，这一范式研究主体关注新闻传播活动、职业新闻现象。在职业范式中，新闻活动具有专业属性和职业属性，职业范式以组织传播为动力支撑结构，在调查性报道中具有强烈的品牌理念和口碑意识，因此早期的调查性报道催生了一批享有知名度的明星调查记者，同时也带动了国内调查性报道的传播。不论是报刊还是广播电视，在显要的版面和时间段位上，均存留着调查性报道的闪光记忆。可以说，在中国 20 世纪 90 年代前后，中国新闻事业最耀眼的光芒都来自调查性报道的广泛传播，它第一次将新闻事业与行政监管、社会治理等联系在一起，许多经典报道都成为轰动一时的舆论事件。那个年代为我们留下了很多教科书式的深度调查案例，而那些诸如"让无力者有力，让悲观者前行""总有一种力量让我们泪流满面"等文字，时至今日都让人热血沸腾。当年洛阳纸贵、一报难求的盛况，如今依然历历在目。电视调查性报道则将电视收视推向一个又一个巅峰。

然而伴随着信息技术的发展，新兴媒体异军突起，迅速成为新闻报道的新阵地，新闻生产逐渐从职业性的活动转变为社会性的活动，由此开启了调查性报道从职业范式向社会范式的转变历程。① 社会范式不同于职业范式的地

---

① 　杨保军、李泓江：《新闻学的范式转换：从职业性到社会性》，载《新闻与传播研究》，2020 年第 8 期，第 5 页，第 126 页。

方在于，它以网络化、关系化为基本视野，新闻生产活动进行到人与社会活动的层面，调查性报道面临着"去职业化"的问题。去职业化只是一种范式上的转变，是从报道的职业话语体系转变为社会活动话语体系，这也意味着知识生产方式的全新转变，以交叉融合、多元理解的方式带动新闻知识生产版图的拓展与创新。

与产业形态的范式变化相比，生产流程上的范式变化则强调了时空秩序的安排，其范式从线性生产向非线性生产方式转变。在传统的调查性报道中，从报道逻辑初始时空节点开始，调查者需要在时间上追溯或同步，与新闻事件或现实开展时空对话，在空间上则通过空间的移动，重构或还原空间环境。当然，这种时间和空间的采访报道具有一定的秩序性，调查者根据需要进入不同的场景先后完成调查采访，这种从节点到节点，从场景到场景的过程是通过线性安排来完成的。与此同时，调查性报道的写作也要将原有的时间和空间逻辑打乱重组，形成全新的报道时空次序，这一重构的过程中所凭依的仍然是线性关系。在信息技术环境中，调查性报道面临着双重线性关系的被打破，第一重关系是采访上的线性关系被打破，调查者无须按时间和空间关系的秩序完成采访，而是通过核心主体的调度，同时激活多个参与主体，共同完成现场时空的组合与串接，这与传统的线性调查采访范式相比，显然具有了更多的非线性特征。第二重关系是报道内容传播中的线性关系被打破，在新兴媒体平台上，不同媒介形态共同分享，各媒介形态以窗口的形式建构起超链接关系体系，通过点击链接进入不同的媒介时空形态，在强化报道中交互作用功能的同时，突出传播模块的碎片化与非线性特征。

调查性报道的范式变化，不论是产业形态还是生产流程，均满足信息技术生态变迁的传播需求，建构起全时空环境、动态延伸的报道生态。

三、报道议程设置的开放性变化

信息技术环境为调查性报道提供了全新的开放性议程设置平台。议程设置的开放性意味着更多的人能够参与设置议程，弱化媒介本身在议程设置中的主观影响，突出新兴媒体的平台属性，引入更趋多元的议程设置主体。调查性报道议程设置的开放性变化包含了传统媒体和网络媒体的议程相互转化、议程设置的主体多样化、议程设置的议题多元化、议程设置的方式多渠道。

（一）传统媒体和网络媒体的议程相互转化

融媒体时代传统媒体和网络媒体的协同传播，既包括渠道之间的相互融合与借用，也包括信息生产活动中的彼此联动。其中议程设置的相互转化作为内容融合部分，是媒介融合核心价值所在。2012年，引起民间广泛关注的"陕西微笑大表哥杨达才事件"，始于一场意外车祸中新华社发布的图片新闻报道，杨达才作为厅级领导在车祸现场不合时宜的微笑照片引起网民的不满，随后与杨达才个人生活消费相关的"手表"成为议程热点。网民们把原本沉寂多年的杨达才参加各种活动的照片翻找出来，形成了针对特定"手表"符号迁移的媒介议程设置的话题传播，那些本来已经模糊的信息立刻清晰起来。之所以将杨达才事件作为传统媒体和网络媒体相互转化的议程设置案例，是因为议程设置中的不确定因素改变与调适使得传统媒体与网络媒体紧密融合在一起，形成彼此呼应的有机议程设置体系（见图1-1）。

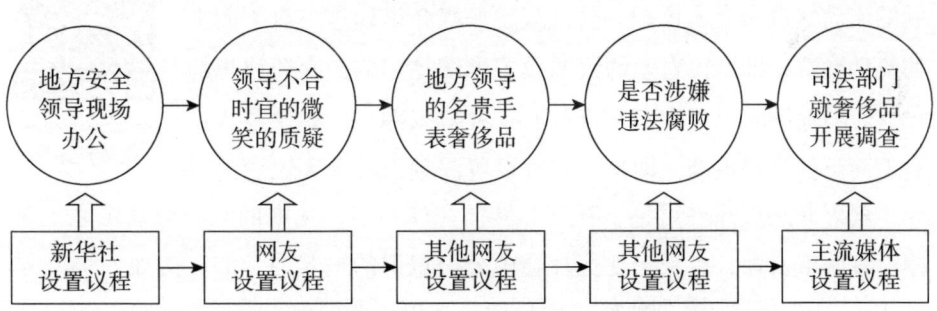

图1-1　"微笑大表哥"杨达才事件中的议程设置与演进

（二）议程设置的主体多样化

在新媒体环境下，议程设置的开放性还表现为主体的多样化问题，在关于议程设置多样化主体的作用及影响问题中，学者高宪春认为：个体议程在很多情况下是议程设置的激发点和归宿点，是媒介议程的补充来源，社群议程则对议题深化起了核心的作用。① 在开放的新媒体平台中，个体、社群、媒体这些主体都可以设置议程，并根据其他主体提出的议题进行有效的补充、消解或转化，最终可能使议题完善发展至进入公众议程的阶段。②

议程设置主体之间具有一定的可转化性，任何一个议题均可以在得到媒介环境响应后做出主题转化，转化发生于个体、社群、政府机构和社群之间，这种转化既存在着话语权的竞争问题，也存在着协同合作的问题。当然，议程设置主体的多样化也意味着话语的碎片化拆分与重组的问题。

（三）议程设置中的议题多元化

议程设置中的议题也呈现出多元化特征，在信息技术的巨大数据生产环境中，从来不缺少各类风格的议题：既有严肃的政治新闻，也有互联网上的街谈巷议；既有各种八卦新闻，又不乏社会热点；既有专家学术交流又有娱乐狂欢……议程设置主体的多样化带来了议题的广泛性和多元化，由此形成网络场景与不断围观喧闹的奇观。③

多元化议题之间的竞争关系决定了议题的动态流动性，议题的流动体现为个人议题—公众议题—媒介议题这一自下而上的流动形式，即网民自发的议题设置推动和影响到媒介议程的设置。与此同时也存在着媒介议程—社群议题—个人议题这一自上而下的议题流动，即媒介议程设置深刻影响个人议题的选

扫一扫清华学姐事件始末

择，就媒介热点开展讨论、补充和转向。议题多元化中的双向流动带来了议程设置的丰富性，有利于现代社会中公民意识的唤起与觉醒。例如，2020 年11 月，清华大学一男生被曝"性骚扰"学姐，此事件引起广泛关注。据媒体报道，清华大学美术学院一女生经过走道时，和学弟背包发生接触，她怀疑是学弟借背包掩护摸她臀部，当众要求男生道歉，随后把男生个人信息发布

① 高宪春：《新媒介环境下议程设置理论研究新进路的分析》，载《新闻与传播研究》，2011 年第 1 期，第 12 页，第 109 页。

② 张荣玲：《协作与共振：微博中议程设置的主体及效果》，载《中国报业》，2018 年第14 期，第 17 页。

③ 曹林、吴铮：《议程设置在网络传播中的功能及变化》，载《河北经贸大学学报（综合版）》，2015 年第 4 期，第 11 页。

在朋友圈，调取录像后发现只是误会。这一事件迅速成为公众议题，随之国内一些媒介也设置议题关注此事，网络新媒体显然未能随事件平息而平静，网友在谴责学姐无理取闹的同时，迅即开始深入挖掘涉事"学姐"的个人身份信息，包括个人学籍信息和高考成绩等，为网络调查性报道连续设置议题。

（四）议程设置的方式多渠道

调查性报道议程设置的开放性还表现在设置方式的多渠道上。传统媒体受版面、时段等限制，通过特定的板块或栏目传播信息时必然受到现实环境的影响，任何议程设置均是以媒介既有的版面时空为环境完成的，也就是说调查性报道本身的议程设置需要人为的裁切。尽管议题背景不同，采访过程各异，生成的报道文本也应该各有千秋，但囿于版面时空的人为裁切在所难免。

在信息技术环境中，报道的板块时空环境发生了巨大改变，由此带来议程设置方式的多渠道化改变。网络媒体最大的优势在于信息的海量化和交互链接性，这一优势在设置议程时具有显著优势。在网络页面中任何一个图文符号均可作为一个窗口链接到调查性报道界面，这些界面既可以是刚刚生成的报道信息，也可以是相关的背景资料信息，还能通过现场发起直播的方式完成报道链接。在多渠道的议程设置中，文字、图片、声音、视频、图像等多种表现形式共同作用，形成连续的、全方位的、深入的报道，即通过设置专题来为受众设置议程。

四、报道的融媒体传播形态与创新传播

随着传播活动的日益频繁和媒介形态的不断丰富，以传统媒体为载体的调查性报道日渐式微，在意识形态管控和产业化影响的双重作用下，调查性报道面对没落开始尝试转型发展。实际上国际知名媒体也面临着这一时代性难题，为此，英国广播电视台（BBC）也主动放弃调查性报道。对此，带有怀旧意蕴的研究者叹息：调查性报道未来将如何发展？谁还在坚守调查性报道的阵地?① 事实上，调查性报道从未离去，它在新闻报道的生态位中，在融媒体形态中呈现出全新的面貌。伴随着媒体融合的新闻报道形态不断涌现，具有典型融媒体特征的微信长文引人关注，与此同时，一些"微调查"文章被大量转载，点击量和阅读量也十分惊人。后真相时代的调查性报道，是动态有机运动的报道，单一新闻事件的多层次多议题报道既显示出融媒体报道形态的丰富性，也完成了全视角、全媒体的动态报道过程。

融媒体报道形态中，大数据被使用，视频特别是小视频被广泛应用，直播也能够参与其中，抑或是运用 VR 等技术还原现场等形态同时被采用，借助融媒体技术的调查性报道成为全网协作与共振的平台环境。

调查性报道的融媒体创新传播就是要强化调查过程中媒介间的深度融合，以传统主流媒体为核心，增强主题式调查，更好地引导舆论；以网络新媒体为核心，动员全网力量，强化求证式调查，探寻事件真相；以融合媒体形态为核心，强化调查过程中的议程设置，提高民众的参与度。

传统主流媒体在引导舆论、突出主流媒体价值方面有着鲜明的时代意义。这是因为传统主流媒体在调查性报道方面有着成熟的报道框架，经过多年来的新闻生产实践已经培养出一大批有着一定职业新闻敏感度的新闻工作者，他们对于调查性报道采访与写作可以说是驾轻就熟，在相当长一段时间内，不论是传统主流媒体还是网络新媒体，调查性报道议程设置与实践主体仍然以他们为主。

在调查性报道创新传播环境中，网络新媒体提供了创新技术与传播渠道，而且以大数据和全网参与为依托，网络新媒体具有强大的自组织传播能力。不可否认，网络新媒体在具有推动调查性报道议程设置、全网协同传播等优势的同时，也存在着大量传闻干扰的情况，往往容易将舆论从一个极端引向另一个极端。

在媒介融合传播形态中，调查性报道最具生产与传播优势。这一形态能够调动所有的社会资源，在成熟稳健的传统主流媒体引导下，在网络新媒体

---

① 刘艳琼：《融媒体环境下调查性报道的嬗变》，载《中国广播电视学刊》，2016 年第 12 期，第 82 页，第 96 页。

的协同参与下，调查性报道从议程设置开始便强调公共协商机制，留给事件核心参与者与其他旁观者足够的对话空间，这使得调查性报道真正从职业化转向社会化，民众的广泛参与更加有利于缓解社会矛盾，形成广泛的社会规约。

第三节　调查性报道的采访实践

调查性报道从生产流程来看，包括了采访与写作实践，其中调查性报道的采访是信息采集与初步加工的主要过程，是调查性报道的开端。

调查性报道的采访过程是一个抽丝剥茧的过程，事件中涉及的当事人特别是核心当事人，对于调查结果起到重要作用，是调查性报道最难攻克的堡垒。当然，事物之间本来就存在着普遍的联系，这种联系内在的线索有利于揭露事实的本来面目。因此，在未触及核心当事人或无法触及核心当事人的情况下，通过寻常外围的周边人物或线索同样能接近事件核心，这需要调查者充分了解和掌握调查性报道的采访本质，学会运用一定的策略和技巧完成采访任务。

一、调查报道采访的本质

新闻采访在本质上是采访者与采访对象之间的一种信息互动行为，从社会活动关系中看，是特定社会活动中的复杂认知活动，也是社会活动中说服与认同交织其中的过程，其过程远远复杂于一般社会活动。调查性报道作为新闻深度报道方式，是新闻采访中最为复杂的活动，其中充斥着遮蔽与解蔽的话语博弈，是特殊的信息互动过程。

首先，调查性报道的采访本质上是一种特殊的信息互动行为。从信息互动的角度来看，调查性报道是一种以调查者为核心的人际传播活动，调查者从多个信源确证事件的过程，其中关涉的人际传播过程是信息获取的主要途径。与一般新闻采访不同，调查性报道的采访涉及受访者人数更多，层次更多元，人际传播的过程更复杂。要完成调查逻辑的闭环，必须将每一个受访者嵌入事件的还原过程中。采访的结果作为调查性报道的信息要素出现在大众传播环境中，成为液态流动的信源组成部分。与此同时，调查性报道的采访也将作为调查采访者内向传播的内容框架，形成类似报道议程设置的图式参照，并影响未来的调查性报道采访活动。

其次，从调查性报道采访者认知过程的建构来看，调查性报道的采访是特定主体对新闻事实通过检索获知到逐渐深入了解的过程。调查采访者通过碎片化的信息采访拼图不断连接与呈现，最终完成对于事件本身的话语建构过程。在认知过程中，从线索收集到采访沟通的过程，是一个依次清晰呈现的过程。当然，在传统媒体环境中，认知主体包括了采访主体和受访主体双主体，到网络环境中采访主体与受访主体呈多元化发展。在成功的调查性报道采访活动中，借由爆料人与新闻事件中不同个体之间的人际沟通，逐渐接近事实真相本身，认知趋向于全面和深刻，特别是根据信息之间的逻辑关系，勾勒出全新的调查性报道事件的图谱。

二、调查性报道采访的思维特点

调查性报道作为一种深度报道，采访过程具有一定的复杂性和危险性特点，其中各种思维形式的运用，体现了调查性报道采访的独特特点。

一是调查性报道采访思维上的灵活性和多维性特点，表现为全面运用发散性思维对调查性报道进行多层次、多维度的呈现，以充分展示新闻事件的全过程。发散性思维强调思维系统的开放性，不同知识层次和体系均可能对事件本身造成影响。调查性报道的采访路径不是唯一的，当事双方的不同视角、社会环境的不同都会影响报道的倾向性。2003 年，笔者在吉林卫视《纪实》栏目报道的《应季食品，呼唤地产品牌》，与其他媒体仅仅关注伪劣食品不同，笔者运用发散性思维，根据"高老太太糖葫芦品牌被仿冒的事件"，最终挖掘出本地食品企业缺少品牌意识，长年贴牌生产养肥其他品牌的同时，也使自己陷入假冒伪劣的不义之地，这种短视行为不利于品牌的培养和发展。调查性报道播出后，在当地引起了强烈的社会反响，也让人们意识到地方产品品牌的价值。

二是调查性报道采访过程本身是一个有机的动态化过程，其中事物的变化，受访者的意见调整以及核心主体的变更等，均具有不可判断性。调查者应该具有动态思维，能够随机应变，不局限于静态的事件与环境。在互联网传播的背景下，新闻反转成为常态，急于信息发布的新媒体在吞噬掉大量新闻信息的同时，也吞噬掉部分真相，后真相时代已经来临。2018 年 10 月 28 日，一辆由重庆万州区江南新区驶往北滨路的 22 路公交车在长江二桥上与一辆轿车相撞后坠江。新闻发布后，几乎所有网络舆论都指向了对向行驶的轿车，一时间，"女司机""逆向别车"等评论不绝于耳，当事人承受着很大的舆论压力。一周后，随着公交车打捞出水，一切真相也水落石出：乘客与驾驶员发生争执互殴引发了这一惨案。动态发展的新闻事件是一个有待补充完整的圆，信息缺失带来的人为填补不利于舆论管控，调查性报道的采访就要在保证时效的前提下尽可能地丰富信息链条，甚至做出合乎逻辑的预判。

三是调查性报道采访具有辩证性逻辑思维特点。调查性报道具有表象性特征，同时碎片化、凌乱的信息往往容易造成片面性认知，应透过事物外在表象挖掘事件内在的本质问题，认真思考、仔细甄辨寻常事件的本质性问题的归因。笔者曾在调查吉林省梨树县两个相邻村庄的经济发展时发现，东西两村近几年差距越来越大，归根到底就是西村村民忙时耕作、闲时打工却忽略了本地乡村产业经济发展的潜力，东村则具有强烈的产业发展意识，十几年时间里先后成立四五家乡镇企业，由企业拉动农村就业和农业生产转化，迅速走上集群式产业发展道路。根据这一思维逻辑推理，笔者完成了调查性报道《兄弟村缘何贫富两重天》，深刻剖析了乡村发展的潜在动力。

三、有关调查性报道采访的研究思路与框架

本书从根本上说是一本以案例为主导的实践性采访手册，在结构体例上，按照田野调查法的流程串联起各个部分。第一章即本章内容主要突出调查性报道的本体建构问题，何为调查性报道以及调查性报道的时代性变迁等问题。这是本书的理论和逻辑起点，也是对于调查性报道采访的理论积累。在第一

章基础上，后面开始就采访的准备、策划、采访安排、提问技巧等展开论述。在以往有关调查性报道的专著或教材中，往往将调查性报道的采访与写作结合在一起，采访支撑写作，通过写作回应采访。本书考虑到调查性报道作为社会活动本身的价值和意义，将调查性报道单独提炼出来，回答调查性报道采访的本质问题。

第二章是关于调查性报道采访选题确定的问题。从建立选题关系圈，到通过新闻报道淘选题，最后根据选题做出筛选和确认，这一章内容重点突出的是选题意识，从寻找选题到发现选题再到确认选题，这是一个采访前的基本准备过程。

第三章是在确定选题基础上做好采访前期的准备工作。包括接触爆料人，检索和了解事件的背后信息，同时做好采访团队的组建工作，这里要突出的是基础条件和后勤保障工作的安排，调查性报道的采访过程很难把握，只有做好充分准备，才能在遇到各类问题时良好应对。

第四章强调要有扎根采访点的心理准备和执行能力。包括对采访地点环境的熟悉和了解，对受访者个人的熟悉问题，以及通过网络通信完成预采访的问题等。事实上，越是复杂的采访越是要做好提前的准备工作，并做好突发事件的准备预案。同时，尽可能地接触受访者，增加采访中的信源数量和质量，让报道有依据，让证据相互链接和佐证。

第五章是采访过程中的注意事项问题。采访中存在变量和不变量的因素，包括采访中议程的设置问题，以及采访活动中可能存在的变量及其影响问题等。调查性报道的采访一定要确保证据链条的完整与周延，做到证据之间能够充分自洽证明。

第六章是采访以外的事项关注问题。包括采访中的动态问题、细节问题，以及如何坚持采访以获取全面认知的问题。在时间和空间安排上，偏僻的地点、夜半的时间都是采访本身以外的重要考察点，此外，对风土人情的了解和把握等也十分重要。

第七章是如何回避调查采访中存在的一些陷阱或问题。包括有些线索的暗示或错误安排，线人的身份考察问题，以及采访背后的利益博弈等，这些在具体的采访活动中都能够遇到。如何有效解决这些问题，使自己处在一个有利的位置，这是调查采访者应该充分考虑的问题。

附录是对调查报道案例的叙述和对话分析，涉及在具体的采访活动中调查采访者应该如何给自己定位，调查性报道媒体的定位问题，以及互联网时代调查性报道采访中的定位问题。

从上述章节排列可以看出，本书立足点并非调查性报道的内容本身，而是具有人类学视角的采访活动。调查性报道的采访是一种复杂的人际沟通活动，活动中当事人与相关人之间因事件发生的关系、利益关系、亲缘关系等均影响采访活动的有效开展。那么在采访活动中，在厘清这一重重关系和通过人际交流获取信息的同时，还要充分利用观察、实践和实验等方式，尽可能地完成调查性报道中的事件拼图。基于社会学观察视角，与调查性报道采访要求一样，本书着力体现出少一点"结论式"，多一点"进程式"，把事件本身作为一个过程来报道的理念，将新闻采访过程中的社会活动、社会意识、社会动员等充分展示出来，强调采访作为社会活动本身的过程性，这就绕过了大家一贯倡导的文本内容和结论本身，突出活动的意义和价值。若从事物二象性的系统视角来看，在报道文本主体与报道关系的偏向上，我们选择从报道关系出发，通过采访活动与事件相关的要素连接，形成一个可供参照的调查性报道采访活动体系。

本书也强调了融媒体思维的渗透与影响。作为一本札记性质的小书，其直接目的就是给学习者提供一个动态了解调查性报道的信息时空。在互联网技术和媒介融合推动下的调查性报道，已经跳出传统调查性报道的窠臼，有着鲜明的时代特色。对此我们在充分考虑时代技术影响的同时，还努力尝试将融媒体的思维引入本书中，在书中引入二维码等形态，将书中的部分内容作为视频、图文等传播的嵌入窗口，通过点击或扫码实现窗口的嵌套，由此延展本书的内容时空。从内容呈现上看，我们呈现的是全书的图文以及相关视频的全部；从思维逻辑上看，我们还尝试通过视频采访部分一线记者的连线方式，将之嵌入本书中，形成立体互现的传播环境；从编辑思路上看，我们尝试将采访作为社会活动单独提炼出来，形成人类学"传记式"的研究内容。

调查性报道的采访，是新闻活动中最具挑战的采访类型，是衡量一个调查记者社会活动能力、逻辑思维能力、人际沟通能力的标尺。随着信息技术的发展，融媒体背景下的调查性报道采访呈现出新的方式，但不可否认的是，调查性报道采访的核心主体并未发生大的改变，而且其虚拟环境的隐身特性，必然向网络调查性报道提出了更大的挑战。对此，需要我们充分利用智能媒体环境资源，做出全局性策划与设计，在全网范围内完成调查性报道的采访活动。

就调查性报道的本性而言，其遵循的人文主义光辉可以超越时代，发出耀眼的光芒。有关调查性报道的本质，应该是我们所有曾经和未来奋战于调查性报道一线人员的共同信条，它指称的是：

公众利益正在被侵害；

这种侵害正在被掩盖；

记者通过独立采访而不是依据道听途说或者仅看某个部门提供的材料，揭开真相。①

阅读思考

1. 谈谈何为调查性报道？

2. 谈谈调查性报道的时代性变迁？

3. 调查性报道中的采访的本质如何？

4. 调查性报道中采访的思维特点如何？

---

① 吴晨光：《源流说：内容生产与分发的44条法则》，北京：中国人民大学出版社2020年版，第24页。

第二章 万里淘金话选题

【阅读要点】

在海量化的信息环境中，只有感知并获取最具挖掘价值的调查性报道选题，才能做到沙里淘金。每一个选题都有其历史存在的影子，所以在价值判断上要么是经验上的比对，要么根据选题逻辑的推论经验建构一个能够提供选题资源共享、策划同步的新闻调查者共同体，则是信息逻辑向选题逻辑转换的必然过程。选题逻辑不仅要考虑建立属于自己的选题关系圈，还要在此基础上培养自己调查性报道的选题策划意识，与选题对话，赋予选题生命力，这正是调查性报道采访的前提和基础。

选题的要义在于：一是可读性问题，即如何更吸引人的问题；二是必读性，即能够对更重要的人、更多人产生持续影响。[1] 从源流说的角度来看，选题属于源头之上的源头，是报道的本源性选择，其往往受到"下游"素材的可传播性影响。

报道的策划实际上开始于选题的策划，选题策划开始之初必须清楚有关报道的基本概念。在对调查性报道选题问题进行分析之前，首先要明晰的是调查性报道与深度报道的关系。调查性报道是指新闻工作者通过调查接近真相，深入挖掘和揭示事件整体状况的新闻报道形式，而不是以现有的材料来写报道。一般来说，调查性报道与深度报道或解释性报道，以及探究式报道

---

[1] 吴晨光：《源流说：内容生产与分发的 44 条法则》，北京：中国人民大学出版社 2020 年版，第 24 页。

作为一种特殊的新闻报道文体，既有区别又有联系。

深度报道对应的是一般新闻报道，一般新闻报道只满足于报道表象事实。深度报道则是深度挖掘和新闻表象相关的所有线索，并且把线索通过专业方式呈现出来的一种报道形式。"深度报道的核心是一个'深'字。如果说，客观报道的基本要求是'实事'，那么，深度报道的本质要求就是'求是'"，"思想性是深度报道的灵魂""深刻性是深度报道的生命""全面性是深度报道的内涵"。① 深度报道涉及的价值层次有四个：采访体现深入性，思想体现深刻性，视野体现宏阔性，背景体现厚重性。②

一、调查性报道的选题

调查性报道是新闻体裁中最具知名度和影响力的新闻报道形式之一，被誉为"新闻皇冠上的明珠"。③ 对于调查性报道的概念指称，综合学界的研究共识，大体可以界定如下：记者为寻找和收集被特定势力试图掩盖的事实而做出的报道。在报道过程中记者应保持强烈的道德感和对权力的质疑，且利用长期积累的消息和信息资源等证据充分挖掘事实真相，维护公共利益。④

显而易见，和深度报道的目的性不同，调查性报道强调的是一种行为或过程，是记者通过亲身调查和挖掘事实真相完成的。优秀的调查性报道从选题到采访再到后期写作，都隐含着被表象遮蔽的新闻价值，只有拂去表象，才能找到有价值的调查性报道选题。调查性报道从目的上看属于深度报道，

---

① 杨振武：《抓独家新闻和深度报道，增强报纸的竞争力和影响力》，载《新闻战线》，2008 年第 4 期，第 4 页。
② 丁柏铨：《深度报道：概念辨析及深度探源》，载《新闻记者》，2014 年第 10 期，第 73 页。
③ 张洋：《当代中国调查性报道的兴起：话语与实践的历史考察》，载《新闻界》，2019 年第 1 期，第 88 页。
④ ETTEMA J S, GLASSER T L. *Custodians of Conscience – Investigative Journalism and Public Virtue*, New York: Columbia University Press, 1998, pp. 112–113; BURGH H D, *Investigative Journalism*, *2nd Edition*, 2008, p. 14; TONG J. *Investigative journalism in China*: *Journalism*, *power*, *and society*, 2011, p. 13.

深度报道通过对主体新闻的生成背景、波及影响以及发展趋势进行深入挖掘与剖析，从而深刻地反映客观环境的最新变动状态。相应地，调查性报道则强调通过记者调查和挖掘获取由于各种复杂原因而被掩盖的深层事实真相。

这两种报道形式归结于它们的概念。概括来说，深度报道是上位概念，调查性报道是下位概念，深度报道具有更深刻更广泛的含义。深度报道的种类包括调查性报道、解释性报道、预测性报道、连续性报道、系列报道等。深度报道是指向性清晰而轮廓泛化的概念，全面系统地反映了重大新闻事件和社会问题的深度解析。本书的内容强调了记者通过调查方式深度挖掘解析新闻线索，探究新闻事件背后隐藏的本质问题，因此立足于调查性报道。同时，不同于大部分学者将采访与写作一体化来建构调查性报道实务体系的做法，我们认为采访重要于写作，写作不过是将事件的因果关系以及其实质和意义以某种方式整合在一起，而采访才是调查性报道行为过程的核心。

本书的目的重点是突出调查性报道，其中又特别强调了采访，这有利于在具体采访中对相关问题进行分析总结。一般来说，调查性报道从属于深度报道，但是因为策略或采访逻辑的侧重等问题只能称之为调查性报道，而不能称为深度报道。从调查的深度来看，部分记者只是打着深度报道的旗号却往往流于肤浅，只是表面上的采访并没有真正探究这则新闻的本质，因此不能构成调查性报道，更遑论深度报道了。在民间的话语体系里，调查性报道一般都与批评性报道有关，又称"揭丑"报道，其意蕴与"舆论监督""报告文学"等混杂在一起，是新闻观念在跨语际实践中的探索和思考。

调查性报道起源于美国的"扒粪运动"，记者挖掘出一些社会未知的隐藏信息，用来揭露社会阴暗面。因此，调查报道在中国又被称为"舆论监督"，在西方没有舆论监督的提法。出现"舆论监督"一词的原因是媒体参与到社会生活中促使政府部门或企业通过新闻反馈方式形成并完成对社会的监督。因为这种调查类似于监督过程，所以人们称之为"舆论监督"。舆论监督是一种目标、一种手段、一种价值观，是中国语境下的一种特殊报道行为，这是二者的主要区别。

调查性报道的选题和其他的新闻选题存在一定差别，要放在具体的时代语境下讨论选题问题。如今选题的由来与十年前的选题构成完全不同，特别是调查性报道。现在政文类的新闻选题往往是之前已经知晓或者说并非是事件性问题对象而是策划的产物。在报道文本中，有一些新闻事件是通过策划方式出现的，调查性报道的采访一般无法通过策划完成，而是由记者根据一些新闻线索深入到社会基层，深入新闻事件发生的本源地进行调查而完成的。

二、调查性报道选题的判断

调查性报道不同于其他报道，它更注重腿上功夫，走得勤、问得勤、想得勤，才能挖掘出优秀作品。

典型性及值得关注的社会意义是调查性报道选题的价值出发点。尽管调查性报道选题需要一个调查发现的过程，但选题的社会意义从新闻形象与突发事件的元初便显露端倪，有丰富经验的新闻工作者能够对新闻选题做出判断。而从判断源自价值考量，一个有影响的调查性报道的选题，其表现出的内在矛盾关系及其社会共识间的联系都能够作为评判价值的标准。

那么什么样的选题才是有价值的调查性报道选题呢？选题价值本身寻求能够抓住人眼球，具有更好的可读性。有学者从时效性、地点的显著性、贴近性、矛盾与冲突性、人情味、名人效应、神秘性、趣味性以及"性"这九个维度出发，构建起选题价值评估的主要参量。①

选题是否适合调查性报道，取决于选题自身的张力，即选题背后是否存在有待挖掘的线索，潜藏的线索能否被察觉到，这些线索能否延伸已知采访的价值，或者使报道走向一个更值得挖掘的方向。

首先，已知的采访信息之间存在不能自洽的矛盾。具体表现在受访者行为上，行为与言行之间相互矛盾，或在采访中有意迂回闪躲，或欲言又止。从选题本身看，已获取的信息相对完整，可以独立成章，采访到此结束也能够完成预期的任务，这是一般层次的采访，尚无新闻敏感度的新入职记者恐怕会到此为止。对于调查性报道，一些刚刚露出苗头的信息正是调查的开端。

---

① 吴晨光：《源流说：内容生产与分发的44条法则》，北京：中国人民大学出版社2020年版，第24页。

2002 年，笔者曾与报社记者一道调查某市一家糖葫芦加工黑作坊，从追踪窝点到配合食品监督检查一气呵成。让人意外的是，这家黑作坊原料质量不错：山楂个头大且饱满均匀，白糖都是有包装的品牌，流水线也干净卫生，工作人员也都穿着整齐的工装。其他报纸媒体完成采访后，记者带着疑点第二天重返现场，果然发现了不为人知的线索：这家食品生产厂原本和沈阳"高老太太糖葫芦"合作代工。合作十余年，为推动产品品牌、提高产品质量做了大量工作，当年双方因为合作没有达成共识，被原厂家举报最终遭遇被查封的命运。根据隐藏在新闻背后的线索可以看出，地方产品品牌意识以及企业的自我发展意识缺失是事件背后的真正诱因，这与采访初期的黑作坊生产食品的议题相差甚远。

其次，选题线索牵涉多个部门、多个主体，各主体之间的关系错综复杂。一般说来，调查性报道关涉的部门与主体越多越复杂，选题值得挖掘的空间也就越大，潜在的问题可能也越多，新闻价值也可能越大。事实上，每个新闻选题事件的背后都有着不同利益群体的博弈，只不过有的选题矛盾表露得明显，有的则含而不露，需要记者的进一步调查挖掘。

扫一扫看小立
井报道全文

2003 年笔者接到线人举报：吉林省某市居民区有人私挖煤井，给居民生活带来安全隐患。经过了解，这一线索背后牵涉了几个部门的利益和关系，居民和小区内的学校、私挖煤井者、收购私采煤的商人、地方煤炭安监部门，至少涉及这四方的利益，上述四方矛盾和利益之间的关系，构成了复杂的新闻线索，使得新闻背景变得模糊不清，这正是调查性报道所关注的。正是因为牵涉的利益方较多，而且彼此之间的关系错综复杂，所以我们在完成第一次采访后，又连续完成了后面的系列采访报道。我们经过采访报道发现，在已经废弃的矿区内分布着大大小小的立井十余个，这些挖煤井者利用居民房屋作为掩护，同时与当地煤炭安监部门做好私下沟通，因为私采煤炭资源并没有明确的政策法规约束，所以即使一次次查封仍然无济于事。

最后，新闻从来都不是静态的，随着事态发展不断挖掘新的线索，使事件呈现出新的发展趋势，这为调查性报道提供了新的调查方向和思路。当然，这要求记者有高超的新闻敏感性，能够抓取新闻表象中不为人知的线索，通过调查走访获得更新的素材信息。2012 年 9 月 15 日，西安市发生当街拦截和砸毁日系汽车事件。一名青年手举"前方砸车，日系调头"的纸板被拍摄下来传到网上，和砸车的照片相比，这张照片的信息量似乎并不多，但新华社、《中国青年报》记者根据这一线索通过翻找各门户网站帖子，从留言里找到了当事人李昭，通过沟通联系最终完成了采访。

扫一扫看西安砸车事件全文

在确定选题价值的基础上，我们如何来获得选题呢？调查性选题来源从来都不是单一的，在现实语境下，选题主要包括传统来源渠道和新媒体渠道。具体来说，传统渠道是传统主流媒体沿袭下来的选题采集渠道，包括读者（观众）来电来访、同行间的合作、其他媒体的公开报道、其他公开的信息等。其中，读者（观众）来电来访是传统主流媒体调查性报道选题的主要来源，为此许多调查性报道栏目会开通热线电话，随时记录读者（观众）举证或反馈的信息。同行间的合作，特别是不同形态媒体记者之间的合作，如报纸与广播、电视台记者的共同采访，这种小组合作采访既丰富了选题，同时也使得采访的话语更具有权威性。新媒体渠道来源广泛，包括电子邮件、各类网站的信息等，自媒体信息因为信源的不可求证性，所以运用搜索引擎的强大功能提高信息的甄别判断能力，并通过其他渠道佐证信息的真实性，确保选题的可靠性。在新媒体渠道中，社区媒体、微博等是调查性报道选题考察的重点区域，除了时效性强的因素外，便于证伪也是重要的考量之一。

对于成熟的新闻记者，选题来源并不存在问题，利用自己强大的人脉资源，或者新闻记者共同体的协同联系，以及根据一般报道的蛛丝马迹等，都能寻求到合适的调查性报道选题。而如何驾驭选题，挖掘选题背后的故事，不遗漏线索，使之最大限度地为采访者所用，这才是记者面对调查性报道选题所应该思考的核心问题。特别是近年来随着信息技术的不断发展，如何充分利用网络资源，形成选题来源的开放性空间渠道，让更有价值的选题进入到选题库中，这都是记者需要考虑的核心问题。与此同时，挖掘信息技术资源，形成不同地域调查性报道记者的网上联动，共同推动新技术环境中的调查性报道，这一切都从选题策划开始。

第一节　建立选题关系圈

对于新闻报道而言，选题的重要性不言而喻。在同样的新闻业界竞争环境中，选题是媒体主要竞争力。有一种说法是"低端媒体拼写作，中端媒体拼采访，高端媒体拼选题"。① 它一语道出新闻选题的重要性。一个好的调查性报道选题不仅能带来广泛的社会影响，同时也决定了新闻舆论引导的正确方向。

当然，相同选题带来的新闻生产也可能各有千秋，同一新闻事件不同选题角度构成的报道可能不尽相同。例如，同样的香港回归事件，各家媒体关于香港回归事件的报道体例各不相同，选题角度不同，最后构成的报道也不同。《经济日报》和《光明日报》关于香港回归的头版，从整个标题到图片、篇幅的使用具有高度的一致性。出现同样体例报道的原因一是策划问题，二是新闻生产组织的同一性问题。一般来说，媒体统一使用通稿，形成了几乎完全相同的报道议程设置。《经济日报》和《光明日报》的不同之处在于整个报纸的题眼部分，一个是发表了社论《回归赋》，另一个是关于国务院发布的中华人民共和国国务院令（第 221 号），但整体看来大多数版面排布相似。

同样地，《工人日报》当天有关香港回归的报道选题也有较高的相似程度。越是重大的新闻事件，议程设置越相似，报道的版面体例也较相似，但报道视角则各有侧重。

上述主流媒体报道都是对香港此时此地的情景现场进行表述，但《北京青年报》强调的是北京人对香港回归事件的本地反应，其将此放在重要的核心版面，关于中央回归交接仪式的重要新闻事件放在了侧面。这种选题的角度是根据报纸的定位经过精心策划确立的。

---

① 邓备：《借势法——寻找新闻选题的好方法》，载《新闻论坛》，2018 年第 4 期，第 90 页。

图 2-1　《经济日报》《光明日报》《工人日报》香港回归头版报道

　　总体来看，城市报刊立足于城市本地的视角看待新闻。如果对比一下《烟台日报》，当天的报道也是大同小异的，同样也把本地百姓对香港回归的反应作为吸引眼球的重点。例如：《北京青年报》的报道中与 1997 年香港回归同步出生的婴儿是典型的市民化新闻，报纸的社会新闻特征随之体现了出来。

　　《南方周末》和《北京青年报》与传统大报的选题设计不同，即使是《南方周末》与《北京青年报》之间也存在差异性。《南方周末》放大的是香港地区的现场花絮，而《北京青年报》则放大了北京地区的动态反应。在当今的新闻业态下，不同的媒体都有独特的选题思路，除了利用报纸或电视台、广播电台赋予的采访权利，最重要的是记者如何挖掘新闻事件及其相关信息。对于调查性报道而言，媒体本体的选题倾向决定了哪怕是同一事件的报道，也总会有不同的视角和关注点，这也是主流媒体的办报（刊、台）基本理念。

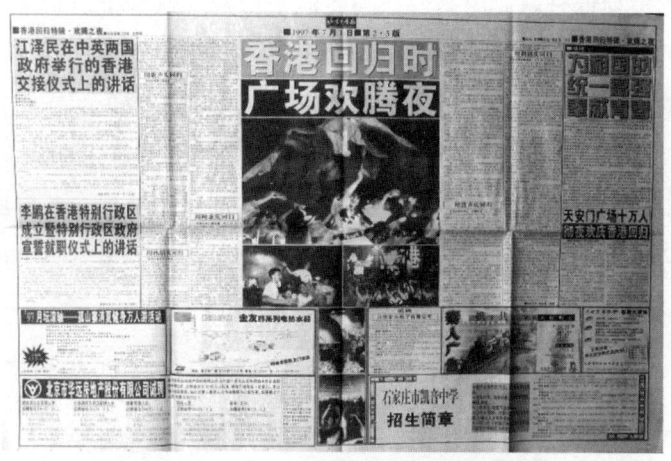

图 2-2 《北京青年报》香港回归整版报道

图 2-3 《南方周末》香港回归整版报道

一、调查性报道策划的主要类型

新闻报道离不开前期策划，策划是报道的有目性的准备。不同于影视作品的脚本设计与分镜头脚本写作，新闻报道本身无法沿着脚本审定的方向发展，新闻事件本身的突发性，新闻现场的复杂性和新闻受访对象的不可确知性都增加了新闻报道策划的难度。但这并不意味着新闻报道不需要策划，新闻策划在突发性新闻事件或调查性报道的采访环节中同样重要，只不过部分新闻工作的策划带有职业应激性，经验似乎影响着这些报道中采访的推动和进展，能够依靠头脑中的采访框架与图式完成采访现场的自我调动和应变。这对一名追求创新的记者来说显然是不够的，建构常态化的新闻报道策划规范更具有现实意义。那么新闻报道的策划类型是如何来划分的呢？

新闻报道策划有三种类型：第一种是可预见性的策划，是根据客体发生的状态划分的；第二种是周期性的策划，是根据运行的事态划分的；第三种是独立性的策划，是根据报道运行的方式划分的。

（一）根据报道对象发生状态划分：可预见性策划与非可预见性策划

可预见性的报道策划是对能够提前获知的事件性新闻和非事件性新闻的报道策划。非可预见性的报道策划是对无法预见的突发性新闻事件的报道策划。可预见性新闻是指能够提前获知的、在既定日期或时段发生的新闻事件，如"卫星发射""奥运会召开""全国人民代表大会开幕"等事件性新闻。又如"2018 年国内纪念改革开放 40 周年""2015 年纪念中国人民抗日战争暨反法西斯战争胜利 70 周年"等非事件性新闻。对这类新闻而言，通过新闻报道策划可以实现其传播价值的最大化。①

从报道客体状态来看，非预见性策划的难度在于记者很难在新闻事件采访过程中预测采访的走向。在调查性报道的暗访中，事件是不可预知的，而且议程设置并非由记者来完成，而是双方共同碰撞之后通过事件本身来推动完成的，记者很难预料在现场是否会发生不可避免的冲突、对峙，这可能会带来采访的不可预知性。

但是新闻事件又具有可预见性的特征，作为成熟的调查性报道，记者可以根据个人预判性的经验进行相关考量，这类似于兵棋推演过程。记者在做调查性报道采访前一定要列出详尽采访计划，包括采访对象是谁以及采访过程中可能发生的各种突发状况。因为任何一个调查采访都不可能静态化地完美呈现，应根据新闻事实变化做出相应调整，就此进行修订和补充采访变得

---

① 许颖：《可预见性新闻报道的策划与创新——以新京报"改革开放 40 年"系列报道为例》，载《新闻与写作》，2018 年第 6 期，第 90 页。

十分必要，这样采访逻辑更加周延，调查与采访也能够顺利进行。

（二）根据报道策划运行时态划分：周期性策划与非周期性策划

周期性的报道策划是报社新闻采编部门的一种常规性的报道策划，运行时间具有周期性特点。非周期性的报道策划是报社新闻采编部门根据报道需要临时进行的报道策划。

周期性策划在调查性报道中使用较少，周期性报道除了特定栏目外，一般都是每年在特定时节完成有规律性的新闻事件，此类新闻事件的季节性特征较为显著。例如，每年烟台下大雪时都采取何种方式保护果树，以保证果树不被大雪冻伤并避免相关交通方面的问题。此类新闻事件大多具有预见性，但即使是周期性报道也要求记者勤勤恳恳地完成策划活动。周期性只是时间的持续，调查过程中肯定会出现不可预知的意外状况。意外是不可避免的，记者应根据自己的经验和预判行动，考虑如何在具体意外发生时采取何种有力的措施。常态的调查性报道一般不会采用周期性或非周期性的策划。

（三）根据报道策划的运行方式划分：独立性策划与非独立性策划

独立性的报道策划是独立运行的、与其他活动无关的新闻报道策划。非独立性的报道策划就是与其他策划活动（主要为公益性活动）相关联的新闻报道策划。

调查性报道一般是独立性策划完成的。香港回归事件就是典型的非独立性策划，《经济日报》《光明日报》出现相同的议程设置是必然的。某些事件议程的设置不是来自媒体部门，而是国家相关的宣传部门，继而出现面孔一致的情况。此时媒体部门不需要再单独做出筹划，只需分工完成现场工作制度的现实拼图。独立策划要求记者将整个采访的进展书面化，经验丰富的记者会形成相应的策划范式并根据平时积累的经验完成采访工作。

其实很多报道都是记者独立策划的，特别是调查性的报道，但记者独立策划可能也会暴露出一系列问题。2007年北京电视台生活频道《透明度》栏目播出记者暗访《纸做的包子》，报道"纸箱馅肉包子"的制作过程，随后被警方查证这是记者自导自演的虚假新闻。这一新闻事件在当时的反响很大，一是因为发生地是 2008 年北京奥运会前夕的首都北京，二是因为如若属实，这将为西方政府抹黑中国的食品卫生安全输送了一记重要的炮弹，因此该事件一经发生马上得到查证处理。事实上，记者独立策划虚假新闻的原因是独立策划记者缺少职业道德意识，同时也缺少相关部门的监督管理，组织传播过程

扫一扫看纸馅包子相关内容

中把关人失守。独立策划可能会出现因为记者个人的操守问题带来的错误解读和负面解读，甚至反面解读，而后续的审核与把关往往过分看重新闻价值的本身而忽略报道中的一些疑点。

二、从传统媒体关系圈到个媒体关系圈

采访关系是新闻采访活动中最有趣的一种关系，既包括了新闻活动主体之间的关系建构，也包括了主体与客体之间，客体与客体之间的关系建构。新闻采访离不开选题，选题源于特定关系的建构与梳理，由此建立起常态化的关系圈。调查性报道的选题关系从传统到新兴关系圈建构，应根据时代发展建立起有利于采访选题的确立机制。具体来说，传统选题渠道是传统主流媒体沿袭下来的选题采集渠道，包括观众来电来访、同行间的合作、其他媒体的公开报道、其他公开信息等。

来电上访选题方式是包括电视台在内的传统主流媒体经常采用的一种选题征集方式，为此许多调查性报道栏目会开通热线电话，随时接受读者举证或反馈的信息。记者热线电话也成为市民与电视台沟通的重要桥梁，因此曾经的记者也如现在的"网红"一样在群众中有较高的威望。细心的工作人员收到来信后会附上上访者联系方式，如事件价值满足记者选题要求，记者会对选题进行核实，根据事实真相的情况来判断其价值，最后确定能否进行采访。上访和来电相比可信度更高，上访者与记者直接见面会对事件的来龙去脉进行清晰的梳理与认知，因此上访也是媒体最看重的方式。我们将上述这三种方式归结为弱关系，弱关系是不稳定的关系存在，可随时随地链接，不具有经常性、稳定性的特征。

弱关系一般不作为调查性报道采访的关系性存在，电话可能随着采访完

成就结束了，采访也只是对单一事件本身的记录和链接，随着采访结束链接也就结束了，所以这种关系称之为弱关系。跟弱关系相对应的是强关系，是调查性采访关系圈的重要组成部分。强关系包括两个：一个是同城媒体间建构的长期沟通联系的记者共同体，一个是个媒体间、媒体与企事业单位之间的关系群。

强关系是记者或报道者本身有着很强的黏着度，一旦形成之后这个链接始终会牢固地存在，这种强关系即媒体记者的共同体。20 世纪 90 年代，媒体记者之间存在的链接关系主要依赖不同媒体之间、记者之间的沟通和共同体建设。比如电视台记者、报纸记者和广播记者联系比较紧密，因为同一个新闻题材不同的媒体可以同时加入采访团队。公共体系的报道既丰富了选题，也使采访的话语更具有权威性。在议程设置过程中，若有不可预测的事情发生也可以做到随时调整。其实记者共同体现在也仍然存在，特别是在新媒体时代，记者共同体形成了上位的连接体即媒体记者之间互通有无，特别有利于调查性报道线索的提供与挖掘。对于成熟的记者来说，选题来源并不存在问题，如何挖掘选题背后的故事，不遗漏线索，最大限度地为采访者所用，这才是记者对调查性报道选题所应思考的核心问题。

值得一提的是，个媒体关系圈的建构离不开个"媒体"，个媒体的概念源于自媒体。自媒体实际上更多的是"self-media（自媒体）"或者"personal-media（个人媒体）"的概念，这一概念在世界范围内早已人尽皆知，并成为互联网时代一个最成功的网络赋权符号，其强调自我个性表达的赋权行为深入人心。事实上，个媒体比自媒体更进一步，更类似于"one-media（单一媒体）"的概念表达，强调作为整体"1"存在的影响。笔者 2013 年在为山东大学新闻传播学学科专业研究生做报告时，曾经给个媒体下过一个这样的定义："个媒体是在舆论领袖的交互关联中的组织传播而形成的自媒体集群。"这个定义旨在表示这样一个事实：个媒体没有超出自媒体的范围，它只是用户利用自媒体的一种新形式、新形态。如果找一个比较形象的比喻，那就是自媒体是每个人都掌握麦克风的唱歌大军，那么个媒体就是将这些人分类成一个个不同且认同度极高的合唱队。因此，个媒体仍然是一种基于自媒体的传播形态，但与一般意义上的自媒体不同，个媒体是有中心、有集合、有范围、有限度的传播形态。此外，个媒体在本质上看仍然是一种自媒体传播形式，个媒体形态植根于自媒体中，是在自媒体使用过程中，普通用户为了扩大自己生产内容的传播范围和传播效果所采取的一种自发的利用自媒体的方式和方法。①

本书所提及的个媒体和现在的自媒体有一定区别。个媒体相对于自媒体而言具有借助新媒体发声和表达的权利，更是具体的产业化形态的实践，指的是网络新媒体以新闻报道为核心或以个体为核心形成的有着广泛的链接和包容的媒介生产群体。比如，娱乐明星和她（他）的微博粉丝就构成一个个媒体，所以个媒体具有自组织性，是一个产业化的概念。在某一新闻信息网上发布之后会有很多相关留言，有些留言是针对事件，而有些留言是发布者的粉丝，这则新闻及其所有相关评论就构成了一个新闻集群，也可以看成一个个媒体。

个媒体是一个相对宽泛的概念，目前传统媒体和新媒体的记者都倾向于在新媒体环境中有独立的公众号和粉丝群体，粉丝群的所有人都可能会形成为记者提供线索和共同完成拍摄的一个稳定的群落，这个群落就可以被称为关系圈。这就形成了两种主要的关系圈，媒体记者之间的关系圈是上位的共同体；个媒体的关系圈是下位的共同体，是由新闻工作者或意见领袖及其所拥有的粉丝所构成的一个群落。举例而言，山东农民歌手朱之文的所有信息发布都是由围绕着他的周边人或者粉丝完成的，这些人和朱之文共同构成了一个个媒体，而朱之文则处于个媒体的核心位置。

之所以如此强调个媒体，是因为之前的新闻生产的方式中记者本身和所有观众隔着时空对话，他们之间形成的只能是弱关系，不可能形成一个强关系。而在融媒体的环境中形成了一个不同于上位共同体核心且存在共同语言和共同价值认同的共同体，个媒体共同体中的核心与费孝通先生所提出的差序格局方式极为相似。它是在中国特定的语境下形成的个媒体结构，在西方

① 王光照、吕晓峰：《个媒体：自媒体传播模式的新形态》，载《传媒观察》，2019年第8期，第67页。

的媒体单元中这种个媒体化能否存在是值得商榷的一个问题。

　　本章核心的问题就是如何来建构调查性报道的选题关系圈。传统媒体的记者或新闻爱好者都可以根据自己的关系圈进行选定。传统媒体现在仍然保留着传统媒体弱关系的交流方式，通过来信来电上访的方式来链接的关系是即时性的、可连接的。更重要的是要建构一种记者共同体在内的以及个媒体关系圈的两个主体的关系群落，不论是对于传统媒体的记者还是新媒体记者或新闻爱好者都比较适用。在新媒体时代，人人都是记者，人人即媒体。源于新闻报道选题关系圈建立的一种思维方式，不同于以往的弱关系，关系圈的建立强调一种新型的人际关系链接。关系圈建立之后，对于信息发布和新闻中的调查都会产生积极重要的推动作用（如图 2-4）。

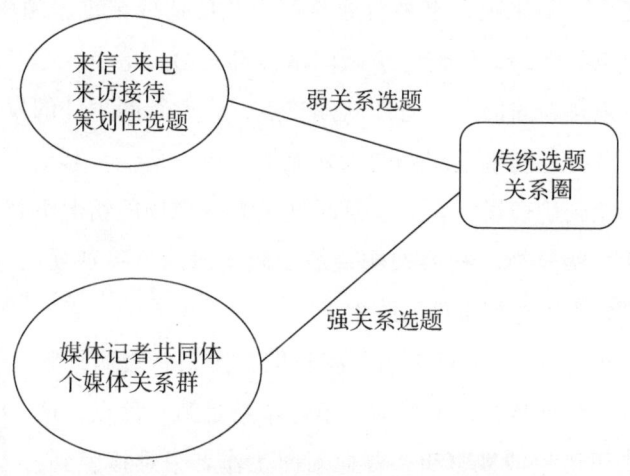

图 2-4　传统媒体选题中的强弱关系图

　　在个媒体关系圈中，不论是处于个媒体关系圈核心的个体还是表面粘着的个体都可能成为某一个新闻调查事件的线索提供者或是新闻调查的参与者。如果新闻事实成立，就意味着这种新闻调查到现在为止是即时发生、随时展开的，这使得新闻调查的难度降低了。个媒体关系圈打破了原来弱关系链接的关系圈概念，之前弱关系的关系圈属于单向度从新闻媒体报道到个别线人线索的回溯，他们之间没有形成回路。在新媒体环境下，无论是媒体记者的关系群还是个媒体的关系群都是双向且可以构成回路的。特别是网络直播报道盛行也使得调查性报道随时可以展开，甚至任何一个人都可参与其中，这是在新时期重要的调查性报道采访选题主要的依据和来源。

第二节 从报道里淘选题

在浩如烟海的信息潮中，不是我们找信息，而是信息在找我们，早在 20 年前传统媒体盛行的时代，信息爆炸的情况也普遍存在。各式各样的报纸，包括日报、都市报、晚报每天都在不断地发布信息，这些报道中其实潜藏着很多新闻选题。一般来说，电视台通常都会从广播或报纸报道中提取选题，其中也存在落点的问题，任何一个新闻事件都有第一落点、第二落点和第三落点。第一落点是新闻信息本身即新闻热点，一般新闻事件的发生是可遇不可求的，只有及时赶到事发现场的人才能抓住第一落点。其他人因关山阻隔或各种原因不能到达现场，在无法及时抵达第一现场的情况下就必须找到第二个落点或次元级选题。初始选题一般受限于时间，特别强调选题时效性，但次元级选题要深度挖掘事件的线索。

例如，2020 年 10 月 1 日美国总统特朗普感染新冠病毒紧急从白宫转移入住到某医院的新闻，事件本身是第一落点，这个信息在现实语境里或视野里，普通新闻工作者很难接触到，只能从第二落点来着手。如《健康时报》以时间为轴线对特朗普染病与治愈的情形加以报道。

扫一扫阅读特朗普
染病与治愈全文

寻找新闻事件第二落点的方法首先是借助调查性报道，另一个是解释性报道或是新闻评论的深度报道。第二新闻落点强调分析所有信息的蛛丝马迹，把潜在信息解读出来，再根据新闻线索进行相关分析，汲取新闻源进行二度创作和调查。第二落点的实践在 20 世纪 90 年代比较盛行，几乎所有媒体都以此方式进行二度创作。他们既是竞争对手也是合作伙伴，共同对其他媒体的报道信息进行深度挖掘。这种方式有三个特点：第一，能确保新闻事件本身真实存在，不需要再进行二次核实；第二，在这一过程中很多线索提供了新闻采访方向和议程设置的大致思路；第三，尝试和已经发表相关报道的记者建立了从一种弱关系转变为强关系的记者共同体，记者共同体之间共同分享相关的新闻信源，报道能保证真实性。

新闻真实本身也是相对的真实，因为任何一个事件的发展都是连续的，类似于马克思提出的报刊有机运动即事件本身是发展的，一次报道之后不可能呈现出完全真实，其中存在预测性的报道。

比如，武汉疫情初期对未来发展趋势的报道都是预测性的，通过全面调查报道、访谈、国家防控疫情手段来推测。一般的传统媒体指的是主流媒体，他们很重视自己媒体的身份，报道的新闻事件真实度很高。2004 年吉林省级晚报刊发一篇报道说有位女生学历被他人替换并顶替她的名字从事教师工作，但这只是一个语焉不详的报道，我们与报道此次事件的记者确认这则消息的真实性之后联系到了受访者，再到受访者家里以及当地的教育部门采访，经过整个调查性采访后发现事件属实并顺利完成了报道。经验丰富的记者都会从类似的调查性报道中敏锐地发现第一落点背后潜藏的第二落点和第三落点，这是调查性报道记者应具备的个人素质。记者可以从新近媒体里的新闻事件、以往媒体的旧事件以及新媒体环境中的事件三个方面选题。

一、媒体里的新闻事件

新近媒体里的新闻事件是最典型的选题报道，记者可以从今天刚发布的新闻信息中迅速挖掘线索。例如，笔者在 2011 年关于张广秀的调查性报道，报道不是笔者直接挖掘的选题，《齐鲁晚报》最先报道了大学生村官张广秀身患绝症的经历。在看到这篇报道之后，我们找到了《齐鲁晚报》的记者并在互

扫一扫看有关张广秀报道全文

联网上搜寻相关信息，先后联系了福山区村委会、张广秀父亲、张广秀老师和同学，唯独没有去找张广秀本人，原因是张广秀当时病重不宜接受采访，这也涉及新闻采访操作的问题。笔者对张广秀身边的人都进行了细致的采访并将受访者的记忆碎片拼接起来完成这篇报道，后来这篇报道在《山东教育》

以一整版 1400 字左右的篇幅在年底出版，《中国教育报》把这篇调查性报道改成了通讯报道并与《习近平等中央领导充分肯定大学生村官张广秀事迹》同版发表。这篇报道选题显然源自早期个别媒体的简单报道，最后形成了具有一定影响力的调查性报道。记者要敏锐地发现某些新近发生的新闻线索并判断是否值得二次挖掘和更深层次地挖掘。

二、以往媒体的旧事件和现象

第二种选题方式是以往媒体的旧事件，老报纸中有的旧事件和目前的新现象会形成一种较为鲜明的对比。我曾做过关于大学生形象媒体现象的调查性报道。当翻阅 20 世纪 90 年代的《中国青年报》和《齐鲁晚报》，发现当时很多有关大学生的报道，这些报道多数是正面的大学生实践活动，例如大学生拾金不昧等。

旧报纸对大学生群体是正向选题趋向，但现在对大学生的负面报道偏多，基于此我开始了对大学生媒体形象对比性的调查报道。调查发现出现这种现象的原因是在早期整体的媒体塑造与议程设置中大学生群体是"象牙塔中精英中的精英"，然而在 1998 年高校扩招之后传统的媒体框架报道已不受读者欢迎，媒体也开始寻找不同的视角，随后负面报道出现了，这种负面呈现方式不断延展形成了如今的负面报道态势。

上述案例就属于从旧素材里挖新选题，其实旧报道是一个线索来源，留心旧报道会发现一些特殊现象，对比越强烈的新闻事件越值得去做调查性报道，从而找到症结所在。打开一本旧报纸的同时也打开了一个时代，如果把这个旧时代捧在手心观察会发现它和我们的时代是不同的，而这种差异往往会带来现实的思考。

第二个层次是可以从微博、微视频等新媒体信息中寻找新的灵感或对于事件不同角度的报道。例如，朋友圈信息可以作为深度调查性报道线索的植入信源。这种方式不同于以往新闻的迅速采集，如果稍加留意就会发现前几年重大舆情事件都是由细节引发的。例如，记者拍下陕西省时任安监局局长在一次交通事故现场背着手保持微笑的照片，原本的用意是展示当地安全监管部门负责人第一时间赶到现场积极组织救援活动，但因为局长始终保持微笑，不合时宜的表情引起网友对他本身人格的质疑。新媒体顺应舆论对他展开疯狂"追剿"，传统媒体也开始介入，对知情人士进行采访，对网友提供的相关线索进行提炼，做了深度报道，最后顺利报道了此事件。

类似的事件在近几年也成为调查性报道重要的新闻信源。例如"周老虎"事件，最先也是网友开始质疑，传统媒体再介入，最后司法机关介入判刑来定性。牵一发而动全身，新媒体信息为调查性报道提供了丰富的资源，也是现在重要的选题来源。

从报道中淘选题涉及新闻报道的选题策划原则。第一，首先要确保新闻事件必须是客观存在的，不论出于何种动机，新闻媒体必须要坚持客观、公正、真实的原则；第二，新闻六要素的着眼点是读者兴趣，必须考虑到读者是否对新闻信息有所需求；第三，新闻事件是否符合媒体报道条件，跨地域调查性报道的浪潮已经过去，特别是《南方都市报》《南方周末》引领跨地域追踪报道事实的情况已然非常少见。

三、新媒体环境中的事件

对于不同选题的标准分析有以下三种：第一种偏向于政策导向的新闻选题标准解析。例如，每年中央一号文件都强调新媒体对"三农"（农村、农业、农民）政策的影响，由此可以根据相关政策进行深度调查。

第二种是偏重于公众兴趣和受众需求的新闻选题标准。记者面对新闻选题具有双重身份：第一层次是受众身份，换位思考，假设作为受众会不会对这类新闻感兴趣；第二层次是在此基础上作为新闻专业者的价值判断。在新媒体语境下，民间语法或者叙事方法特别强调新闻传播的新闻专业主义。新媒体传播方式大量涌现，需要将新闻专业主义的客观性、真实性、权威性作为重要的出发点。受众需求是选题者站在受众立场来感受选题本身的价值，再从专业主义角度对新闻选题带来的价值与影响进行预判。

第三种是以关注社会问题为中心的选题标准。社会问题是一个值得挖掘的富矿，任何舆情事件的发生触碰到的都是社会原则。例如，有些新闻报道之所以迅速产生了舆情，是因为信息本身和人们自身道德成熟度形成了落差，因此人们不管事件是否真实都会立刻站在弱者立场上抨击强势一方。在新闻舆论中，社会问题关系到社会群体的自身利益，每个人在社会中内心都形成了一种永远会和信息本身进行衡量的道德尺码，一旦形成落差，必然带来舆情的

扫一扫掌掴事
件始末

发生。2021 年 1 月 16 日，河南济源市政府秘书长翟伟栋的妻子、微博用户"济源市尚娟"发文实名举报济源市委书记张战伟。她在举报文章中说，2020年 11 月 11 日早晨，翟伟栋与其他市领导在机关餐厅角落里吃早餐时，被河南济源市委书记张战伟掌掴。尚娟在帖子中还称此事引发了翟伟栋的心脏病。2021 年 1 月 21 日，济源市召开领导干部会议，宣布省委决定：免去张战伟同志的济源产城融合示范区党工委书记、委员，中共济源市委书记、常委、委员职务。在持续 5 天网络热搜的舆情背景下，由"掌掴事件"引发的舆情出现了几个热点：一是掌掴事件本身，二是尚娟是否被停职，三是张战伟被免去济源市委书记职务。从这起网络热点事件可以判断，这是一个足以支撑调查性报道的选题，因为尚有一些疑点有待厘清：包括掌掴事件的还原、尚娟被处分的红头文件是否真实、掌掴事件是否是一个孤立的个案、济源市官场生态如何等。这些问题的提出和解答正是调查性报道所应关注的选题重点。

四、选题价值的判断标准

第一是事实的独特性，调查必须是独特的或有一定的新奇性以吸引人的眼球。新闻对于受众来说存在一种"新奇律"，越是个性独特、超出人们的经验范围，其吸引"眼球"的兴趣就越是浓厚。第二是关注者的范围一般比较广泛，即深度报道所关注的对象，通常对社会具有广泛的震撼力，或者容易提醒人们关注人类的共同利益，或者容易唤醒人们的良知，或者容易激起人们的共同兴趣。第三是对未来的影响力。深度报道中的事件除对政治、经济、社会的发展具有影响，还对现存体制、规范、秩序构成冲击，引起社会对思想、观念、道德、伦理等方面的反思。新闻价值中重要性的原则比贴近性更重要，重要性是对未来的影响力，对未来相似事件造成这样的一个暗示和影

响。第四是重复性的宣示。所谓重复性宣示，"是指最新报道中的重要内容或部分内容是对过去报道的重复。这种重复不是疏忽所致而是故意所为，意在明确宣示一种意图，其新闻眼不在事实的最初发生，而在已经发生的事实被延续这一时间点上，因为这个时间点的社会背景是新的"。事件本身是否存在过去报道疏忽遗忘的点，如果存在就是旧媒体的新挖掘也会出现重复性的宣示。新闻报道选题的最后决策看以下几点，我们用三元三环方式来表示，客观存在的共同区域就是选题的范围，选题时候要考虑到，首先客观存在是第一要素，选题要必须同时满足这三者并列的关系。

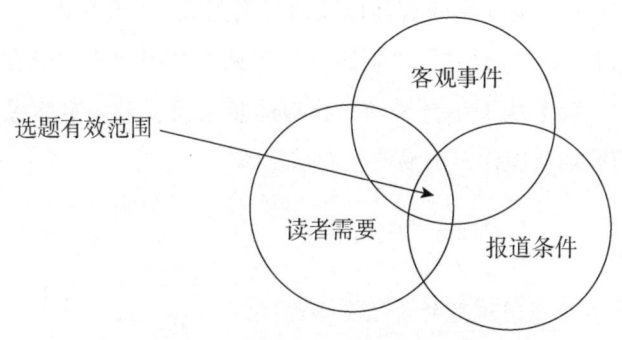

图2-5　调查性报道选题范围示例

　　事实上，我们还很难从表象上判断选题的决定性因素。因为选题确定过程既是人际交流，也是充满说服与认同的过程，其中媒体的选题倾向、记者的个人偏好、爆料人的媒介素养、已知信息资源的真实有效性等均作用于选题过程。上文提到的调查性报道选题标准便是贯彻于调查性报道者内心的思维指导框架。

　　当然，在信息技术时代，调查性报道的选题也发生着变化，智能机器新闻的出现，以及算法推送新闻的大行其道，都为调查性报道带来不同的选题参照模式。机器人写作新闻限于事件本身的不可预测性等因素，还很难直接参与调查性报道活动，但智能机器新闻的出现将必然为调查性报道提供充分的选题依据，比如目前开始使用的天气播报等智能机器新闻便能在极端天气时为调查性报道提供相关的选题。

　　需要说明的是，算法推送新闻在改变读者阅读习惯的同时，也影响到新媒体环境中选题的获取与判断。算法推送新闻是一种通过计算机算法与海量数据匹配将个性化内容推荐给不同用户的智能媒介技术，因为其精准的推送带来了"千人千面""每时每刻"和"没完没了"等推送特征。这可能为关注社会事件问题的用户带来更多的相似资讯，这有利于调查性报道者的选择与策划，与此同时，这种推送也意味着收受者所能接触的选题可能会面临窄化的问题，在选题视野上受到推送新闻的影响。

　　除了信息技术带来的调查性报道选题范围的变化外，调查形式也在不断地向外延伸和拓展。除了传统媒体以往的"揭露式""追踪式""探寻式"和"批判式"报道外，"宣扬式""调研式"等调查性报道也广泛存在。在具体的采访过程中，线上线下结合采访、异地同步采访、多元主体采访等方式更有利于选题的策划与操作，更易产生舆情影响。

延伸思考

1. 谈谈调查性报道选题的价值有哪些？
2. 谈谈传统媒体选题关系圈如何建立？
3. 根据选题特征要求，如何从已经刊发的报道中确定选题？
4. 新媒体环境中的选题如何来确定？

第三章　准备是个慢功夫

【阅读要点】

调查性报道的准备从选题的确立开始，选题过程中存在着加法和减法的问题，即如何更好地选择选题的问题。确定选题后涉及如何准备的问题，包括如何组建团队，为采访准备必要的拍摄设备等，同时也要考虑到人员的联系，特别是爆料人的联系要确保畅通。对于偏远地区做好长时间拍摄的准备，包括住宿、饮食等问题的解决等。事实证明，准备活动越充分，调查性报道的质量也就越高。

在进行调查性报道选题的过程中，存在着加减法的问题，先做加法后做减法。加法意味着做选题时，遵守同时域、同地域的增量原则，尽量增加同一地域有效性的选题；减法是对选题去芜存菁，把一些存在不确定性问题的选题减掉。加法是减法的基础，而减法为采访的质量提供保障。选题的加减法原则贯穿于选题的整个过程，不仅包括选题线索本身的选择，还有选题把关的过程。

首先是选题线索本身的选择。以在某城市采访为例，在同一个地域做采访时，我们最少要保证有三个选题作为备选，这便是做加法的前提。三个选题之间的关系是有顺序的，当我们进行采访时，一旦在第一个选题的采访过程中出现问题而不能持续，便可以马上转换选择第二个选题，接着第三个，这便是加法原则中的顺位法则，按照顺位法则进行采访有利于采访高效且有质量的进行。加法的目的是要形成一个选题保障群落，增加选题的可操作性，强化好的选题，加法是减法的基础，减法是为采访的质量服务的。越是层次较高的媒体，收到的选题线索越是多样，因此要对选题进行分类，或根据地域划分，或根据选题类型划分，从分类到排序再到筛选，便是完整的从加到减的过程，也是最早期的选题准备阶段。

此外，还有对选题的把关过程。传播学中认为新闻媒体具备组织性，任何媒体、任何栏目都有其独特的选题标准，这便是选题的范式。因此，在范式的基础上，我们会进行调查性报道的第二重选题——组织选题，这个过程一般由栏目的负责人、制片人或总监对记者的选题进行挑选。在第一重选题线索本身的选择中，记者本人已对选题有了充足的了解和准备，然后由记者提交选题单，选题单上包括采访对象、采访内容、采访提纲、采访困难等多方面的内容，组织选题主要是对记者提交的选题单进行把关，这便是第二重选题的加减法过程，最后形成的便是一个符合采访标准的选题。之所以要求实行把关人制，是因为调查性报道本身具有主观性，这种主观性主要源自记者的实践经验和把关人的实践经验，这种主观性中所包含的倾向会带来选题的原则性变动，所以从加法到减法作为一个相对客观的过程，是对选题主观的一种中和。

选题确定之后，便进入选题的落地实施，也就是准备阶段。实际上不仅是调查性报道，任何新闻采访都需要准备，包括心理上的和形式上的准备。对于一个新手来说，心理上的准备或许更为重要，采访前首先要对可能遇到的困难有一个基本的预判，做好采访失败的心理准备。有时候准备的过程和拿到选题就出发或许是同步的，这便意味着，只要做好了准备便是整个采访的开始。

笔者采访时曾遇到过这样一个事件，令人记忆犹新的是，这个采访虽然耗费了很多时间，也没有任何人为的干扰，但最后还是失败了。这是一个关于食品安全的问题，当时我们接到爆料，在一个农村地区，有人长年回收玉米芯，也就是玉米脱粒之后的玉米芯，在农村常用作烧火的废料，除此之外没有别的用途。这时，有人举报说，当地到处回收玉米芯，通过机器打成颗粒后可以出售，有人用收回的玉米芯作为猪饲料来喂猪。收到爆料后我们首先预判这是饲料安全的问题，弄虚作假可能会对市场造成伤害，于是我们决定去调查采访。在进行准备时我们预测所有的信息都可以通过采访获得，但却忽略了专业性知识不足的问题。到了采访地方之后，我们首先来到加工玉米芯的人家进行暗访，拍到一些画面，也采访到了一些内容，但总觉得不够，应该要跟踪整个玉米芯成品的流动过程及最终的去向才能形成证据闭环，要确定这个成品是否真的被拿去直接喂猪了。为了调查清楚这件事情，我们在当地熬了两个晚上，终于遇到了玉米芯成品装车拉走的过程。跟着成品车，我们来到了一个加工厂，加工厂管理比较严格，无法进入，于是我们想办法联系到了加工厂的老板。老板知无不言，言无不尽，还带我们参观了厂房，当时他以为我们是做正面采访，不知道我们前期做的铺垫。真正看到玉米芯的加工过程之后，我们发现了自己的浅薄无知。玉米芯在这里还要经过第二次加工，加工成毫米级别的颗粒，添在猪饲料里，这样有利于动物的肠胃蠕动，加快对猪饲料等缺乏高纤维食物的消化，该发明还因此获得了国家发明专利，而且不仅在中国使用，加工的成品还会出口到日本、韩国和东南亚等地，整个生产销售链条非常完整。

这个调查性报道的全部过程虽然都完成了，但和我们最初的预期设定完全不同。在没有进行专业咨询之前，我们预判这是一个造假或非法的事件，但调查后发现这是正面宣传的材料，失去了原有的报道意义，也与我们的栏目定位不符。因此从这个采访的案例我们可以看出，采访的准备需要记者本身具备一定的专业知识，除此之外，还要有心理和形式上的准备。

调查性报道的准备主要包括接触爆料人、检索背景信息和组建调查团队三个阶段。

第一节　接触爆料人

在新闻采访报道中，爆料是一种特殊的人际沟通，爆料人则是新闻采访生态中一种独特的存在。爆料指的是一种揭露事实真相的行为，爆料人将自己所知晓的社会内幕通过某些方式发布出来，引起媒体或公众的注意。爆料既是公民表达权的一种体现，同时也是调查性报道的重要信源。在传统媒体环境中，爆料人往往定点与媒体记者取得联系，提供事件本身的概貌，协助记者完成调查采访工作。在当今的网络社会，爆料人通过网络平台将一些事件内幕发布出来，从而形成社会舆论，这种带有随意性和自发性的表达，面临着当事人隐私权、名誉权受损等问题，是将本来作为调查性报道背景信息的资源文本化和新闻化了，其中微博爆料影响最为巨大。

传统媒体的爆料人有多种类型，按爆料方式划分，有直接上访的爆料人、电话爆料的人、写信爆料的人，另外还有朋友、同事介绍的爆料人，有时报刊的记者也可以作为爆料人。爆料人作为信源与信息内容的确定性是直接相关的。

我们在接触爆料人时要注意以下几点：首先，确定爆料人身份的可信性。从层次上划分，一般来说媒体记者提供的信息最为准确，其次是上访的信息、电话提供的信息、写信提供的信息。写信的方式存在隐患是因为无法核验爆料人的身份，如果爆料人本身是当事方的话，要考虑爆料人在事件当中的利益关系，防止媒体记者被作为个人牟利的工具。因此从这一点来看，爆料人身份的可靠性决定了最终采访的可靠性。

其次，要确定爆料人的意图。爆料人不外乎两种：一是作为当事方中利益受损的一方，二是客观的爆料人。客观爆料人在农村地区较多，也就是农村地区的意见领袖，他们喜欢提供一些新闻线索，并获得一定的爆料报酬。对于第一种情况的爆料人，也就是当事方，一般在具体采访的过程中是可以见到的，他并不回避和记者见面，哪怕有所保留，也是回避有关自己真实姓名、图片、照片和视频的使用。对于第二种情况，作为旁观者或第三方的爆料人，他们一般会通过打电话的方式进行爆料，往往不会直接露面，因此这样的信源风险较大，不确定爆料者个人的意图会不会混淆视听而使事情变得复杂。

对于第二种情况，有个工商所所长违反规定操办酒宴的案例。这个案例发生在 2005 年，我们在 1 月 5 日接到爆料人的电话，1 月 10 日进行采访，整个采访过程并没有见到提供线索的爆料人，但他却提供了准确的事件位置和具体路线。循着爆料人提供的路线，我们找到了事件发生地，正赶上事件当事人刚开始放鞭炮，放鞭炮的地方就是我们要找的地方，而且在爆料人的电话中我们也听到了鞭炮的声音，能确定爆料人就在现场，可以确定的是这个爆料人也是事件的当事人，并且处于受害一方，没有露面可能是担心被报复，因为这涉及上河湾一个工商所的所长。类似这种爆料的情况，爆料人提供的信息一般是真实的，考虑到爆料人跟事件直接相关，出于安全问题的考虑，隐匿自己的身份不和记者接洽也可以理解，所以我们可以接受这样的结果。

采访进行了一整个上午，是一个小镇工商所所长母亲过大寿，一年竟然办了两次寿宴。对于这种特殊的采访，直接问办酒席的人一般拿不到结果，于是我们选择采访酒店老板，后来又采访了几个业主，获得了一些信息，最后我们找到工商局的局长进行采访。类似这样的采访实际上是有风险的，风险主要

扫一扫阅读调查
报道全文

源自爆料人的隐匿，但和风险相比，这个选题的价值无疑是值得冒险的。这就是调查性报道的魅力所在，记者知道事件存在难度，不一定能完成，但在评估之后还是选择尝试和验证。根据这个案例我们也可以看出爆料人的意图，当地工商部门经常采取这样的方式请客收礼，损害了爆料人的利益，爆料人通过爆料的方式来纾解内心的哀怨。

除此之外，还有很多职业爆料人，他们生活在农村，一般游手好闲，走街串户了解了一些事情之后，请记者来挟制当地的政府机关。笔者在2001年年底曾遇到过这样一个人，后来发现我们是被利用了。在爆料的过程中，他始终在讲当地的用电改造问题，这的确存在问题，但后来笔者了解到，他是想通过这个方式来要挟当地政府，声称当地政府同意他的条件就可以不用报道。但实际上这样的关系伤害了新闻报道本身，爆料人把新闻媒体当作了工具，所以在听到他的诉求之后，我们断然拒绝了，也没有答应继续报道这件事情。因为一旦答应，后续的报道便会受到他的牵制，如果不答应，信源和新闻线索便断了，甚至可能会被诬陷说是记者误导造成的结果，所以这就变成了两难的问题。因此从这方面来看，爆料人的意图、身份一定要清楚，这

便是调查事件中对爆料人的评估。

对爆料人的评估主要包括评估爆料人的身份、爆料的原因、爆料可能带给他的好处等，这些都是要在采访前考虑的问题。从经验来看，最容易达成采访的就是当事方，在事件中当事方可能作为一个受害者或利益受损者来参与爆料，如果不是，我们便要对爆料人进行仔细的评估，了解他内心的想法。所以对于调查性事件中爆料人的评估过程，也是我们对于新闻事件的完整梳理过程。

需要说明的是，爆料人在新闻采访活动中的身份问题值得考虑，然而目前几乎所有的研究很少将爆料人置于新闻传播活动中，这必然带来对新闻传播活动理解偏狭的问题。其原因是要么以新闻文本为中心，采访活动是新闻文本生成的构成性条件，因此采访活动本身的关注必然会忽略爆料人的存在；要么考虑传播的社会影响问题，将新闻传播活动媒介化，媒介环境化。爆料人的身份认定问题，首先需要考虑的是其主体性问题，其次要考虑的是爆料人在信息技术环境下身份的变迁问题。

爆料人身份的主体性问题，首先应该考虑爆料人在新闻采访活动中的作用问题。从新闻调查记者的视角来看，爆料人既可能是调查对象，也可能与调查事件无关，但不可否认的是，爆料人一定是调查采访的第一对话人，相比其他受访者了解和掌握更多的事件信息资源，同时对于事件相关方的了解也比较全面。对调查记者而言，爆料人往往深知事件的内幕，能够提高调查采访的效率，在错综复杂的环境中直指主要矛盾，切中要害，是调查性采访不可或缺的存在，事实也表明，任何成功的调查性报道背后都存在深度参与的爆料人。从这样的角色来看，调查性报道记者往往将爆料人视为合作对象，而不是简单的受访对象。从采访开始前的准备阶段到采访过程，再到采访结束后的新闻制作与生产过程，都与爆料人保持着密切联系，甚至采访结束后这种关系仍然若即若离地存在，包括事件报道的影响反馈、后续事件的发生发展等。以调查性报道中受访对象的视角来看，爆料人是他们与调查记者沟通的重要桥梁，他们手里握有一定的媒体资源，这在媒体被视为"第四权力"的传统媒体时代是一种不可忽视的资源，因此，爆料人在受访对象眼中是值得信赖和沟通的主体。事实上，爆料人往往具有意见领袖的传播学人格特征，其社交范围广，拥有较多的信息渠道，对大众传媒的接触频度高、接触量大，因此影响也高于普通受众。应该说，爆料人将碎片化信息的逻辑化和系统化，是调查性报道的元信源。综合看来，爆料人居于调查记者和被调查者之间，以一种影子调查者的身份存在，这种影子身份随时存在却又模糊不清，模糊不清却又能勾勒出调查性事件的全部轮廓。所以从调查性报道来看，爆料人存在的意义在于推动客观事实成为新闻事实，现时推动调查性采访的进程。

　　笔者曾在调查一起私宰羊进入城市餐桌的报道中联系到一位神秘爆料人，他作为事发地的见证者始终未能与笔者见面，但这并未影响信息的沟通。其他记者在爆料人配合下完成了暗访到查处的全部过程。不过令人遗憾的是，私宰羊现象并未结束，一俟风声过去，当地的野外屠宰地又重操旧业，为此爆料人始终与笔者沟通现场情况。2004 年五月中旬，吉林电视台与《新文化报》记者联手前往，准备完成现场报道。因为道路不熟悉，所以走走停停，在爆料人的指引下最终找到那个小村。连接村外的路在村北，屠宰点儿在村南，因此要想到达屠宰点儿必然要穿过整个村子，就在我们走进村子时，爆料人通知我们，因为我们目标太大，屠宰点儿已经迅速撤离。事实果真如此，一把巨大的门锁锁住了刚刚还在如火如荼操持的屠宰秘密，我们只能就此停手。

扫一扫阅读相关报道

　　接下来的三个月，爆料人不断传递出私宰点儿的实时信息：这家私宰点儿不断改变策略，将屠宰点儿搬到远离村庄的草原上去，或者只在夜深人静的夜晚工作，而且在时间上也存在着极不规律的情况，时而暂停几天，时而工作两天，保密性和反侦查能力也不断地在增强。直到当年八月下旬，屠宰点儿才稍稍稳定下来，但屠宰时间挪到了深夜进行。在爆料人大量信息的支持下，我们再次深夜造访，在爆料人的引导下，最终经过连续两夜的蹲守成功地完成了这一调查性报道的全部前期拍摄和采访工作。正是因为爆料人与我们保持不断沟通与交流，以影子主体身份传达信息，调查性报道采访工作才能顺利进行。（相关采访过程详见文后附录 2）

　　随着信息技术的发展，调查性报道的社会环境在发生着变化，与此同时，爆料人的主体性身份也在随之发生着变化。爆料人在调查性报道中的身份变迁，意味着调查性报道采访主体活动的复杂化和多元化。那么爆料人在调查性报道中的身份是如何变迁的呢？

就爆料人在调查性报道中的作用而言，爆料人已经从影子主体身份转变为更趋多元的主体形态，包括影子主体、信源主体、报道主体、协作主体等。网络媒体环境中的影子主体不同于传统调查性报道中的影子主体，因其匿名性发表表现出主体的模糊性和不确定性。不可否认，为媒体调查记者提供信息的爆料人也同时存在于当前的调查性报道活动中，继续发挥着影子主体的作用。信源主体爆料人作为新闻事件的当事人，通过网络媒体等传播自己了解的事件信息，为调查性报道提供信源支持，媒体记者通过与爆料人沟通，采用爆料人的信息推动事件的深度报道。报道主体身份使爆料人走向前台，直接参与报道活动。这在专业化媒体环境中显然无法实现，但在网络媒体环境中，网络技术赋能使爆料人具备了参与报道的主体身份，2021 年初有关河南济源市委书记"打耳光事件"的爆料人"济源市尚娟"便可以看作是调查性报道的报道主体，其网络发表的信息随后成为各大媒体报道的重要信源。协作主体居于爆料人与报道记者之间，其与爆料人在网络媒体环境中存在着协作的关系，通过同步的协作采访互动，将碎片化的事件还原。爆料人协同互动，发挥着同等重要的作用。

与传统的爆料人的接触方式不同，接触网络媒体爆料人的渠道变得更加多元化，包括电话、短信、邮件、QQ、微信等，可以采用留言收听（看），也可以采用直接互动交流的方式。这种在场增强的互动交流有利于调查记者对于现场的了解和掌握，爆料人可以接受调查记者的委托完成相关调查性报道影像的前期拍摄采集等。接触爆料人的意义，从当初事件的了解与采访设计到如今的调查性报道的协同工作，调查记者与爆料人之间也从主导与协作的关系发展为协作沟通、平等互动的关系。这一变化不仅仅意味着调查性报道爆料人的身份变化，也表明调查性报道正从新闻专业活动转变为社会公共性活动的事实。

第二节 检索背景信息

检索调查性报道的背景信息是调查性报道采访准备的重要保障，调查性记者的知识体系往往是通过一次次采访过程构建的，这其中的信息积累和检索伴生着知识储备的全部过程。检索报道的背景信息，从根本上说是记者提高自身脚力、眼力、脑力、笔力的根本要求。检索过程和有关爆料人的接触是同步发生的，涉及以下四种情况，分别是当地的环境、相似事件的既往报道、相关材料的准备和确定采访的方向。

一、采访地域的环境掌握

当地的环境是地域性的问题，比如要去采访的地方是什么特征的地域，交通情况如何，等等。山地、沼泽地或者林地各有独特的区位特点，要根据具体的情况做形式上的准备。这种准备包括两个方面的内容：一是设备与装备的准备，二是心理准备。设备与装备的准备包括正常采访设备摄像机（包括磁带、存储卡、额外使用的电池等）、三脚架，用于暂存影像素材的笔记本电脑，可能还会用到隐蔽拍摄用的小型摄像摄影设备，声音录制设备。心理准备包括对相关采访事件的了解和把握，对采访流程的策划与安排等。调查性报道采访不同于一般采访，在人际沟通环节需要耐心、细心和恒心，除了个人的心理准备，还要具有把握调查对象的心理状态的能力，因势利导，引导对方配合完成调查采访。心理准备最重要的是对采访地域的熟悉和掌握，一般在接触调查对象前完成对于采访环境的摸底。包括对采访过程中涉及的具体环境和方位有充足的了解，笔者下面的采访经历可供参考。

2004 年末，吉林电视台新闻中心要出一期新闻中心简报，责任编辑老师找到笔者，当时新闻中心流传着一个故事，说是我在采访一个古溶洞被非法破坏的新闻时，不小心差点掉入一个溶洞陷阱里面去。传着传着就走了样，各种段子和包袱都掺杂在里面。面对编辑老师的约稿，我只好如实相告，并表示真要是采访，还有个更精彩的。这是关于采访环境检索的，简报上的题目叫作《与狗对视 N 秒》！

这个选题前文已经提到过，是关于私宰羊的调查性报道。选题的获取来自吉林电视台《新闻五分钟》栏目，前面有个记者做了相关报道，是关于一个县乱宰羊造成卫生环境破坏的问题。屠宰场在一个偏远的靠近一片草原的地方，在屠宰过程中为了防止有苍蝇之类的蚊虫会不定期喷洒农药，因此条件非常恶劣，卫生环境好不到哪儿去。记者采访之后，当地的质检部门就把屠宰地查封了。这一社会新闻播出之后，笔者觉得这条新闻特别好，但有一些问题当时没有解决好：不卫生的肉究竟去了哪里？是谁吃了？造成了什么样的影响和危害？问题的存在导致新闻调查链条的不完整，这些事情并没有在新闻中交代清楚。

根据笔者的经验，这个新闻题材完全可以转化成为调查性报道选题，于是联系到当地的那个影子爆料人，恰好当时那个屠宰点儿觉得风声已过，又恢复了宰羊。第一次去调查，我们没有了解清楚周围环境就贸然出动，结果是打草惊蛇，调查活动也无功而返。

第一次与我们同行的还有几家媒体，包括《新文化报》和《城市晚报》的几位记者。到达之后，发现当地的环境与笔者掌握的并不一样，因为前期采访记者也没有抵达现场，所以对当地的环境了解不够清楚。小村比较偏远，道路曲折，到了小村后寻找屠宰点也并不容易，经过一通打听后我们已经暴露了自己的行踪。本来当天还在屠宰羊，但听说有陌生人进村后屠宰者闻风而动，立刻停止了屠宰，迅速撤离现场，我们扑了个空。农村的特点就是当村子里有陌生人闯入时全村人很快就能知道，后来为了防止走漏风声，我决定带着司机和摄像单独造访。

屠宰场位于小村的最南端，再往南是一片草原沼泽地。我们第二次去的时候先大致了解了屠宰点周围的环境，屠宰点前面是一片空地，没有围墙，侧前方是一排高大的白杨树。这样的环境不利于拍摄，在没有掩体的环境拍摄，哪怕是夜间也容易被发现。经过一番观察，笔者发现距离房子 20 米远的正前方有一道土沟，可以作为拍摄掩体，于是当天晚上九点多钟，我准备潜伏到沟里举着小型摄像机拍摄，但我忽略了屠宰场有养狗的习惯，这家屠宰场养着四五条大型牧羊犬，非常凶猛。刚拍摄不到十秒钟我就察觉到一些不安的气息，我听到一种从喉咙里发出要攻击前的低吼声，往周围一瞥之后几乎是魂飞魄散，伴随着"呜呜"声的是几双绿莹莹的眼睛正盯着我。这时候我预判了两种结果，一是狗一旦冲过来，就有可能把我咬伤甚至咬死，另一种是狗的吼叫可能暴露我的行踪，被屠宰场的人发现。

实际上在进入现场之前，我们已经做好了准备，陪我一起进入小村的是一位退伍军人，按照约定他守在玉米地里接应我，遇到突发状况我可以直接打电话给他。司机把车停在村外，一旦出现突发状况，司机可以立刻开车进村来接应我。狗的示警告诉我拍摄无法进行下去了，于是我将 DV 揣进兜里，环顾四周寻求退路。这时我才嗅到腥臭的气味，原来这个沟是倾倒羊内脏的地方，狗子们经常过来觅食。换句话说，我进入了狗子们的领地！

周围的环境是：土沟向东侧延伸是两排高大的杨树，土沟南侧有个斜坡，坡比较平缓，后面是一片稀疏的玉米地。我尝试坐到沟里，后背抵着土坡，往后缓慢挪了几步，坐到沟沿上，摸到身后的玉米秆，这时我已经拉开了和狗子们之间的距离，于是转过身钻进玉米地里。身后狗子开始狂吠，但它们并没有冲撞上来攻击的意思，大概是因为它们并不饥饿，只是示警的意思。狗子的

扫一扫阅读相关报道

连续吠声惹得主人大声呵斥，我趁机迅速在玉米秆间跑远，又趑回到附近的一条大道上。身后是茫茫草甸，前面十一点钟方向是刚才的屠宰场，在这里拍摄相对安全。狗子们的叫声引来全村狗子的吠声，一犬吠形，百犬吠声，说的就是这样的情形。

后来我才体会到熟悉当地环境对调查性报道采访的重要性。拿这个案例来说，这个环境拍摄的困难在于：一是因为周围都是空地，白天不好拍摄，而且之前有记者来调查过，已经打草惊蛇了；二是这家屠宰场养了一些狗，如果之前就知道这件事，可能在采访的时候就不会深入土沟里拍摄了；三是这种环境有利有弊，要到达屠宰场需要穿过整个村子，这对他们来说是种掩护，但对我们来说，如果我们穿过村子没有被发现，那么这家屠宰场的警惕性也会放松。所以这充分说明了采访首先要对当地的环境有充足的了解和掌握。聪明的调查性报道记者往往在采访前会根据掌握的信息情况，将调查地周围的环境勾勒出草图，并对采访过程进行预演，这样就不会在突发事件发生的时候因为没有任何预案而造成慌乱。

二、相似事件的既往报道

任何一个新闻事件，都曾经出现过类似的新闻报道，特别是在现代这样一个高风险的社会，舆情的掌控难度、事件的不确定因素以及影响个体的因素都变得更复杂了。在这样的情况下，我们在了解一个新闻报道线索时，首先要进行检索，通过对个人经验和既往相关新闻报道的检索，把握相关事件发展的趋势及调查性报道的一般性策略。这样做有两个好处：其一是通过既往新闻报道的检索发现类似的事件，我们就能够找到重点关注的方向，借鉴既往新闻报道的经验做出判断和选择；其二是我们可以通过既往的经验绕过一些盲区或采访误区，可以站在前人的肩膀上做出更好的报道。

事实也充分证明，很多调查性报道既不是第一次出现，也不可能是最后一次出现。比如，笔者从前做过这样一个调查性报道。事件发生在 2005 年，一个考取中等师范学校的学生的入学资格被别人顶替了，大家都知道 2020 年山东省也曾发生了一个类似的事件，其调查过程和结果均有一定的相似性。类似的新闻报道能够提供对此事件采访的丰富经验。在传统媒体中对既往报道的检索存在困难，只能通过翻看往期的播出记录或者往期报纸来寻找，相关的案例库、数据库未能得到积累。如今我们通过搜索引擎很快就能检索到相关的报道，并对这些报道进行评估和相似事件的比对，最后拿出一个适合的采访方案。"穷记者与富记者"的区别可能放到这里就是报道经验的差别，既往报道的经验相对来说决定了眼前报道的策略选择。

应该说，传统的记者依靠个人经验，经验丰富的老记者能够将过往采访案例存储在头脑中，通过人内传播的方式自我检索和查找，寻求有价值的采访经验和策略，对于调查性报道记者而言，经验意味着个体采访所拥有的宝贵财富。在信息技术环境中，信息检索已经超越了个体经验的范畴，覆盖全网的新闻报道数据库、大数据提取技术等，可以帮助我们随时随地通过网络检索和了解相关的调查性报道案例。

三、相关专业知识的检索

调查性报道很多时候会涉及一些专业领域，如果涉及不太擅长的领域就容易闹出笑话，因为处理不当可能在暗访中暴露自己的真实意图和身份，在这样的情况下，在采访一些未涉足过的领域时，调查记者要掌握一些专业的知识。虽然不能做到足够专业，但对记者来说可能表达一些专业的概念或名词，能把话说清楚，就能获得采访对象的足够信任。

我曾遇到这样一个采访。2005 年的时候，有一个工厂的持续性排污导致周围农民鱼塘里的鱼都死掉了，根据爆料人提供的线索我们第一时间赶过去采访。在调查性报道的暗访活动中，工厂因其封闭性高的特征，记者很难通过一个合适的身份进入，稍有不慎便会前功尽弃。我们首先了解到这个工厂具体生产了什么，生产的产品化学成分是什么。彼时互联网还不具备强大的检索能力。我们首先通过这家化工厂网站了解到他们生产的除草剂产品名称，然后到网上查询相关除草剂，弄清楚原材料和使用情况，最后我们确定以批量购买除草剂的采购商身份进入工厂，戴好偷拍设备开始采访。尽管我们提前了解了一些专业知识，在聊了一会儿之后还是露出了马脚。对方几个人轮番沟通的事实告诉我们，他们正在猜测我们的具体身份，而我们的专业知识准备不足正是他们产生怀疑的根本原因。

看到身份即将暴露，我马上转变说法，暗示自己是当地环保部门的工作人员。对方显然不会相信，因为在此之前村民已经对工厂不满并四处上访，环保局肯定多次与这个工厂沟通过，他们开始怀疑我们的身份了。甚至对方不惜与我们发生冲突，过来要看我的包里装着什么，他猜测到我可能是记者，于是提出要搜身，要么我能够提供个人的身份信息，这样一来，双方剑拔弩张，采访很难顺利进行下去。到了这种程度，我便赶紧给司机打电话，嘱咐他们尽快开车进入工厂。从调查性报道采访的准备角度来看，这个采访算不上成功，在没有查到更有用信息的时候，贸然地进入现场采访很容易暴露自己的身份。对方通过专业知识验证了我不可能是真正的采购商，没有经过专业长时间培训的耳濡目染，调查者很容易暴露自己的身份。虽然很多人说记者是杂家，但实际上在更专业人士面前很容易就会暴露自己的身份。

四、采访策略检索与安排

采访策略主要指采访过程中遵循的办法，也就是从哪里开始采访，怎么采访，以哪些采访问题作为焦点和重点、突破点。一旦采访策略出现问题，成功率就会降低，没能成功的采访报道很大一部分是因为采访策略存在问题，比如信息的反馈不足、采访过程对方的不配合等造成采访的失败。因此在具体的采访过程中，要至少准备几个不同的采访策略，也就是采访计划，这些采访策略要有先后次序。

调查性报道往往事件复杂，相关影响环节较多，调查对象多元化，因此在安排采访策略时要充分考量采访过程中各环节先后次序等，实现调查性报道采访的逻辑闭环。

采访策划过程中要有保留问题意识，针对具体问题做好采访准备。包括找谁回答这个问题、从哪个角度回答，记者头脑中要形成一个预案，这样的安排主要源自记者的经验，从这点来说，记者在具体的采访过程中，要根据采访路径盯住采访问题的焦点，从核心焦点开始，逐渐寻求破解问题的路径。

这里有一个前文提到的采访失败案例。我们接到爆料人电话，一个偏远山村收购玉米芯，磨碎后掺进饲料蒙混过关。按照我对选题的判断，这显然是一个有关"三农"饲料安全问题的调查性报道。按照玉米芯每吨只有几百元的价格，以及玉米每吨 2000 多元的价格，对比之下显而易见的是加工方、收购方均存在着巨大的利益关系。在设计采访策略和采访路线时，我们按照常规做法，先难后易，从逻辑链条的末端开始调查。最初是爆料人的采访，接下来是暗访加工点，最后是寻找收购方，这样就形成了一个逻辑上的闭环。前面的调查比较顺利，为了便于拍摄，我们甚至熬到了半夜，获取了从收购到入库，再到简单精加工的全部影像资料。在对加工点的采访中，对方对有关玉米芯最终的用途语焉不详，这就更确定了我们认为的"以玉米芯充当饲料"的思想认知。从问题设计来看，关于玉米芯做饲料的事件涉及动物饲料的安全问题，是调查采访的问题焦点。如果问题的焦点能成立，那么采访就能进行下去，否则这个采访就很难成功。随后我们到辽宁省昌图县调查玉米芯深加工的工厂，结果完全颠覆了我们的认知。这家工厂加工玉米芯有不同的规格，他们将玉米芯粉碎成不同"目"的颗粒，经过处理后除了将其添加到动物饲料中，增加饲料的纤维含量外，还有部分精加工的出口到日本，作为人类食物的添加剂。经过深加工和精加工后，玉米芯颗粒的售价达到数千元，即便这样也供不应求。因为我们最初策划的调查方向是追责性的，一旦不能形成逻辑闭环，那调查本身也就失去了意义。我们对于焦点问题的把握和理解存在经验主义上的偏颇，影响了最后的调查判断。遗憾的是这个调查性报道的采访没有继续进行下去，如果重新设计采访策略，或许也是一个不错的正面选题，这也从侧面说明调查性报道策划和应急调整的重要性。

第三节　调查采访前的准备

调查性报道和其他的报道类型不同，不论是报纸、电视、广播还是新媒体，调查性报道都需要组建一个调查组，一个人很难独立完成一个调查任务，一般都需要两个人以上，需要收集视频、图片、文字、声音等内容。调查组是一个有机的整体，除了要求具备新闻专业素养，比如新闻知识和其他相关知识储备、专业技能、体力脑力储备等，还包括现场的应变能力以应对调查过程中发生的突发事件。在组建调查团队的同时，还要充分了解被采访对象的情况。

一、组建调查团队

组建团队之后就需要有分工。因为人员有限，有的人虽然是司机，但有时也会充当调查性记者的身份，在具体的调查采访过程中，要么是采访记者，要么是协同采访记者。这里还涉及一个采访的装备问题，个人装备也要准备。

比如在之前屠宰羊的采访中，因为当时在野外采访点连续待了两天，晚上很冷，所以基本是在车里待着，这时候就需要有保暖措施。此外，还有拾音设备、手机或设备的充电器等电子设备的准备。

扫一扫阅读相关报道

2005 年 8 月，我们在吉林省梨树县东南一个叫磨盘沟的林场做盗伐林木的调查，调查采访地点主要有两个：一是正在盗伐林木的现场，二是主使盗伐的养殖户。因为调查性质特殊，为了更加真实地反映出调查状况，我们采用分组暗访的协同调查方式，笔者一个人跟踪盗伐林木者，深入到林区调查走访，记录盗伐过程，摄像和司机两个人一组到指使盗采的养殖户去调查，这样分工是因为我们的采访对象存在着一定的交集，即砍伐林木的人除了和笔者照面交流外，很可能在养殖户家里与调查记者见面。事实也的确如此：

> 凌晨 5 点 00 分，我们从宾馆出发
>
> 凌晨 5 点 40 分，到达磨盘沟砍树人家房屋前面
>
> 早上 6 点 05 分，砍树人赶车出发，笔者（第一组记者）一路
>
> 跟随
>
> 早上 6 点 28 分，砍树人到达预定砍树地点
>
> 上午 8 点 10 分，砍树人砍完一车幼树和树杈后装车回家
>
> 上午 8 点 35 分，第二组记者到养殖户调查
>
> 上午 8 点 45 分，砍树人卸车后与第二组记者相遇
>
> 上午 9 点 10 分，第二组记者结束采访，与第一组记者会合

从上述时间安排上看，基本上覆盖了砍树人砍树现场和养殖户投喂饲料的现场，这样的采访安排不会打草惊蛇，能够顺利地完成采访。我们把这种团队配合的调查方法称之为"锁扣式采访法"，即把采访的每一个环节都包含进来，充分考虑采访中可能遇到的各种问题，从而形成采访的闭环。

此外，调查团队也要规划好路线和时间。有人主张调查路线应该由近到远，我们的体会是应该由远到近，这涉及一个排序的问题。采访开始后，要先从远处把一些重要的信息内容抓到，然后再往近处采访，这时候离电视台

或报社的距离比较近，返回工作场所进行编辑和报道就比较方便。先外围再核心的采访排序可以根据外围的内容和信息对整个事件有个基本的预判，这样再去采访核心的内容就不容易打草惊蛇或是被欺瞒。

由远及近，从外围到核心，从现象到本质，这样就形成了一个采访的闭环。涉及官方采访的报道要考虑到采访对象的作息时间。特别是调查性采访，在采访时一定要注意采访的平衡性，要拍爆料人，他可能是当事人，但当事人的对立面也要采访到，"兼听则明，偏听则暗"就是这个道理。所以在具体的采访过程中我们要围绕问题焦点多方采访，这样就可以对这个问题进行反复的核查，最后强化这个问题的本质。在新媒体环境下组建的团队可能和原来有所不同，新媒体时代可以通过线上线下结合的方式进行调查，时序上出现了与过去不同的特点，打破了时空界限，从原来的线性采访变成了现在的开放性采访。

新媒体时代下我们可以选择新的调查组的组建方式，我们可能需要一些爆料人或者相关的热心舆情的能人参与到我们的报道中来，新媒体环境下每个人都是报道者，采访团队不断扩大，相识或不相识的人都可能因为同一事件的调查报道进入到一个团队，完成碎片化的整合过程。通过这种团队拼图的方式，我们能够更好地掌握事件的相关信息，获取更多的细节，接近更多的新闻事件发生地，最后形成整个事件的还原和拼图，这是新媒体环境下调查式报道的一种团队工作方式。另外，报纸、电视、广播等媒体的记者能够以一种融合的姿态来进行内容采集，这些融合可能是一些临时的组合，但所达到的效果却更加理想。

二、熟悉调查采访对象情况

按照美国密苏里新闻学院研究小组的分析与总结，将采访对象分为以下七类：敌人、朋友、失败者、受害者、专家、警察、有麻烦者。①

敌人是采访焦点中违法行为个体中的敌对者，这是调查性采访中有效的

---

① 周海燕：《调查性报道采访与写作》，北京：新华出版社2003年版，第70页。

信源；朋友是调查焦点中与敌对者相对的存在，是乐意进行解释和辩护的信源；失败者是调查焦点事件中的失败者，其掌握着不为人知的内幕消息；专家是不同领域的专业权威人士，如律师、工程师、科学家等，有利于帮助调查记者迅速了解情况、发现问题；警察往往掌握着调查记者所不具备的线索，能够配合完成相关证人的采访，提供独家掌握的相关信息资源；有麻烦者是陷入调查性事件焦点中急需要澄清和辩护的个体，他们需要清晰地呈现事实，以摆脱自己尴尬被动的局面。

这种采访对象的划分具有鲜明的敌对性和阶级性，显然不具有普适性价值。我们根据中国特有的国情文化，根据人类学特性，参照费孝通先生的"差序格局理论"，将调查性报道中涉及的采访对象分为如下几类：利益关系者、相关关系者、公共关系者、专业评介者。

1. 利益关系者。在调查性报道事件中焦点问题的当事人包括两个范围：一是事件获益者或施加者，二是事件的受损者或受施者。二者的关系是对立统一的，对立是利益关系的对立，统一是事件中关系的辩证统一。如我们调查"松花江扶余市江心岛鸡心滩被非法开垦事件"，当地苏家村集体作为开垦方，与江面承包者作为受损方也是爆料人，他们是破坏草原和承包草原的利益对立方，即利益关系者，是我们重点关注的核心调查者。

2. 相关关系者。虽然不是调查性报道事件的直接利益方，但是与报道事件存在着一定的关系，这种关系虽然是间接的，却是真实存在的。因其并非利益直接相关方，所以在接受调查时的态度和意见可能更加公平公正。如我们调查"吉林省农安县林地成了采沙场的事件"，对于这种破坏林地采沙的行为，普通村民不是利益相关方，但作为环境受损的被影响者，在调查采访中他们能够客观地给出评价。

3. 公共关系者。调查性报道的事件涉及事件属地管辖，或是行业监管等问题，这就需要公共关系管理（服务）者的参与，给出事件本身的评判，因为地域管辖或行业监管的权威性，所以意见具有一定的权威性。公共关系者包括公安警察、各级行政事业单位相关人员、工商、质监、卫生等监管部门等。一般调查性报道都需要公共关系者的走访，在表达政府声音的同时也意在引导舆论，提高政府部门的公信力。

4. 专业评介者。调查性报道有时候需要强调专业性知识，虽说记者通过长期耳濡目染对一些专业知识有所了解，但一般也只是浮于表面。专家一席话，胜读十年书。专家的建议和意见有重要的导向价值，能够引导记者拨开迷雾，迅速找到问题的症结。专业评介者包括律师、高校的专家教授、行业的专家等。专业评介者能够提高调查性报道的专业水准和科学权威性，如涉及化学品的新闻调查、涉及法律知识的新闻调查等。

调查性报道的准备工作中，需要有一定的人脉积累。一个出色的调查记者手中往往会掌握一些专业评介者名单，在长期的工作互动中结成深厚友谊，他们在涉及法律问题方面（新闻事件或记者采访行为方面）均能够给予有效帮助，成为调查性报道的重要参谋。在调查性报道采访中，一般的采访顺序是从利益关系者出发，到相关关系者，再到公共关系者，最后才是专业评介者，这样的采访流程有利于事件的厘清。当然调查采访的焦点一般集中于利益关系者，这也是采访的重点和难点。特别是利益关系者中的敌对方，对他们而言这种调查意味着揭露，意味着舆情的生成，因此回避、消极对抗均有可能发生，调查记者只有做好充分沟通准备，才能有效地完成采访任务。

阅读思考

1. 在调查性报道中，爆料人的身份问题如何界定？

2. 如何看待网络新媒体环境下调查性报道的爆料人的身份变化？

3. 眼下有一个非法砍伐造成环境破坏的案例，如何按照现有资料检索相关调查性报道的信息？

4. 调查性报道的采访对象有哪些？调查记者如何有效地接触采访对象？

第四章　扎根采访点

【阅读要点】

调查性报道的采访不是简单的采访对话，而是记者深入基层，透过纷繁复杂的事件表象获取事实真相的过程。调查记者要积极扎根到采访点，与基层的受访个体面对面，用脚下基层，用心去下基层。调查采访过程要学会去对话，和不同层次的人去对话，从核心利益者到相关关系者，再到公共关系者，最后到评介关系者，形成一个关涉到所有采访对象的对话群体。调查事件往往是动态的，调查者在行走中通过观察和参与完成采访，能够很好地融入事件，更全面地了解事实真相，做出客观公正的报道。

著名摄影师罗伯特·卡帕说过，如果你觉得照片拍摄还不够完美，只能是因为你距离炮火不够近。作为一名战地摄影记者，任何一张精彩的战地留影，都需要无限接近战火，接近现场。如果说炮火连天的阵地是战地记者的工作台，那么事件现场就是调查性记者的工作台。离开现场的调查是记者离开工作台的采访，充满了脱离现实感的戏谑。

第一节　确定采访路线原则

一般说来，采访从路线确定到选题遴选，再到实地调查采访，这是一个层层落实实践的过程，确定采访路线图，就是要强调调查采访主要选题思路。

每个调查性报道都有自己的选题倚重方向，根据选题背景情况可以分为强调公共关系利益的上层路线、考量评介与背景需要的中层路线和扎根基层调查采访的下层路线。路线本身具有意识形态性，调查记者的选择意味着其工作的主观倾向性。

在调查性报道的路线图中，调查记者为揭开真相采取不同路线的目的是让客观事实与新闻事实最大限度地吻合，即新闻事实呈现的是"真正发生了什么"，由此带来的调查记者的调查探索与官方版本之间的对应关系，对此我们借鉴了美国学者威廉·C.盖恩斯的调查性报道路线图来予以呈现和说明（图4-1）。

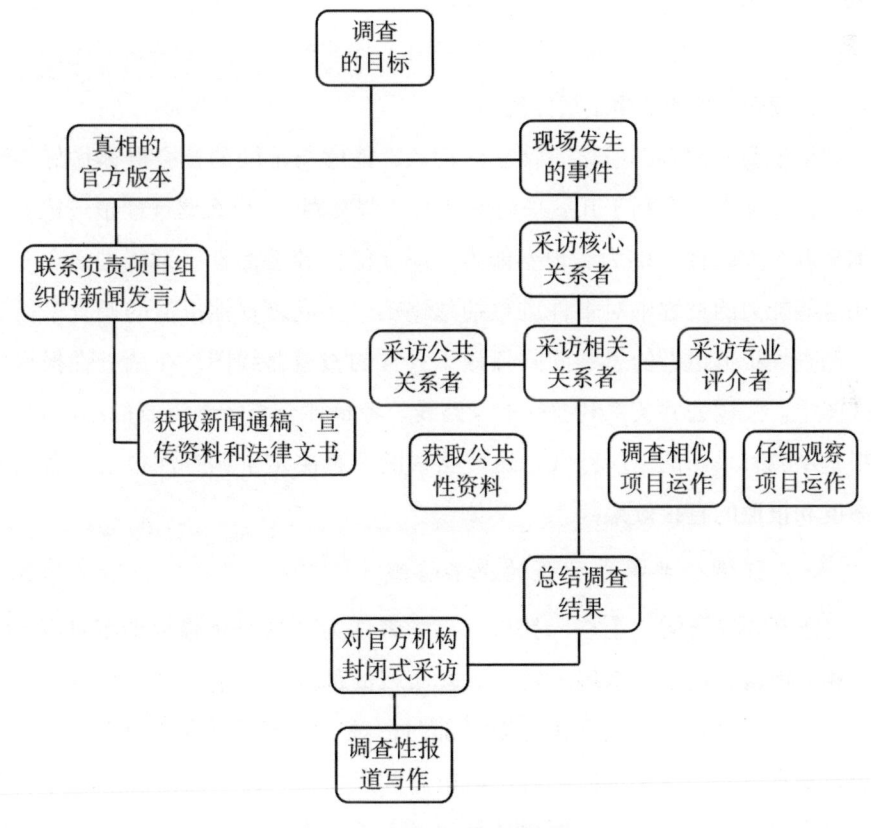

图4-1 调查性报道流程图

　　路线图中"真相的官方版本"属于上层路线，是通过新闻发言、新闻通稿等官方提供讯息完成的信息获取路径，被视为厘清事实、揭露真相的权威渠道，在重大突发事件中往往起到一锤定音的作用。调查性报道往往需要借助上层路线提高调查报道的权威性，但与此同时也需要到现场去，通过调查采访发现问题，与官方版新闻发布形成互动补充。

　　路线图中"现场发生的事件"属于中层路线和下层路线。是通过调查记者到现场去走访了解，根据观察记录，同时完成对核心关系者、相关关系者和公共利益者的采访沟通，了解事实的整个脉络，根据主要矛盾与次要矛盾的关系确定进一步调查采访的重点，再结合"真相的官方版本"揭露事件的最终面相，为调查性报道提供佐证和依据。

一、调查性报道的中上层路线图

　　如果说新闻记者都应该是社会活动家，能够与不同的社会群体做好沟通协调工作，建立起有利于开展采访活动的"朋友圈"，那么调查性报道记者则更加强调个人的社交能力、观察能力、应变能力和发散性思维能力，在充分运用这些能力的过程中对事件进行抽丝剥茧，完成调查性报道的调查采访工作。调查性报道记者的思维图式依赖于日常的报道路线图，在调查性报道的路线图中，强调公共关系利益的上层路线、考量评介与背景需要的中层路线、扎根基层调查采访的下层路线，这些路线的选择决定了调查性报道记者的调查态度和报道的直接效果。

（一）强调公共关系利益的上层路线

　　对于新闻采访的"上层"路线，有学者认为"这是个强大的信息场"[①]，因为相对而言，这是个掌握一定信息发布权的部门。对于中央一级的新闻媒体而言，上层意味着中央和国务院各部门；对于省级新闻媒体而言，上层意味着省委省政府的主要部门；对于市级新闻媒体而言，上层则意味着市委市政府等主要市领导。对于新闻媒体而言，不论是哪一级上层部门，均作为信

---

① 何志武：《新闻采访》，武汉：武汉大学出版社 2004 年版，第 101 页。

息汇集与发布的重要中心，是引领舆情、组织传播的重要主体。事实上，在新闻传播活动的主体中，这里所谓的"上层"即为"上位传播主体"，其与"本位传播主体"和"收受主体"共同构成了新闻传播活动的主体群落。①

调查性报道活动中强调公共关系利益的上层路线，是对调查活动的有益补充和引导。从舆情管控的角度看，上层路线引导和确定了突发事件的报道风向，使之置于社会大背景下给予充分考量；反过来说，调查性报道的中下层路线的选择与推动，也能够影响上层路线的最终决策与舆情引导，使事件本身更加客观全面，同时也能够有效引导舆论的具体走向。

（二）考量评介与背景需要的中层路线

中层路线包括采访面对的具体职能部门，是调查性报道评介与背景的内在需要。新闻采访接触最多、提供信息最全面的也是中层路线，各相关职能部门除了熟悉本部门的职能外，还能够建立起与上层路线、下层路线紧密联系的全路线图。同时，各职能部门对于事件的掌握处在一个中观的视野，与上层路线宏观把控相比，中观视野与基层有着广泛的联系，其所掌握的信息更具体、更丰富。

除了具体的职能部门外，中层路线还包括了专业评介和其他媒介讯息。专业评介主体包括相关专业领域的专家学者、律师等，他们能够提供一个相对客观的价值判断逻辑，有助于增加事件调查以外的专业评介。与此同时，相关媒介讯息通过对比，能够凸显事件本身的价值判断问题。

调查性报道强调事件的调查过程，需要做好相关职能部门的沟通工作，同时也需要专业人员的评介与价值认定，因此决定了调查性报道事件的价值属性，调查性报道的客观性来源于客观事实的调查分析，专业价值判断与认定则带来第三方传播视角。

---

① 这一说法参考了中国人民大学杨保军教授关于新闻传播主体的定义，是组织传播活动中言说的主体，强调新闻传播活动的动态过程。从历史变迁的视角看，新闻传播活动主体也可以分为职业新闻传播主体与非职业新闻传播主体。在新兴媒介环境中，职业新闻传播主体与非职业新闻传播主体共同存在，这里的"上层"可能直接跨越职业新闻传播主体发布信息推动传播活动。

二、扎根基层采访的下层路线

近年来中国媒体界掀起的"走基层、转作风、改文风"不断对新闻记者提出新的要求，事实上"到基层去"是对新闻记者最基本的要求，扎根基层的调查采访是调查性报道的生命线。调查性报道事件发生地是采访报道的重要场域，那里潜藏着最丰富、最原始、最生动的新闻素材，只有脚踏实地地走下层路线，探查每一个细节问题，了解所有相互关联的问题线索，在人际交往中完成调查采访，才能将最真实、最全面的信息展现在调查性报道中。

（一）脚踏实地地在基层调查走访

一个调查的最初想法可能只源自记者作为普通公众的生活经历和感受：供暖问题、学生校车安全问题、旧房改造问题、公共设施建设问题等，由己及人，从而开启对关涉日常生活的行业观察和调查。当然，记者不是万能的，不可能穷尽所有的生活阅历，也不可能只关注自己身边的社会环境。事实上，我们在对部分调查性报道记者的访谈中发现，除了重大突发事件的调查性报道外，关涉最多的选题还是有关"三农"问题的选题。我们对吉林电视台曾经的《纪实》栏目（1994年至2006年期间）进行选题调查后发现，"三农"问题占到所有播出节目的六成以上。这一比例表明，在社会转型时期"三农"问题是一个值得关注的选题来源。这些选题往往受到时空限制，在调查求证过程中需要大费周章地往来行走。此外，近年来城市的快速发展和劳动力的缺口既给农村人口进城打工提供了条件，同时也加速了农村的空心化问题。农村的农业发展问题是不能忽视的问题，也是真正锻炼调查性报道记者下基层采访的重要问题。

"三农"问题的调查性报道，往往因为报道地点比较偏远，各采访点之间关山阻隔，从一个采访点到下一个采访点有时候需要花费半天的时间，这就要求调查者要真正地用脚来完成所有采访，在采访第一现场和相关当事人面对面交流，梳理出相关问题的内在逻辑和相互关联，并做好长期蹲守的准备。

一个合格的调查性报道记者要做到"六勤"，即腿勤、脑勤、手勤、嘴勤、眼勤、耳勤。调查性报道记者的腿勤是深入实际的保障，不深入采访现场，其他的"几勤"也就只能是走走样子，很难想象调查性报道记者在宾馆会客厅里，有几个来接触的受访者能和盘托出心里话呢？

脚踏实地地到现场去，还有另外一个原因，那就是只有现场才是最原始的调查环境，它能够为当事者和调查记者提供一个初始的情境，在特定情境中采访的结果会完全不同，要获取原始的调查信息，只有复位到新闻现场，在"彼时此地"的沉浸式语境中进入到调查采访环节。

2011年，我们着手采访四平市政府大搞形象工程，下发文件在全市范围内修建统一风格的派出所办公用房，仅梨树县全县就在一个多月时间里修建了29个统一标准的派出所用房。面对这一事件，我们需要厘清以下几个问题：

  （1）事件中直接关系者都有谁？

  （2）谁是最核心的利益关系者？

  （3）派出所工作人员的态度如何？

  （4）地方政府的态度怎么样？

  （5）统一派出所影响范围究竟有多大？

这些问题显然不是一个受访者可以回答的，它所牵涉的是关于谁更容易接受采访甚至提供帮助的问题。

问题（1），我们很快就确定了几类调查对象：派出所工作人员、普通百姓、地方政府官员、建筑商，这些人都是事件的亲历者和评介者，如果从事件了解的清晰度来看，依次是地方政府官员、派出所工作人员、建筑商、普通百姓。我们也按照这一选择进行了调查采访。

问题（2），跟事件了解的清晰度不同，核心利益者的次序形成截然不同的次序：建筑商、派出所工作人员、地方政府官员、普通百姓。这是因为项目本身未做预算，匆忙上马，结果半数以上的派出所虽按时完工交房，工程款却并未结算，建筑商因此成为最大利益受损者。事实上，事件的爆料人便是被拖欠工程款两年之久的建筑商。至于派出所工作人员，因为牵涉到工作环境的改变，与建筑商的协调和建筑质量不过关带来的诸多问题，甚至因为未能补齐工程款无法搬入新办公用房，这些都足以使得他们成为仅次于建筑商的核心利益者。

问题（3），派出所工作人员的态度问题。显然派出所是被卷入事件当中的，他们虽然不是政策的制定者，不承担工程款的债务，但他们却是办公用房的直接使用者或受益者。在事实面前，他们的表态无法做到与政策制定者完全一致，也不能拆台，所以表态上显得欲言又止，顾左右而言他。

问题（4），地方政府态度相比于派出所工作人员清晰明朗得多，就是要执行上级的命令。这是他们的职责所在，虽然不是政策的决定者，但他们作为执行者，既要确保工程按时完成，又要安抚好被拖欠工程款的建筑商的情绪，使这笔欠账暂时拖欠下来，容后面再做打算。

问题（5），统一派出所修建影响到四平市辖区内的铁东区、铁西区、公主岭市、双辽市、梨树县、伊通满族自治县等两市、两县和两区。为此我们走访了公主岭市、双辽市、梨树县、伊通满族自治县的十余个派出所，行程达到了近千公里，调查采访持续了两周时间。在大量的调查采访活动基础上，我们的调查也全面揭示了这种劳民伤财的做法。

扫一扫阅读相关新闻报道

（二）深入实际用心做调查

调查性报道记者要深入基层去调查采访，不仅是身体力行地出现在采访现场，更要学会用眼观察、用心倾听、用脑思考。调查性报道记者不但人要在现场，更要融入现场，获取受访者的信任和认同，哪怕是对舆论监督中被质疑和担责的一方，也应该体现出充分的诚意。这里的"用心"体现在两个方面：一是诚心实意地与受伤者交流和沟通，以获取他们的认同与支持；二是抓好事件之间矛盾的主次之分，做好有利于推动观察报道的工作。

诚心实意地与受访者沟通，就是要开诚布公地表明调查采访意图，以期赢得受访者的信任和支持。对于受访者而言，调查性报道记者只是一个不速之客，这种陌生的人际关系及目的不明的意图必然会使其存有戒心，这样的采访很容易被迫中

扫一扫阅读相关新闻报道

止，达不到深入挖掘线索的目的。近些年来，无孔不入的各类诈骗案件造成人与人之间的不信任感增强，这也给调查采访带来了一定难度。2003年"非典"疫情期间，笔者有幸参加了有关疫情"流调"的调查采访工作，留下了难以忘怀的深刻记忆。我要采访的是吉林省首例"非典"患者，她在北京护理生产的女儿时不幸染病，成为吉林省输入的第一个病例。在当时的社会环境中，人人谈"非典"色变，这位患者刚刚出院在家隔离观察，所以对她的采访很多媒体记者还是心生顾虑的。为了能够做好全面调查采访，记者先后两次跟她接触。第一次是她刚刚回到家第三天，因为当地防疫要求不能进入患者家里采访，所以我们就约定在她家屋后，顺风的位置站立。因为疫情防控要求，这一次只采访了十分钟，主要是她现在的身体状况和居家隔离的生活物资需求等。一个月后，我们进行了第二次采访，这一次笔者走进了患者家里，跟患者聊起疫情发生以来她所经历的一切。因为有了第一次的铺垫，所以我们彼此间不算陌生，也为了打消患者的陌生感和压抑感，笔者摘下口罩。当天正赶上患者在家翻看照片，于是笔者就照片上她的亲人攀谈起来。说起亲人，她立刻提到了自己的姐姐：一位大学的教授，因为在她未确诊时到医院探视而被传染，最终经过多天抢救也未能脱险，姐姐的去世成为她心底最大的愧疚。与此同时，丈夫和儿子被传染、外甥女被传染，因为自己带来的病毒致使亲人被传染甚至离世让她痛苦不已。我首先肯定了她在染病后积极配合治疗的做法，觉得她第一时间提醒医护人员去过北京疫区是否考虑被传染了"非典"，这给病情诊治提供了宝贵的时间和经验，虽然身边的亲人也受到了影响，但这也是无法避免的事情。早日走出疫情带来的心理阴霾会更有意义，也对得起去世的姐姐和染病的其他亲人。一个下午的真诚沟通让她放下包袱，为我们提供了首例"非典"病情发生后不同视角的"流调"信息，我们的采访也取得了其他媒体所无法获取的第一手资料和信息。

抓好事件之间矛盾的主次之分，才能在调查采访中抽丝剥茧，做好调查采访工作。事实上，有些调查性报道线索多、层次复杂，有些线索容易引导调查者走向次要方向甚至相反方向，影响对事件本身的判断。因此，下基层不仅人要走下来，心也要跟下来，认真做好线索的梳理和判断。前文提到笔者曾经对私挖小煤井的调查，其中在一次调查采访中，记者的暗访身份被对方识破，接下来记者一行两人被堵在一个小木屋子里，屋外挖煤井的几个彪形大汉使劲弄门要进来，甚至发生了爆料人老伴心脏病发作的突发事件。后来好不容易出现转机，我们的司机摄像及时开车赶到。后面我们拨打报警电话反映情况，意想不到的是接警人员态度极其恶劣，甚至恶语相向。采访进行到这一步，我们需要当地警方的配合，但又不能将对方放在对立面上，所以要在斗争中取得合作，共同完成对非法小煤井的关停取缔工作。于是我们驱车赶往接警派出所说明了报警过程，最终取得了干警们的配合，第二天一起见证了小煤井的清剿工作，调查报道也得以顺利完成。（相关采访过程详见文后附录 3）

第二节　熟悉调查环境

对于调查性报道者而言，采访地的地理区位、自然环境和风土习俗都是需要关注的细节问题，往往在调查采访过程中同步完成。对于调查环境的熟悉，不是局限于地理意义上的环境本身，还包括了丰富的人文因素和乡土情怀。事实上，你距离调查现场有多远，你距离新闻事实就有多远，再周密的采访准备也不如调查者对于新闻现场的熟悉和把握，优秀的新闻调查记者都明白这一点。

一、自然环境的熟悉和掌握

新闻采访要做到三贴近，即贴近群众、贴近生活、贴近实际。可以说报道不是写出来的而是走出来的。离我们最近的只是事实，但是真相离我们更远，需要我们接近真相，特别是调查性的报道，只有到现场去，贴近群众，贴近生活，才能获得真实的报道内容。

实际上调查性报道环境分为以下几个层次：第一层次是描述中当事人建构的自然环境，第二层次是地图坐标中的事件环境，第三层次是变化中的现场真实环境。

第一层次就是描述中的环境。这个描述环境有几种方式。首先是通过提供线索的人爆料，他根据个人的认知或详或略地做出环境描述。调查性报道往往需要在多个采访点之间折返，这就要根据路途的远近进行调度，既能保证采访的连续，也能应对采访中各利益关系的衔接与回避。比如一个采访涉及三个采访点，在规范路线时首先要弄清楚，如何按照描述中的环境进行调查走访。除了爆料人的描述，另一种是通过其他媒体的报道进行一个环境的复现，这种复现的环境依靠其他记者的主观性建构。尽管是建构的，但也是一种真实的存在，是具有媒体人逻辑建构的环境。笔者在农村地区采访的时候，首先跟爆料人联系，弄清楚事发地点与当地主要坐标物之间的距离关系。对于爆料人而言，除了心中对调查记者期待的主观因素外，还存在时空意识的不够精确的问题。他们的说法是"过了县城开车的话十几分钟就到了"。事实的情况是这个距离远远大于对方提供的坐标距离，特别是一旦乡村公路维护或发生车祸事故，四五米宽的公路都很难走过去，只能绕几十公里的土路。一些土路在导航软件上未能标注，调查者就只好抱着试试看的心情赶路。往往描述中不到一个小时的路程，最后竟然走了三个小时。别人描述的环境和现实的环境区别会很大，新闻事件自身有机运动的特征，总是可能产生一些变化，在有效时空环境里尚且可控，一旦脱离便可能失去新闻实效。

第二层次是地图坐标中的事件环境。在具体的地图中，调查性报道者应该具备熟练掌握地图的能力。虽然目前手机导航比较方便，但是在特别偏远的农村地区，信号不好时可能就会出现这样那样的问题。在具体采访过程中，调查者应该对地图增加了解，人烟稀少的农村地区可以参照的标识比较少，急着赶路时容易产生一些误差。当然地图上的坐标与描述中的环境一样，都是建构的环境。描述中的环境可能是当事人描述的环境，地图上的坐标相对客观一些，但仍然区别于现实生活中的环境。现实生活中的环境是客观存在的环境，这种现实的环境是充分考虑到时间、节气、节令等一些问题后的自然环境。比如说，北方夏季环境和冬天的时候显著不同，阴雨天与晴朗天气的环境也存在着判断上的差异。所以我们要熟悉采访地点的一草一木。

第三层次是变化中的现场真实环境。事实上，环境本身不可能是一成不变的，比如根据爆料人的说法，北方某地冬天草坡上当地非法捕猎野生鸟类的问题比较严重。爆料人详尽地介绍了事发地点的环境，包括距离村镇的远近距离等。过了几天我们赶过去调查采访时，结果当晚下了一场大雪，采访环境发生了变化。以往那些驾车打鸟的城里人因为天气原因并未出现。有时候采访环境是随着时间和节令发生变化的，环境的变化也就意味着事件发生背景的变化。应该说，调查性事件本身不变的就是变化，这种变化可能随时会产生，所以在应对这种调查性报道的时候，不能选取一成不变的采访套路，而应该秉持一种开放的态度，根据现实的变化伺机而动。采访中的一草一木，不只是固化物质性的一草一木，还包括变化中的环境，我们要去适应它，并且通过适应进而来解读它，最后来顺利地操控它。

把握采访地点的环境，包括客观的和主观的环境，应对变化中的现场真实环境，是考察我们是否具有掌控变化中现场环境的能力。有一些调查性的事件，它是连续发生和变化的，需要根据这种连续的环境变化而变化。调查性报道需要很长时间的经验积累，这种经验积累的过程归根到底就是对采访环境熟悉的过程，要充分利用环境变化来完成我们的采访。熟悉采访地点的一草一木，首先要确认你对环境的熟悉和解读能力，一般说来，对于环境能解读到什么程度，熟悉到什么程度，采访就能进行到什么程度。

下面是一个采矿破坏环境调查性报道的案例，见图4-2：

笔者首先来到的是B点，这里正对面是A点的采矿区，因为机位设在对面的上坡上，所以能通过长焦拍摄到采矿画面，坡下是运输矿石车辆经过的道路，这里能够拍摄到路面车辆行驶的信息。同时B处树木繁茂，有利于进行隐蔽拍摄。笔者来调查采访前当地居民已经通过各种渠道反映采矿问题，采矿点立刻做出了反应，根据各矿点达成的默契，白天一般悄无声息地清理碎石，到晚上才开始大量放炮采石，这样一来即便有上级部门来调查，白日里也可能听不到放炮声，很难取得实际性的证据。天黑以后笔者开始调查矿点的放炮情况。根据当地村民介绍，这几个矿点晚上一般会放三炮，但晚上放炮的具体时间没有规律性，根据白日里碎石的清理进度决定。当天晚上我

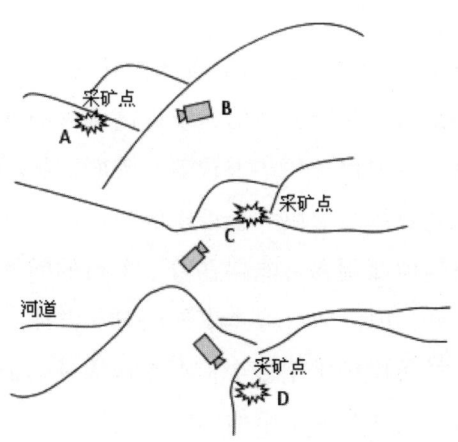

图 4-2 野外采矿区矿井示意与摄像拍摄机位图

们还在居民家里采访的时候，猝不及防间第一声炮就炸响了，声音来自 C 采矿点。等笔者气喘吁吁地跑到 C 采矿点附近设伏，刚刚把拍摄设备架设好，打开设备后，第二声炮响就传了过来。

虽然已经到了夜间，但采访 A、C、D 点灯火通明，放炮声此起彼伏。对于采矿 D 点的采访难度有些大，采矿点藏身在陡峭的山沟里，北侧紧邻一条小河，进出采矿点只有一条狭长的过道，白日里车来车往，黑夜里灯火通明。白日里的采访，只能通过徒手攀爬的方法，爬到山坡上往下拍摄。到了晚上

扫一扫阅读相关报道

10：00 左右，我们潜伏在距离山口五六米远的地方拍摄。刚刚拍摄完一个画面，突然一辆运输车驶了出来，因为车灯很亮，周围没有掩体，所以笔者就势趴在一个坡底下，过了 10 分钟后，车辆缓缓开走。笔者终于拍摄到了相关的画面，记录了当天晚上放炮采矿的事实。

二、人文环境的了解和把握

人文环境包括采访地的风土人情与受访者的个人利益关涉问题等。一般来说，调查者往往会对调查采访区域加以判断，根据个人习惯分为一般地区和特殊地区，依据地方的风俗习惯与受访者合理开展沟通对话。在涉及个体利益等问题方面，交叉信源是一个重要调查保障。

首先是信源采用问题。孤证不立，这是逻辑学中的一个重要原则，意谓若只有一条证据支持某个结论，这个结论是不可接受的。① 这就要求调查者尽量接触所有能接触到的人，获取交叉信源以提高调查的准确度。任何一个调查性的采访，比方涉及的农民、厂矿方代表、政府官员。一般来说，有多个稳定的提供信息的信息源能够形成一个稳定的证据链，从而辨别一些信息的真伪。当然，有的时候信源调查可能存在着不平衡的问题，比如基层利益关系者采访可能会多一些，因为它可能是事件弱势一方或者被侵害的一方，是直接利益关系者，这样更应该采用多个信源组成周延的证据链。另外，因为个人对事件的看法和处在利益关系中的问题，受访者表达的真实并不能确认为真相。同时一些表述还受到时间、地点、天气等自然环境的影响，即便受访者的表达是真实的，描述得很具体全面，但现实与描述存在着差异，因此采用交叉信源时要有所考虑。比如，受访村民提到养鱼，抱怨现在水一直不够，而且被污染了，他说的是事实，但当时正值冬天，冬天水源本来就不足，等来年春天水比较充沛的时候进行调查或者是后续跟进，结合先前的观察情况似乎会更加客观。在现实面前，真实的场景永远比受访者主观的说辞更加重要。

其次是阅读环境的能力问题。与自然环境相比，人文环境更复杂也更多元，面对复杂的调查环境，调查采访者应该有一个有机运动的思维，他在具体的事件发生过程中，能够充分对事件加以阅读整合，知道新闻事件发展到什么程度，他应秉持何种立场，所以调查性报道记者随机应变的能力都比较强。事件本身的阅读也意味着采访策略和采访方案的不断调整和连续规划，这种连续规划可能是在行进中完成的，也可能是在短暂的休息中完成的。这种行进中完成的议程设置的改变和完善体现了调查性记者高超的观察能力和整体大局观。

在 1997 年香港回归的中央电视台的现场直播中，白岩松的随机应变就化

① 上海记协：《谨防陷入"单一信源"的深坑——浅论新媒体时代新闻报道的信源规范》，http://www.xinhuanet.com/zgjx/2017-06/13/c_136359609_2.htlm（访问时间：2021年4月5日）。

解了一场危机。香港回归直播是白岩松新闻生涯中第一次真正意义上的重大新闻事件直播。在《痛并快乐着》一书中，他用一章的内容《香港回归：起步的兴奋与回首的遗憾》讲述经验和教训，最让人记忆深刻的是直播过程中的沟通和联系问题。

1997年6月30日晚，香港演播室与白岩松失去了通讯联系，水均益呼叫："白岩松你在哪儿？"

因为信号的问题加之直播技术的不成熟，所以香港回归大部分依靠前线记者的现场发挥救场。白岩松准备报道的是部队正式进入香港的历史时刻。原定时间只有10分钟，但由于部队入港时间要符合事先谈好的时间，结果直播时间延长为20分钟。因为事发突然，白岩松发现摄像机的红灯始终在闪烁，表明直播并未停止，尽管事先准备的内容并不够，他还是根据现场的情况做出应急报道，这种应急直播时间整整延长了一倍，直到摄像师提示："好，不用说了。"白岩松才从直播状态中释放出来。[1]

尽管有诸多遗憾，现场直播主持人急中生智、厚积薄发，还是贡献了很多经典的直播报道案例。例如白岩松的直播开场白："一场大雨洗刷的是中国百年的屈辱，而风雨过后，是中国晴朗的天空。"还有他一些有深远含义的直播串场词"驻港部队的一小步是中华民族的一大步""刚才驻港部队的车流像一条线，把祖国大陆和香港紧紧地连在了一起，一路上虽然有风有雨，但中国人一定会战胜风雨到达目的地"等等。

再次是利益博弈中的协调问题。只要是复杂性新闻事件，背后必然存在着利益方，利益方必然就会出现博弈，在这种博弈和协调的过程中，记者一定要秉持媒体人的独立立场。主要包括媒体的立场和公众利益的立场。此外，还包括宣传部门对于舆论引导宣传的政策、法规的要求等，这些均作为利益博弈中调查记者应该遵循和考量的指导性方针。调查者能做到什么程度，怎么做，调查性记者如果经验不够丰富，协调能力不够强，很容易把自己绕到事件当中去。特别强调的是，调查性记者的个人道德素养与事业心等也会影

---

[1]　白岩松：《痛并快乐着》，北京：华艺出版社2000年版，第137页。

响调查进展，成为事件之外的利益关系者。比如 2007 年北京电视台报道的纸馅包子事件，记者为了提高新闻的关注度，更好地完成个人的考核任务，受到工作利益驱使，自编自导完成了从雇佣农民工包包子到全程拍摄记录，再到剪辑播出的全流程。在与事件毫无关涉的利益面前，记者建构了一个事实，为了确定的目标仿造虚假现场，最终成为新闻媒体报道中的反面案例。

做调查性报道时，记者在利益博弈的过程中一定要遵循党性原则、真实性原则，同时要以群众利益为最主要的出发点和落脚点。那些虚假新闻之所以会出现，是因为记者未能从公众的利益出发，他考虑的是这个片子做出来之后产生一些轰动影响。如果记者站位不高，就会出现后面的一些严重问题。

2021 年 1 月，《经济参考报》报道甘肃敦煌的阳关林场遭遇大面积"剃光头"式砍伐，面积原本 1.33 万亩，近十年来，由于砍伐种葡萄，防护林面积只有 5000 亩，缩水大半，防沙最后屏障几近失守。随后，甘肃省委省政府新闻门户微信号

扫一扫阅读相关新闻报道

"每日甘肃"就"敦煌防护林被毁"调查情况发布通报称"2000 年以来未发现林地大面积减少"。显然，媒体报道与政府通报出现了较大偏差，要么是双方对于植被面积的理解不同，要么其中存在着复杂的利益关系博弈。随后各媒体关于到底是 13300 亩还是 6000 亩进行了广泛讨论，但大都限于从既有媒体报道的故纸堆里寻找依据，唯一不同的是，依托融媒体的全媒体符号、航拍与卫星图片等报道充斥其中。因为报道媒体均未能亲临采访点阳光林场，所采用的信源主要来自《经济参考报》和甘肃省政府的新闻通报和新闻发布会，各大媒体及时跟进做了相关信息的披露。特别是新闻发布会因其提供的信息全面系统，有效引导了舆情。

当然，有关敦煌防护林被毁的自媒体讨论也提供了一个全新的信源和视角，虽然未能确定是否为知情人的披露，但相关细节足以补充相关报道的不足和想象。如凯迪社区原创作者贾

扫一扫阅读相关自媒体报道

也发布的一篇题为《"敦煌万亩防护林被毁"背后的斗法故事！》的文章中根据利益关系列举了"养鱼派""酿酒派"和"摸鱼派"的利益争斗以及由此带来的媒体卷入纷争的叙事，之所以未能产生广泛关注，源于政府的公信力，

源于民众对于主流舆论引导的信任，民众关心的还是敦煌的环境是否被破坏的问题，至于各方的关系利益，与公共性利益相比则可以忽略不计。

在具体的调查性报道采访开始前，我们主要考虑的是采访前的准备工作。采访过程中就要提高对现场的认识，只有扎根到采访点，了解采访点，并且深入到采访点，才能更好地完成调查性报道的采访任务。

第三节　调查采访中的交流

调查采访从本质上看是一种人际沟通行为，交流意味着对话。调查采访活动中的对话针对具体的议题展开，在调查者与受访者之间未建立稳定联系的基础上，两者之间的沟通在语境中缺乏协商性基础，因此对话过程中的对冲与博弈，通过问与答的对话展开，形成了提问与应答之间角色的不断转换。在一些特定的情境中，调查者对于受访对象提出的问题、要求以及挑衅行为等做出适度的回应称之为应答。调查性报道中的应答往往带有一定的进攻性，看似防御，实际上是迂回的进攻。因此，调查采访中情境的设置取决于调查者与受访者之间的默契关系达成，默契关系达成，意味着对话从提问与应答转化为话题响应与话题转换。在调查性报道的采访对话关系中，调查者主导采访对话的节奏和议题引导，这有利于对话情境的设定和生成。不过调查性报道的采访与关涉行政、纪律的调查对话不同，后者具有行政、纪律甚至法律作为保障，对话双方处在不同的社会层级中，对话中采取的策略有着显著的区别。调查性报道的采访对话，对话双方强调的是平等情境中的身份对等，甚至在一些隐性调查性报道中，调查者为获取真相而选择降低身份。

下面是2003年记者调查吉林省松原市黑车跑线揽活中的一段对话，记者的身份是普通乘客。"黑车"司机见记者在客运候车大厅里准备买票，主动上前来与记者搭讪：

车主：走吧，现在就能走。

记者：我现在先不走，出去吃点东西再说。

车主：那好，你上我的车，我现在就去给你买饭。

记者：我先随便走走再说。

车主：别等了，我们马上就走。

这段对话里包含如下的信息：记者的欲擒故纵心理；黑车车主的借坡下驴，暗度陈仓。

黑车车主揽活时胡乱承诺的急切心情，为达到这一目标反复"忽悠"记者，拉记者上他的黑车。记者看似漫不经心，实则是欲擒故纵，通过对话来套取更多黑车信息，以此确定黑车跑线中的细节问题。这表明，调查者扎根采访点，不仅要深入到采访现场，还应该通过对话沟通抽丝剥茧，了解事件更多不为人知的细节和秘密。从这一视角来看，探查不仅意味着深入现场，更要懂得采取何种方式进行对话交流。

一、是调查更是交流

调查性报道不是针锋相对的思想交锋，而是一种基于采访需求的信息交流。有效的沟通对话能够提高采访效率，能够获取更多原来忽略的隐性线索，让调查性报道取得重大突破。当然这一切还源自调查现场的面对面沟通，沟通的手段有很多种，包括电话、邮件、社交媒体等，这些沟通因中介于电子环境，交流的有效性和深度尚未可知。面对面交流更强调情境的创设，调查者能够利用环境动员全身的所有感官，制造情境使受访者尽快放下包袱配合调查采访。因此，到调查现场去，面对面地交流沟通是调查的重要构成部分，可以说交流本身也是调查。任何调查必然以交流作为主要手段，对话也成为调查采访的逻辑支点。因为调查采访中的对话有极强的针对性和目的性，因此有着较强的逻辑层次。

（一）营造交流氛围

事实上，交流式采访作为调查性报道的一种手段，在调查性报道中发挥着重要作用。当然，调查性报道采访是一项综合的社会活动，它包括观察式、体验式等采访活动。在具体的采访活动中，我们要综合运用各种采访手段，通过采访中来自不同背景的信源互证和证伪后，确定采访中的可靠信源。按照信源的可靠性加以排列，一般的排列为交流式采访、体验式活动、观察式采访。体验式活动与观察式采访强调采访者的在体与在场，突出现实的时空逻辑。在时空叠合的环境中，在"再述"（restorying）① 与"再再述"的采访背景中，能够全面系统地梳理事件的全部面貌。

交流式采访更具信息获取优势，交流式采访是一个调查采访者与受访者高度交互作用的过程，其过程强调全语境性，即全觉采访。记者在采访过程中，充分运用视觉、听觉、触觉、嗅觉和味觉等感觉器官，获得对事物全面的感性印象，并由多种感觉综合为对事物整体的质的认识。在人物调查采访中，把不同的感性印象"综合为一个整体"并且"确立它们之间的内在联系"，从而建构起一个系统的人物形象。② 从本质上看，全觉采访是一个采访情境创设的过程，通过交流获取立体的、全方位的事件面貌。

当然，营造采访氛围是交流式采访取得成功的前提，和谐的交流氛围能够创设出全面的对话语境。当然，交流式采访中也潜存着思想上的交锋，特别是调查性报道中的思想对撞，甚至出现剑拔弩张的紧张气氛。不管怎样，要想控制采访节奏，必然要妥善处理好思想交锋中的情绪问题，给受访者留下"对事不对人"的印象，这同样离不开采访氛围的营造。

（二）交流的开放性与持久性

调查性报道中采访交流全程具有开放性和持久性特征，尽管调查性报道要求议程设置，但在具体的采访中，议程设置是不受限制的。与此同时，随着事件本身的发展演进，在调查跟进过程中要充分体现交流的持续性。在新兴媒介勃兴的后真相（post-truth）时代，各种来自现场的信息不断提供事件分析的新视角，系统、全面、理性的深度性报道尤显难能可贵。当然，新闻

---

① 在叙事学领域，为适应交流沟通而对于新闻事件本身的重新编排讲述的新闻叙事被称为"再述"。G. M. Keyon, *Guided Autobiography*: *In Search of Ordinary Wisdom. In G. D. Rowles & N. E. Schoenberg （Eds.）*, Qualitative Gerontology: A Con-temporary Perspective （2nd ed.）New York: Springer, 2002, pp. 37-50.

② 吕齐:《关于全感采访的一些问题》，载《现代传播（中国传媒大学学报）》，1985 年第 2 期，第 1 页。

时效至上的媒体记者仍然要耐得住考验，让真相逐渐浮出水面，让调查客观权威。

调查性报道中交流的开放性也意味着媒介报道议程的不稳定性，以及由此带来的选题风险问题。交流中出现线索之间的矛盾与新问题的生成，可能使报道偏离原来设定的选题方向，甚至取消后续采访。这一切都源自调查本身的客观性和公正性，以及调查记者的纠错意识。

后真相时代真相的呈现方式从"理性稳定"偏向"感性高频"，使真相传播情绪化和热点化。① 这种碎片化的信息与情绪反映出"理性稳定"的缺失"群体极化"现象的生成，因此更加呼唤经过沉淀的理性思考声音。回应后真相时代事件发展，这是采访交流的持久性选择。在信息如潮的背景下有独立思考的调查性报道如同一股清流，对于引导舆论、建构积极向上的社会积极观均具有良好意义。交流的持久性是调查性报道获取完整逻辑链条的保障，也是后真相时代调查性采访应该秉持的原则。

二、交流中的观察发现

调查性采访包括了观点性采访和事实性采访，观点性采访主要通过交流的方式获取，事实性采访除了交流外，采访中的观察体验也不可或缺。同时，观察体验不局限于交流活动，还是调查性报道中的主要采访手段。

观察是以眼睛为主的采访，但除了眼睛外还需要调动鼻子、耳朵和手脚等多种身体器官，以全面反映事物的状态和属性。② 比如，笔者调查垃圾猪问题时，在垃圾场的采访中通过眼观、脚踩、鼻闻等充分感受到垃圾猪食物存在的问题，这种完全在场的观察体验是其他采访方式所无法感知的，也使得报道更具现场感和冲击力。

扫一扫看调查性
报道原文

---

① 陈响园、刘鑫：《后真相时代新闻的拟真化转向》，载《现代传播（中国传媒大学学报）》，2021年第2期，第147页。

② 何志武：《新闻采访》，武汉：武汉大学出版社2004年版，第249页。

（一）显性采访中的发现

显性采访是调查性报道者以记者身份参与观察或体验的一种采访方式。从观察的视角看，显性采访通过调查者的切身感受来创设情境，以期提高写作中的叙事体验和沉浸感。事实上，调查性报道的叙事是从"他者"向"我者"视角的调整与转变，显性采访中的观察更容易发现细节问题，就是要将文章"写在祖国大地上"，写出有真情实感的文字。

笔者曾经调查吉林市桦皮厂镇路面损毁问题。因为大型工程车辆的频繁行驶，一条乡村公路被碾轧得坑坑洼洼，使得一个靠养鱼谋生的小村鳌龙河村村民渔业运输遇到了极大困难。为了解路况对于当地居民的影响，我们全过程体验了一下颠簸路况的影响。从鲜鱼捕捞到装车运输，我们一路跟随。为保障

扫一扫看调查性
报道原文

鱼的新鲜，路上运输的时间尽可能地缩短，时间就是金钱和效益。尽管农用车行驶很缓慢，但在颠簸路段，随着水溢出车厢，鱼儿也跳到沙地上，一会儿就奄奄一息。经过一路的观察体验，笔者深刻感受到路面损毁给当地经济发展带来的巨大影响。

从新闻的叙事角度看，显性采访的观察发现实际上就是"以事实说话"的典型，抛开受访者的"间接引语"，改用第一人称的方式来叙事，使得采访更具有说服力和现场冲击力。更重要的是，这种叙事能够体现出浓重的"人性关怀"和"人文情怀"，调查者采用事件当事人的叙事方式完成报道，使受众在接触阅读过程中产生共情，这是简单信息传播本身所无法实现的。

（二）隐性采访中的发现

与显性采访相比，隐性采访虽然也是一种体验式采访，但因为不公开身份、不暴露采访目标而嵌入采访环境中，这样的观察更加隐秘，不会干扰到受访者的自然行为。因此，隐性采访也被称为暗访。隐性采访因为在自然环境下进行，所以调查者的身份更趋向于自然行为中的参与者：或者是小商小贩，或者是普通工人农民，或者是教师等，甚至也可能以卧底身份进入角色。笔者就曾以多种身份参与过隐性采访，这种体验往往因为视角较低、身份平

民化而取得成功，当然采访过程中也充斥着博弈与较量。

　　笔者在吉林省伊道满族自治县调查河道采沙问题时，通过隐性采访调查了十余个沙场，发现采沙对于河道的影响十分惊人，造成的水土流失现象也不容忽视。调查者以买沙人的身份出现，所以受访者显然没有防备。说起每年夏季因为非法采沙给村民带来的安全隐患，采沙者也是不以为然。下面是一段记者与采沙者的对话：

　　　　记者：听说这个河底是一个大坑？

　　　　沙场工作人员：是我们抽沙子抽的。

　　　　记者：这里面能有多深？

　　　　沙场工作人员：能有六七米深吧！

　　　　记者：六七米深？不知道有多大危险？

　　　　沙场工作人员：周围的村民都知道，不敢过这边来。

　　　　记者：万一有小孩子落水怎么办？

　　　　沙场工作人员：掉下去他家长也找不到我们，又不是我们推他

进去的，而且我们走了之后就更找不上我们了。

　　上述的对话是笔者以闲聊式的对话方式进行的，正好指着远方在河边嬉闹的孩子引出话题，因此对方也就话赶话地说出了他们的观点。显然，沙场工作人员看似漫不经心的回复实则是一种自然心态的呈现，事实也如此，村周围的采沙场长年开采带来的安全隐患让村民们面对熟悉的河流也不敢轻易下河。

扫一扫看调查性
报道原文

笔者通过闲聊式的对话把沙场工作人员有恃无恐破坏环境的嘴脸完整地暴露了出来。

　　当然，隐性采访如果操作不当，调查者可能暴露身份，使得调查工作陷入危机，同时这也涉及调查性报道的伦理问题。调查性报道暗访的最基本要求是调查采访者的动机是代表公众利益对于新闻事件的调查采访，这里不涉及个体利益，同时也应最大限度地避免个体权益受到损害。随着调查者经验的积累和对相关专业领域的熟悉，特别是掌握了一定的法律知识和道德伦理

素养的不断提升，在涉及隐性采访选题时就能够选取恰当的角色立场，顺利地完成隐性采访工作。

阅读思考

1. 在调查性报道中如何理解"贴近群众、贴近生活、贴近实际"的三贴近采访原则？

2. 如何协调好调查性报道中的上层路线与中下层路线之间的关系？

3. 怎样理解调查中的交流问题？

4. 对比分析调查性报道现场调查与一般性报道现场报道的异同。

第五章　采访中的变与不变

【阅读要点】

调查性报道的调查采访因为涉及采访对象较多，事件往往比较复杂，因此采访中存在着较大的变量，在具体的采访过程中，要抓好变量并做出随机调整，这样更有利于调查采访的完成。不论调查中的变量如何，把握好议程设置，确定采访中的不变量，以不变应万变，这样调查采访才能获得成功。

任何一种新闻体裁的采访，都存在着不能完全确定的可能性，新闻事件本身是动态的，那么新闻采访也应该随之动态做出调整，调查性报道的调查与采访，就包括了调查流程的确定、采访现场的掌握与应变以及采访环节中素材的深度挖掘与分析等。

第一节　采访流程与现场把握

一、调查流程的确定

调查性报道最常见的新闻采访方式是"剥洋葱"的方式，记者通过掌握有限的线索，比如一封来信、一通电话、一篇信源不清晰的网络文章或是街头巷尾的议论内容，根据这些忽隐忽现的调查线索，绘制采访拓扑导图，将可调查的所有线索一一罗列出来。例如：提供线索的知情人→与知情人相关的其他线索→调查的核心人物→核心人物提供的重要资料→其他影响事件的线索与人物，根据导图确定调查采访的流程，一般说来，调查性报道的调查采访流程如下：

首先，根据线索确定选题。具体包括线索的取得、线索的真实性判断和新闻价值的判断，这其实是调查性报道的前期准备，也是调查性报道采访的开端。

其次，根据线索开展前期采访工作。前期采访是对选题可行性的确认，根据线索的清晰程度进一步做出新闻价值的判断，这里涉及采访者与受访者之间的交流与沟通，信息提供的主观性倾向等，依靠记者的经验做出相应的判断。

再次，列出详尽的采访计划并全面展开调查。这里有一个不容忽视的问题，那就是受访者涉及多个部门和个体时，必然会产生逻辑上调查采访顺序的问题，最重要的是，受访者之间存在的利益关系很容易使他们之间达成态度上的默契，故意误导采访者，提供错误的信息与材料，掩盖新闻事实真相，使记者陷入无法调查推进的困境。因此列出详尽采访计划，在事关舆论监督的第四权力背景下，通过采访计划安排，形成受访者背靠背的采访环境，独立完成各部门和个体的采访，这样的调查才能更加抵近真相。

最后，调查计划的修订与补充。新闻事件是动态发展的，任何一个调查采访都不可能表象化地呈现，因此根据新闻事实变化做出计划修订和补充采访十分必要，这样使采访逻辑更加周延，调查与采访也能够顺利进行。

新闻背后

采访的顺序会影响采访结构的生成，这是显然的事实。记者追求客观事实，受访者则追求利益止损，这必然会成为一对矛盾。根据笔者多年的采访经验，一般采取两种采访次序：由上而下，即从主管单位到新闻事件现场；由下而上，即由新闻

扫一扫阅读相关报道

现场到相关部门单位。调查性报道更倾向于自下而上的调查，从现场调查采访开始。2003 年，笔者在某市调查私挖煤井事件过程中，先期在采矿区调查了一天，第二天联系当地煤炭安全管理局重新回到现场后发现，所有煤井都已经关停，管理者与小煤井主的口风一致：早在半个月前便已经关掉了，事实上笔者前一天刚刚暗访了正在采煤的矿井井主们。倘若笔者略去第一天的现场调查走访，按由上而下顺序调查的话，结果只能是一无所获。此外，在涉及纠纷的调查性报道中，先从客观中立的信源开始调查，如权威专家或学者，能够提供更加客观的立场和视角。

二、调查现场的把握与应变

调查性报道中记者肩负的使命就是带着读者（观众）的托付到现场去，通过自己的努力查清事实的真相。真相只有一个，只是潜藏在各种复杂利益关系的后面。记者要做的就是在新闻现场将新闻要素梳理出来，回来后再按照事实本身重新建构，这如同古建筑的搬迁，从甲地到乙地，建筑师要先将古建筑一个构件一个构件地拆卸下来，进行认真登记造册后，再将平行移动到乙地的构件按照一定的结构关系重新组合起来。在这种对应关系的组合过程中，每一片瓦都有着其特定的秩序。古建筑相当于调查活动中的新闻事实，它从事实状态建构为最终的新闻文本的过程，是一个再造过程。因此，为了确保调查性报道的真实性和客观性，记者一定要到达第一现场调查采访。2000 年普利策新闻奖得主马克·斯库福斯（Mark Schoofs）就认为："无论周边的环境如何，调查记者都应到新闻现场去，远离电话和邮件，直视采访对象的眼睛，在现场直接观察采访。"

在新闻现场，记者不是一个路过的倾听者，而是一个开动全部感官努力寻求线索的狩猎者，每个线索都将成为狩猎对象。要用猎鹰的眼睛来搜索每一个场景画面，要用猎狗的嗅觉来嗅到每一种不寻常的信息，要用狩猎者一触即发的敏感来感受风吹草动。当然这并不意味着记者要采取咄咄逼人的态度，营造一个适合记者调查采访的环境，有利于调查采访工作的顺利开展。

气氛和谐的调查采访交流与沟通会恰到好处，畅通无阻，记者收获的远不止设计的问题与思路，意外的惊喜会不断涌现。采访不利的时候双方话不投机，采访者尴尬沉闷，受访者漫不经心或顾左右而言他。《焦点访谈》主持人敬一丹认为，成功的采访气氛源自"实现真正的对话"。真正的对话强调的是面对面双方的默契与心理共识。这需要一种资格，一种采访者与受访者彼此接受的资格，需要一种通过记者事前充分准备，现场充分调动，对采访话题充分把握的专业素养和能力。

调查采访中的提问是一门艺术，在不同场景面对不同的受访者采取的提问方式均有所不同，如何正确地运用技巧，是调查性报道采访能否成功的关键。具体说来，笔者总结的几种采访突破技巧如下：

一是单刀直入，直达主题。对于有的新闻事件，因为封闭性强，涉事人数少、影响范围较小，当事的利益方往往希望摆脱记者的调查采访，或者躲起来，或者东拉西扯，不切入主题。对此调查记者应该单刀直入，使对方没有藏身之处。

2005 年 7 月，笔者在某地调查酒店建在泄洪区的事件，调查过程中酒店负责人始终没有露面，其他工作人员也是尽力搪塞。笔者最后站在酒店现场出镜报道，架势刚一摆开，负责人马上出现，不但配合采访，还提供了有利于继续追踪的线索。当然，单刀直入式的采访有时未必管用。一些记者不愿意花费

扫一扫阅读相关报道

更多时间和精力在采访沟通上，他们更喜欢单刀直入式地提问，这种采访有利于明确记者的立场，但对于尚存疑虑、缺乏信任的受访者而言，恐怕是很难收到效果的。

二是声东击西，迂回包抄。记者调查采访时经常面对千头万绪的线索，一般来说，热点事件往往涉及针锋相对的当事方或者第三方，相对于强势一方，弱势一方更希望通过媒体舆论的力量加持获得对话均势，强势一方则通过手头掌握的资源干预调查、封锁信息、阻挠采访。调查记者如何把握分寸，获得独立调查采访权显得至关重要。我们一般采取声东击西、迂回包抄的技巧破解调查采访遇到的困难。

2005 年 1 月，笔者在某市采访利用职权摆酒席请客的不正之风，在工商部门采访时，负责人表示全局刚刚开过动员大会，这种不正之风不会在该部门出现。但是根据线人举报，该市的某镇第二天一早便有一场规模不小的酒

席，全镇工商业户悉数到场，为此我们迅速结束市里采访，赶往事发现场。到达调查采访现场后，立刻参加酒席并暗中采访随了份子的部分商户。根据线索，最后回访工商部门负责人时，他仍矢口否认，直到我们如实讲出其下属所长违规大摆生日寿席，接受礼金的所有事实，他才将信将疑地找来当事人对质，最终当事人半遮半掩地承认了违规事实。

扫一扫阅读调查报道全文

三是持续关注，寻求突破。有些选题需要持续的耐心和关注，好的调查记者手里一般会掌握多个选题，根据选题线索决定是否开展调查采访，有时候一个选题会熬上几个月甚至半年，对此保持关注，掌握动态以便随时展开调查采访，对方往往不清楚采访者的线索把握情况以及调查进展情况，在毫不防备情况下完成调查采访过程。

2005年5月，笔者所在电视台新闻中心社会新闻记者在某地采访私屠滥宰现象，一些未经检疫的羊在草甸子上直接被宰杀装车，前期记者与当地肉品管理办公室合作查封了屠宰点儿。笔者了解新闻背景后，提出了几个疑问：

1. 屠宰点查封后是否继续屠宰？

2. 未经检疫的羊肉去了哪里？

3. 屠宰规模和实际影响有多大？

为了弄清上述问题，笔者持续关注了三个多月，有一次笔者刚到村子，屠宰点马上得到消息转移走了所有屠宰设备和羊体，我们扑了个空。此后屠宰点的人昼伏夜出，更加难以把握他们的动态，笔者通过与线人沟通及现场暗访，始终掌握着他

扫一扫阅读相关报道

们的状况。到了8月下旬，在对方放松警惕开始在夜间大规模屠宰时我们连续两个晚上调查跟踪，全程记录下从屠宰到转运，再到市场销售的全过程。调查性报道也得以顺利采编完成。

四是暗布疑云，调虎离山。这种采访技巧一般适用于调查采访行程完全暴露，采访已经无法进行下去，对方是胆大包天、敢于顶风作案的群体或个人。这里的调虎离山，主要还是针对新闻现场，一般采访对象最紧张的还是新闻现场的控制问题，只有在对方放松警惕的情况下才能更好地接近现场，

完成调查采访。

2005 年 12 月，笔者在某城市一家黑赌场暗访时，乔装打扮后以参赌人的身份进入赌场。当天设赌的公安人员喝了很多酒，一身酒气。在跟记者吹嘘他神通广大的同时，还不忘了关注记者的赌局抽水问题。因为我们四个人中我和另一位晚报记

者不会打麻将，甚至出现了少抓一张牌的情况，即使设赌的公安人员带着醉意，仍然察觉到我们的业余。于是马上打电话给当地公安系统的政委，一起到赌场来摸我们的底。因为对方不清楚我们的底细，把我们当成了公安部暗访的人员，我们于是故布疑云，既不肯定也不否定，最终顺利完成了一些重要问题的问答。为了不引起麻烦，我们趁机摆脱纠缠，连续换坐两次的士后，转到高速路口后开车返程。第二天报纸和电视台相继报道，舆情也因此发酵，当地迅速成立专案组查处了这起案件。

调查性报道的调查采访不同于其他采访，要求记者胆大心细，思维缜密，可以说调查性报道的采访也是最具有难度和挑战性的采访。

第二节　采访中的议程先行

关于调查中的变量问题，我们设置如下几部分内容：调查采访议程先行（把握采访中不变的量），把握采访中的变量，确保证据链条的完整性。这就强调了任何采访都有明确的议程设置，哪怕是突发事件也应有严格的应对措施，这可能来自媒介常规性的议程设置，也可能来自记者个人的经验积累以及脑海中的图式。一般来说，对于突发性报道，经验丰富或应变能力强的记者更具优势，在调查的变与不变之中能够从中发现更多的细微采访信息，并根据已知信息和自己的判断条分缕析地完成采访任务。相反，缺乏应变能力或没有经验的记者在突发的采访事件中会无所适从。调查采访中，议程先行强调任何采访准备和赤膊上阵永远是辩证的，特别是调查性报道，需要记者积累一定经验才能完成后续采访和应变。

调查采访议程先行中恒定的点，第一是采访现场，即使有多个采访现场，但采访现场本身是不变的，在抵达采访现场之前务必做好全面准备。有机会及时到达现场的记者，要注意对现场的观察记录，依靠感官在新闻发生现场收集材料，这也通常称为用眼睛采访的方式。① 现场观察可以获得第一手资料，增强记者对新闻事件和人物的理解和创作灵感，可以捕捉到经典的细节，使新闻作品具有现场感和点睛之笔。对于记者来说，永远没有过度的准备，准备越充分，成功的把握就越大。现场出现在你的眼前时，你的采访工作就已经开始了。即使最有经验的记者在面对新的采访任务时也会有种种的突发状况，也可能要面对全然无知的领域。

经常与调查性报道相提并论的一个词就是暗访。暗访又叫隐性采访，是指记者不公开身份或公开记者身份但不告知真实意图，通过秘密拍摄、录音等合法手段获得未披露的新闻素材的新闻采访方式。《世界报》女记者伊丽莎白·简·科克伦是早期的暗访实践者之一，为掌握有关疯人院的相关信息，她假扮成疯子进入布莱克威尔岛疯人院，在疯人院的十天时间里，获取了大量的第一手素材，最后以一篇《在疯人院铁栏的背后》调查报道轰动全国，最终推动政府全面对疯人院进行调查和整改，这也成为调查性报道的标志性事件。事实上，暗访本质上就是新闻媒体进行的揭秘报道，调查性报道、舆论监督报道经常采用暗访这样一有效手段。当然暗访也有前提，有原则，切记不可滥用。作为一种比较特殊的采访手段，必须要满足以下几个条件，才可以使用暗访的采访方式：首先暗访的事件必须与广大人民群众利益密切相关，而不涉及个人利益；其次公开透明的采访无法获取真实可信的相关信息。

在身份选择上，暗访记者一般来说存在两种身份：首先是正常的记者身份，这也是最常见的调查身份；其次是根据采访对象行业特征赋予的卧底身份。例如，卧底记者和暗访记者乔装打扮甚至长期忍辱负重揭秘侵害广大人民群众利益甚至威胁生命安全的腐败、丑恶现象。但新闻记者在暗访时，一般不会乔装成警察、军人、执法人员和政府工作人员。暗访记者的第二重身

---

① 陈和玉：《记者应学会用眼睛采访》，载《新闻前哨》，1994年第1期，第31页。

份才是社会角色，任何采访开始前都应该提前确定好采访身份。新闻暗访具有一定危险性，要评估采访的安全问题，确保调查者的人身安全。

暗访对象一般不会改变，访谈对象在采访之初是已经确认的，只要确定了采访事件本身，与之相关的人物都是固定不变的。所以不管是拍摄什么对象，即便存在经验不足的情况，每一个受访者对于记者来说都是可提前做好功课的，倘若具备一定的采访经历，记者在暗访过程中就会面临更加多元的选择。

议程是媒体设定的，也是记者需要遵循的，调查记者要明确什么能调查什么不能调查以及把握能调查到什么程度，调查记者既往经验是否丰富也会影响到后续的调查采访。调查采访涉及记者应该秉持恰当的身份，因为调查记者代表媒体和广大公众的知情权，其所提问的问题不应涉及个人隐私，不因记者个人的好恶和好奇心来设置议题。

调查采访中采访问题的准备原则是以事件为核心，强调问题的事件化与调查的事件化。记者在调查事件时一定要坚持对事不对人原则。任何调查性报道都要投射到具体的人身上，必须通过人来处理采访事件，通过事件来完成报道。在整个流程中往往会形成采访的是人，问题针对也是人的意识，这容易混淆采访事件本质核心。在采访中，记者要让受访者感觉到是针对对方工作和工作部门进行的调查，以事件为核心，事件是采访的归结点。

任何调查性报道都应该是建设性的，不以挑毛病或者是以给对方难堪为目的。在成熟的调查性报道中，不会将受访者搁置在媒体或调查记者的对立面。调查记者和受访者只是处于两种不同的工作立场，即便两个人是很好的朋友，但是事件本身存在问题，调查记者就应秉持"对事不对人"的采访原则，这样才能体现采访的客观性和公正性，以事件为核心通过人物的采访呈现事件，这是调查性报道的基本原则。

人永远都具有主观性，事件则是客观性事件。由主观性的人反映客观性的事件需要一个流程，要寻找多个信源，多方求证，以多元求证来证伪，让多个采访对象和信源同时佐证来完成事件的核心采访。

调查性报道的采访提问准备分为三个部分。第一部分是前期沟通的铺垫。

采访一般是先沟通，沟通包括现场沟通或者线上信息沟通，新媒体盛行的时代，采访前的交流很必要。沟通是与事件当事方的沟通，沟通就是要勾画事件轮廓，知道事件大致整体经过，理解各方秉持的态度和观点，明确事件症结，这都是前期沟通中的铺垫。最重要的是在前期事件沟通中，要给受访者留下良好的印象，哪怕记者在做调查性报道或负面报道时，受访者也希望记者提供建设性的意见。受访者可能是因为别人举报或提供的线索接受媒体记者的追踪、访问，记者应秉持公正或建设性的态度还原事件原委并给予相关人员发声的机会，如果记者抱着澄清事实的态度沟通，那受访者更容易配合采访，至少不会产生敌意。记者采访前要界定好自己的身份，切忌本着高高在上的态度，记者不是问责者，记者也不是和事佬。记者应该是整个事件有建设性的讨论者或调查参与者，要深刻认识到建设性对于采访的重要性，建设性的态度也是调查记者自我保护的方式，至少可以消除对方的敌意。

第二部分是首问技巧。采访中第一个问题尤为重要，写作文强调开门见山，但采访提问却万万不能。开门见山意味着把所有底牌都亮出来，调查性报道相当于是两个人在打牌，双方都留有底牌，但在翻牌的过程中，第一张牌应该是双方都可以轻松接受的，这样可以顺利进行后面的翻牌。首问的技巧中记者应该注意什么样的问题呢？首先要确认记者与受访者之间的关系是平等的，记者不是高高在上的问责者，是作为对事件保持高度好奇和高度兴趣的媒体工作者。在首问技巧之中记者要尽可能了解整个事件全貌而不介入个人观点，切忌有主观性判断和观点。

第三部分是 5W 框架性①提问。若想让受访者主动积极配合采访，最好是让受访者知道有人在举报或提供不利于他的证据材料。当然材料尚具有不确定性，不能仅听信举报人一面之词，记者因为受公众委托了解事情的完整过程。受访者会想办法证明自己或者配合记者还原整个事件过程，记者与受访者也不会处于对立状态。在此基础上，记者应遵循 5W 框架性提问原则。采

---

① 5W 模式是美国社会学家、传播学家拉斯韦尔于 1948 年提出的传播过程模式，5W 分别是英语中五个疑问代词的第一个字母，即 Who（谁）、Says what（说了什么）、In which channel（通过什么渠道）、To whom（向谁说）、With what effect（有什么效果）。

访带有写作性思维，在调查变量时更应强调写作性思维，提问任何问题都要着眼于事件本身，明确采访对象的语言如何在写作中完成符号的转换。5W 框架性提问有两点优势：第一，通过提问方式让对方了解到记者关心的是事件本身，而不是针对个人；第二，5W 开场提问有助于记者对事件现场的梳理，在梳理过程中必然会留下蛛丝马迹，这些细节也是采访中的变量，而细节又是记者深入追踪调查的依据。因此秉持 5W 原则的框架性提问，看似空空泛泛，但又是连接下面采访问题的重要基础保障。

调查性报道强调客观性。首先，客观性的报道会把调查性报道中的采访内容细致记录下来以图还原客观事实真相。人的记忆是有限的，通过录音录像记录既准确又不会随着记忆消失而产生偏差。其次，某些调查性报道可能涉及部门政策规定和行为，由此产生纠纷，假设采访记录留存有相关证据，在与对方后续交涉甚至司法程序中可以提供完整证据，以保全记者调查权，采访中详细记录就显得难能可贵了。在具体采访中，传统方式是用笔记录，但记录过程中语言发声速度和手写记录速度无法做到同步。与此同时，其传播的过程是通过人际传播和人内传播，传播过程中必然会出现符号偏差，也可能会存在错记现象，继而影响到新闻事实重构的真实性问题。一般来说，笔记过程强调的是框架性结构的记录，起辅助性作用。在早期的调查性报道中，特别是报纸报刊的调查性报道中的采访，一般是笔记和录音相结合的方式，录音可以进行二次加工和整理，梳理出作者完整意见的表达。

广播和电视媒体时代多数是采用笔记和录音录像同步记录的方式，记者在取得录像材料的同时将大致的框架记录下来，为录音录像资料整理提供大概的逻辑框架，可以迅速找到受访者的声音原声和原视频。记者采用这种记录方式可以现场调整思维，针对采访对象的言语逻辑提出自己的问题。如果在采制声音与视频过程中涉及个人隐私，调查者一定要注意。在现有的法律规定中，对于记者未告知对方情况下能否通过偷拍和暗访方式来完成录音录像并未有明确规定，但只要不侵犯他人的合法权益，代表的是媒体和广大人民群众利益的行为，至少在调查性报道采访过程中还是认可的。

录音录像权利是以记者身份赋权的社会组织性行为，而非个体行为。法律也给予记者录音、录像一定的支持，但录音录像指的是站在媒体角度的录音、录像，而不是出于其他目的。例如，笔者发表的《烧烤城咋盖在了河道上》，这篇调查性报道讲述的是当地违反防洪要求在河道上面建了多栋商品楼，名为烧烤城，将室外的烧烤挪到室内，烧烤城下面就是排洪的水道，高度不足一米。显而易见，河道达不到 30 年一遇的防洪标准。假设洪水袭来，由于水量太大，河道上的多栋商品楼垮塌后就会堵塞河道，造成极大防汛安全隐患。

得知此情况后，我们电话采访到水利局信访科的负责人，告知吉林电视台的记者身份，对方表示河道文件是市建委批复的，水利局从建委接过审批权才一年多时间，他对于整个事件还不清楚，也是按照领导的意见进行审核和批复。这位负责人也提出市建委对烧烤城建筑的设计标准是 20 年一遇洪水的标准，但城市防洪现在必须是超过 20 年一遇的标准，这在政策上不符合规定。在这篇调查性报道中我们引用了他的两段原话。但是报道播出之后这位负责人气势汹汹地给电视台领导打电话举报，还给吉林省委宣传部写了举报信，认为记者在采访过程中的这段录音侵犯了他的个人隐私。我们能够理解他的个人尴尬，毕竟这种评论肯定会得罪人，在同栏目律师团沟通后我们也获悉，如果记者的采访是开放性且涉及公共利益的问题，责任人回答问题不代表个体身份，不管是在家还是办公室，采访语境都是代表所在职务的回复。

受访者回答问题涉及的是公众利益，如果媒体秉持公众利益的原则进行采访，并且明确告知记者身份且受访者是以行政职务身份给出解释，而不是私人身份，媒体无须承担任何法律责任。换句话说，采访的过程是合理合法的。调查性报道经常面临着取证不当的情况，取证原则就是法律能够保护记者的渠道，《烧烤城咋盖在了河道上》的调查性报道就说明了合理取证的重要性。记者必须秉持的原则是代表媒体利益、媒体话语，进而代表公众利益话语进行调查采访。

扫一扫阅读相关报道

第三节 把握采访中的变量

把握采访中不变的量是调查性报道的基本素养，能把握采访中的变量才能体现调查性报道记者独特的个人专业魅力，在采访过程中，对于变量的把握就是调试能力和采访变量的掌控能力，把握采访中的变量是调查报道记者的基本职业素养。

任何调查性报道都会遇到突发事件，记者不管是采取何种措施或采访提问技巧，总有突发性事件发生，这就要求记者有足够灵活的应对能力。突发性调查具有挑战性、突发性、应急性的特点。突发性源自事件本身会突发某些变量。例如，受访人物情绪可能会发生变化或受访者和记者沟通上可能出现话语对冲。突发事件的突发性、应急性要求一定要在短时间内做出及时恰当的处理，这是对交涉双方的挑战，要求调查者迅速做出价值判断和考量。

2002 年，笔者在做关于城市交通保障的调查项目时遇到一个突发性的事件。长春市红旗街丢失了下水井盖，这条街道车流量很大，笔者和摄像师准备做现场采访。当摄像机对焦到丢失的下水井盖时，一辆出租车迎面驶来，司机没有注意到下水井口，前轮掉落到井口后，由于惯性继续行驶，右侧后轮也落进下水井口，前轮轮胎发出巨大的泄漏气体声。摄像茫然地看着笔者，面对这一突发事件我们该怎么办？笔者叮嘱摄像继续拍摄不要停下，记录下我们施救的完整现场。与此同时，笔者马上跟司机商量如何能把车抬出来。笔者招呼来周围商户与司机一起把车从下水井口抬起，出租车停到前面之后把车胎卸下来，再换上新的轮胎。在抬车过程中，因为车流量较大，前面的车已经造成拥堵，后面紧接着又出现一辆车陷到井口的情况，于是我们又帮忙推出第二辆车。为防止意外再次发生，笔者从商户找来一个大的包装纸箱立在下水井口前端。一个多小时之后，城管部门就把井盖替换好了，因为面对突发性事件，事故现场感非常强，最后播出效果不错，笔者和司机共同想办法处理了问题，并未引起社会负面影响，交通问题也得到了妥善处理。

另外一种情况是人物访谈过程中出现的突发性事件，在采访之前谁也不会知道采访过程中能发生怎样的意外，但是挑战随时随地都可能发生。采访对象不是机器，是人，只要是人就无法避免在采访过程中出现突发事件。其次，采访议题变化与框架性调整随时可能在采访之前发生改变。采访议题随时发生变化，记者必须及时做出框架性调整。造成议题变化的原因可能是最初爆料人提供的线索具有明显的偏向性或是事件本身超出预期的变化。调查记者需要不断地改变议程，甚至设置相反议程。

笔者在 2003 年采访在长春销售的沈阳知名品牌"高老太太糖葫芦"时，开始的采访议程设置是如何揭露这家假冒伪劣"高老太太糖葫芦"的小作坊，当晚同行记者与吉林省质量技术监督局协同进行查处整治，没收了将近两吨山楂原料后将整个场子封锁。第二天我们还没有完成稿件的撰写工作，同去采访的报社记者就已经先把事件报道了出来，这使得我们的调查性报道陷于被动处境，为了提升报道的权威性，我们决定继续寻求采访的第二落脚点，于是决定第二天继续跟踪采访。前一天联合查处时老板不在现场，等第二天再去采访老板时，《城市晚报》已经抢先一步把相关调查报道刊出，此时老板心情非常沉重且对记者怀有敌意，自然很难配合采访。我与老板在门外沟通了十几分钟后关系才渐渐缓和，老板对工厂查封一事表现得非常委屈，这时我隐藏了此行采访的真实目的，提出二次采访源于对《城市晚报》报道的不够认同，对这次假冒伪劣事件本身存在质疑，于是进行再次调查。事实上，我也能够感受到老板内心的委屈：公司有独立的大厂房，原材料都是最好的，为何还要去假冒其他品牌呢？

果然事实的真相就如同国内的"加多宝与王老吉品牌纠纷案件"一样，"高老太太糖葫芦"刚开始名气不够大，出于开拓市场的需要，老板直接授权十几万元"高老太太糖葫芦"的品牌使用权，但双方未曾签订任何相关协议，例如品牌使用年限等。只在吉林省长春范围内拿到了口头约定的品牌使用权。而"高老太太糖葫芦"品牌经过近十年时间已经在吉林省范围内打响，"高老太太糖葫芦"品牌在市场有了名气之后，沈阳总部开始借用媒体记者争夺品牌运营资格。"男儿有泪不轻弹，只是未到伤心处"，因为老板缺乏品牌意识，

没有建立独立的品牌，结果将十多年的积蓄损失殆尽。后来我又采访多家本
地品牌并做了品牌意识实践调查的报道，报道显示大多数企业都缺少品牌意
识，这与黑作坊性质完全不同。根据媒体议题的变化，调查记者有必要及时
做出框架调整。这则新闻也给了我启发：在实践的调查采访中，议程设置的
框架要随着调查性报道深入与获取有效信息的程度及时做出调整。

在调查采访中，如果线索提供者始终没有把调查记者当成可以沟通倾诉
的对象，而是作为牟利工具，媒体记者就要把握好立场，不能作为被利用的
工具性符号，一旦被人作为谋取个人利益的工具，那么采访必然会陷入困境。
记者以怎样的视角来看待问题，以怎样的身份来介入调查是非常重要的。在
采访的过程中，调查记者要尽量与采访者避免任何利益关系或是社交亲密关
系。假设记者与受害者是朋友关系、亲戚关系，那么调查记者在事件调查的
过程中必然会带入个人情感，而代入的情感必然影响记者的专业判断，由此
影响整个事件的客观性和公正性。俗话说，举贤不避亲，但一旦涉及有问题
的调查性报道，记者应该有所回避，有所为有所不为，记者在展开调查报道
时必须完全置身事外，以第三者的身份参与其中。

第四节 确保证据链条的完整性

调查采访中的变与不变是事件本身的变量，是调查者在长期采访积累过
程中形成的应对变与不变的辩证思维，这也正是调查性报道的魅力所在。不
管是事件"变与不变"，首先要确保证据链条一定要具有完整性，不应留下开
放性的结尾。开放性结尾意味着在调查过程中没有收集到足够证据导致最终
结果是无效的，这样的调查性报道既没有说服力，也缺乏公信力。有完整证
据链条和逻辑是公信力的前提条件，出现无公信力的结果是因为收集素材能
力有限。

对于解决调查性报道公信力缺失问题有以下几个应对办法。首先是拍摄
次序安排问题，就空间安排而言，应该是由远及近的拍摄次序，但是具体的

拍摄次序并非一成不变，更不能一概而论。一般而言，处在整个事件社会地位的弱势方往往是媒体最先需要取证的一方，他们不会动用其他权力对新闻事件进行干扰，并且更容易配合完成新闻采访。当一方相关资料集齐之后，紧接着拍摄可能具有一定社会权力的政府部门或是相关企业的对立一方，他们手里往往握有一定的资源话语权，因此在采访时相对前者就形成了证据的对接，即正方与反方事件调查还原过程中观点的碰撞，由此形成整个事件矛盾的主客体，调查记者也能更加轻松地抓住事件主次矛盾。以上这些都是采访对象中的直接利益者。然后调查的是相关利益方。前面提及《烧烤城咋盖在了河道上》调查报道中水利局办公室主任是作为公共利益的第三方出现的，他是以监管者和审核者的身份进入调查视野的。最后是专业评价者，主要包括某些领域的学者、专家等权威人士，他们通过客观、科学、理性的解读完成事件的还原，专业人士的解读有利于对事件本身的还原。一般而言，调查性采访拍摄次序是根据具体事件的矛盾冲突与调查者对象性质以及媒体立场来设定的。而媒体立场往往相对中立，媒体旨在展现事件本身，事件证据中第三方，即学者、教授、专家等权威人士对事件本身的科学解析或公允评价具有十分重要的评介意义。

实际上，证据的力量源于证据的可靠性，是在证伪的过程中寻求证据的可靠性。毫无疑问，我们在第一现场会了解到更多信源，记者可以通过信源之间的比对完成事实本身的判断和还原。通过第一现场的证据链条证实证据的可靠性，这也涉及具有专业素质的记者到底是以事实说话还是用事实说话。以事实说话和用事实说话看似仅有一字之差，但其中又有本质的区别。用事实说话，看似是具有客观性的，但实质是以事实作为证据，将事实当成工具性符号佐证自己的观点，因此用事实说话看似具有客观性，实际是具有主观性与目的性的，其本质上不是新闻写作的规律。① 与之不同的是以事实说话，即事实本身既是证据又是论据。专业记者在调查性报道中要做到以事实说话，以事实为依据观察证据链条的完整性。事实包括采访过程中的现场以及采访

---

① 陈力丹：《用事实说话不是新闻写作的规律》，载《采写编》，2002 年第 4 期，第 4 页。

人物对话，用事实说话缺乏客观性，以事实说话强调了整个过程中的客观记录与客观事实的呈现，这是二者之间的重要区别。

阅读思考

1. 采访对象不接受采访，故意推脱不在，你如何来说服他完成采访？

2. 调查性采访过程中，对方私下提出结束采访，并承诺只要不见报，可以配合调查，你作为一名记者如何处理？

3. 认真阅读下文的课外阅读内容《"重点保护"保护谁？》，试分析调查性报道的思路，记者是如何呈现两条报道主线的？报道的结构与逻辑情况如何？

4. 策划一篇调查性报道的选题，根据选题特征拟定题目并写出采访提纲。

第六章 功夫还在采访外

【阅读要点】

调查性报道的采访过程是一个不断取证的过程。在取证过程中需要足够的耐心和细心，到人迹罕至的地方去，做好长期蹲守的准备，在具体采访中做好周密的安排，强调细节问题，同时要考虑到采访过程中可能发生的突发事件，要有足够耐心处理好突发事件中的变量问题，将调查采访做到极致。

调查性报道和其他报道的不同之处在于采访过程就是调查过程，采访进展如何本质上是调查进展如何。调查不仅仅是事件发生现场的采访，还可能需要多个现场的响应，记者可能以第一人称身份介入新闻现场或者新闻事件完成采访。本章意在强调记者在采访中的调查能力和应变能力。采访之外的功夫，除了前面涉及的在采访中的变与不变以及相关的选题能力、现场把控能力，还包括记者对整个事件本身的认识。记者通过某种检索方式根据线索不断寻求事件本身的矛盾和症结所在，从这一点可以看出调查性报道能否成功取决于记者采访问题之外的调查能力的高低。

调查性报道和一般采访相比强调了调查的实践性、科学性，其具有自身的内在逻辑，而这种内在逻辑强调了对事件的周密思考，调查问题的科学合理性以及调查人员个人专业素养。除了现场的把握外，采访以外的专业素养也值得我们关注，本章分为三个部分：第一部分是"蹲"出来的新闻，第二部分是做好极致的采访安排，第三部分是细节决定成败。

第一节 "蹲"出来的新闻

媒介议程设置大多带有现实应对性，议程设置是否成功不仅取决于事件本身，同时也取决于新闻调查者在整个过程中的应对策略。有人说调查性报道是采访出来的新闻，还有人说是"跑"出来的新闻。前者侧重采访过程中调查者与受访者沟通的技巧和其采访能力，通过采访沟通把所有的新闻事件与新闻现象梳理清楚，强调记者的沟通能力、应变能力和场面把控能力；而"跑"出来的新闻侧重于记者非常勤快，"眼观六路耳听八方"，强调记者的新闻敏感意识、观察能力和综合判断能力。例如，社会新闻一般发生得比较突然，新闻本身强调时效性强，记者需要迅速对新闻事件有所了解并且完成新闻的采访，因此沟通技巧与采访能力能够提升记者的采访质量。调查性报道一般都是蹲出来的，蹲守强调的是记者有足够的耐心和新闻事件形成一种对峙，能够通过新闻观察与综合判断的方式完成事件的采访，从本质上看，调查性报道既强调采访能力，更在意记者"跑"的行动能力。

从新闻事件发生的背景来看，调查性报道选题时间和地点多为特殊的时间和地点。从时间节点上来看，一些新闻不是在正常作息时间里发生的，因此这就决定了一些调查性报道采访时间安排上的灵活性和不确定性，甚至在时间上的延续性。中央电视台午间新闻记者发现地方媒体报道消费者购买的月饼未

扫一扫阅读相关报道

超出保质期便发生霉变现象，觉得表象背后一定存在蹊跷，于是对一家月饼生产厂家进行整整一年的跟踪调查，发现这家知名的食品生产厂家回收旧月饼，将发霉的馅料重新回炉处理一下，第二年继续用于月饼的生产加工。笔者在媒体工作期间，也多次遇到蹲守寻求调查事实的情况。笔者在调查吉林省桦甸市山区采矿点半夜放炮的事件时，连续两个晚上蹲守到凌晨一点，直到完整记录放炮采矿的现场，这也成为对方无法抵赖的事实。此外，前文中讲到的小煤井的调查、私宰羊的调查等也是花费了大量时间和精力才获取到

第一手现场资料。调查性报道事件往往发生在见不得光的时候，调查也往往是在令人意想不到的时空环境中。

首先，容易找到选题的时间和地点，多为特殊的时间和地点。从地点来看，蹲守的地点一般多处在不洁之处甚至是散发着恶臭气味的肮脏地方，对于违法类事件而言，隐蔽的地方就是相对安全的地方，因此需要记者睁开火眼金睛，到最不易居住的地方去，总能收获更多的新闻线索。比如垃圾猪的报道，记者必须亲自到垃圾场调查；风景区建坟的调查，幽暗的林间坟场也是特殊地点。记者不可能在高端幽静的场所品着一杯咖啡，或者一杯清茶就可以从容优雅地完成采访调查，往往需要前往黑暗肮脏的环境里进行深入调查。笔者依稀记得一位人民网朋友讲起做矿难报道时拍摄从矿里解救人员的场景，他当时发现了矿洞出口前有一根电线杆，下面正好有一个不到半平方米的水泥台，站在水泥台上拍摄矿井画面效果非常好。虽然当时还是寒冷的冬天，但他整整两天时间几乎都是在水泥台上度过的，他拍摄的矿工被营救的画面被国内多家媒体和网络采用。这则新闻报道的确是靠记者的耐力磨出来的，是在特殊的时间和地点蹲守出来的，过程非常艰辛。特殊的时间和地点赋予了调查性报道记者对职业的特殊认同，无论多么艰辛也必须要做好准备。最好的现场最难获得，但往往弥足珍贵。这正如王安石所说的"世之奇伟瑰怪非常之观，常在于险远，而人之所罕至焉，非有志者而不能至也"。其实调查性报道道理也是相通的，把调查采访完成在祖国大地上，把写作完成在祖国大地上。

其次，好的调查性报道多是经过大量的调查采访完成的。这强调了采访的强度。单独一个采访只能看作是一个孤立的证据，只有把一个个孤立的证据链条连接起来，才能建构出一个完整的能够相互证明的证据系统。这其中的采访对象包括利益关系者、相关关系者、公共关系者、专业评介者，这些采访对象构成了证据系统的闭环，大量调查采访的过程本质上就是让上述采访对象之间形成逻辑上的相互论证和博弈，最终形成一个指向清晰的调查线索和主题。任何调查采访都不是多余的，而是萃取精华的重要信源，这如同纪录片拍摄。优秀的纪录片一般都有很高的剪辑比，一般来说是 20：1，20

分钟的素材剪出一分钟成品。其实调查报道的大量素材也可能是无效的，但却是必须要完成的。在采访过程中可能通过调查发现线索，这是从量变到质变的必然过程，但在采访的过程中不能依靠采访数量累积取胜，大量的堆积素材同样是无效的，要在海量素材的累积过程中根据职业的敏感度迅速找到切入点完成调查采访。

再次，好新闻是磨出来、"蹲"出来的。一篇好的调查性报道不以记者的主观意志为转移，没有一个调查性报道是摆拍出来的，也没有一个调查采访是特意设计出来的。调查性报道都是"蹲"出来、磨出来的。记者只有保持高度耐力，同时对事件保持一定的清晰判断，并且能找出合适的应对策略，这样才能顺利完成调查性报道的采访。

例如前文提到的砍伐林木的调查采访。爆料人举报有个老头每天凌晨六点左右都到山上去砍树，那时的大背景是封山育林，吉林省都在强调不要到山上去砍树，线人提供线索之后我们先后找到三四个人进行采访，采访很顺利。当时正好是八月份，树木茂盛。为了不打草惊蛇，我们到村边把车熄火后在一

扫一扫阅读相关报道

个山沟里进行采访。我们告诉爆料人千万不要暴露此次的行踪。次日早上六点准备出发，但城里人和农村人不是一个时间概念。我们六点起来已经不容易了，结果到达现场才发现老头已经赶着马车回来了，这就意味着这一天的采访都无法进行了。我们只好住在附近宾馆并定了第三天早晨五点钟的闹铃，没顾上吃早饭就开车去了，结果一看砍伐林木的已经出发，这样的跟踪注定无法进行下去了。为了进一步确认砍伐林木老头准确的出发时间和地点，我们干脆等了大半个上午，直到上午十点，砍伐林木的老头赶着空车回到家里。虽然这一天未能跟踪到砍林人，但至少我们确认了他出发的时间和地点：每天早上五点四十从自家赶马车出发。

第四天我们凌晨五点出发，40分钟后到达砍伐林木人家门前。为了不打草惊蛇，我们把车直接开到百米外的小路口，让庄稼遮挡住车辆。这一次能够确认的是砍林人的马车还没有出发。我拿着偷拍设备直接钻进他家门口的玉米地里，早上露水很重，没走上几步，身上就已经被露水浸透了。这块玉

米地正对着砍林人家的大门口，透过青纱帐正好看到砍林人家的大门。一刻钟后，我们先听到一声吆喝声，然后是甩开鞭子的声音，还有院子里鸡鸭的叫声。六点钟左右，老头吆喝着牲口走出大门，回身把门掩好。

调查采访过程中永远有意想不到的事情，老头的马车跑得飞快，这给笔者留下一个很大的难题：在没有提前摸底的情况下，我无法确知他要走的准确方向，八月的青纱帐虽然可以藏身，但也给追踪带来了极大困难。我能判断出他去的大概方向，但因为怕打草惊蛇我无法开车跟着他，只好跑步跟踪。砍林人在前面赶车，笔者躲在后面几百米追踪。幸亏山区的路千转八拐，笔者可以在砍林人转入下一个路口后迅速追赶上去，不至于落得更远。这样一路奔跑下来，两条腿和四条腿的竞跑，这一路经过近三公里的山路。其中有一段最远的距离，相机对焦距离有四五百米远，一看砍林人转过路口，笔者便以最快的速度追上去，转过拐角人已经看不见了，好在正巧听到了吆喝牲口的声音。这样转向右侧的一个山坳里面，笔者终于跟到了砍树的现场。这一路非常不容易，好似经历了一场马拉松长跑比赛。

因为砍林人赶车飞快，三公里的路程用了不到 20 分钟。砍林人将车拴在了沟塘边，让马自己吃草，他自己转弯爬到坡上，坡上有各种林木，他就开始在坡上砍树。八月份是树林长得最茂盛的时候，用偷拍设备拍摄效果并不理想，宽大的树叶遮蔽了镜头前的现场。无奈之下我只能潜到砍林人对面的树丛偷拍。最近的时候，我离砍树人不到十米的距离，但还是无法高质量完成拍摄，只能慢慢靠近，最后在一片榛丛里藏好拍摄。出乎意料的是，第一组画面刚拍完，砍林人就从树上下来，手持镰刀清理周围的灌木，我蹲在灌木丛里放下拍摄设备屏住呼吸。砍林人拿着镰刀清理着灌木，向我这边树丛步步逼近，已经近到不足一米时，我只能硬着头皮一下站起来，这显然也吓到了他。他立马后退了一下，在毫无防备的情况下，他受到的惊吓无疑更大：平白无故这么早的时间怎么可能突然从灌木丛里冒出一个人来呢？

他第一反应就是举起镰刀问："你要干什么？"

我随即开始表演，我说："我好像中毒了，跟我朋友来山上采蘑菇看到有一种野果子就吃了，吃完胃疼难受，不知不觉就昏迷过去了，我也不知道发生了什么事情。"

他问："那你的朋友呢？"

我说："我朋友骑着摩托去村里找医生，我以为你是我的朋友呢。"

他本能地问："你吃的是什么东西中毒的？"

砍林人是个老实本分的山里人，他并没有怀疑我说出的话，他甚至相信我吃了毒物后中毒严重，因此怕让他担上什么干系，于是催促我赶紧离开。

这部分现场采访对于调查而言非常重要，为此我们已经蹲守了三天，如果就此离开势必前功尽弃，于是我转到路上磨蹭了一会后，捏着几棵野草又回来了。

砍林人见我再次出现后吃了一惊，但显然不再那么恐惧。

"我碰到一个白胡子老头，他给了我这种草药，我吃完之后肚子不疼了，但是他说我要保持清醒，必须得跟人一直说话，现在我肚子不疼了，只要你跟我说话就行。"我说。

接着问起砍树的事，砍林人也是知无不言。

他说："这都是为了养鹿，人家雇我来砍的林木。雇主家里30多头鹿都吃这个，山里的树一般人不能砍，上边有人才敢砍的。"

在这种情形之下，砍林人显然放松了戒备心，这种平时别人询问都不会说出的话此时倒豆子一样说给我。随后在装车时，砍林人把一些成长才三年左右的幼树也砍伐了。

我问："砍这些幼树干吗呢？"他说："小树挡路走路不方便。"

调查采访结束，我找了个借口脱身，完成了现场调查工作。

后来，我们找到当地林业部门和林业局，他们表示砍树的事情不是一天两天了，早就有群众举报过，但因为里面存在着错综复杂的关系，所以不好处理。即便这几天我们找的证据材料充足，采访调查也足够细致，最后的处罚结果仅是被雇佣的砍树老头被拘留、罚款，我们本来是盯着始作俑者去的，最后的处罚结果却误伤了砍树人。对于砍树人来说，他是记者采访的直接受害者，调查采访中不可避免涉及伦理问题，只能根据问题的轻重挑选主要矛盾加以强调。虽说砍树的目的只是喂鹿，但是因为错综复杂的关系问题，砍林人最终被当作替罪羔羊，受到拘留处罚的现实也说明，我们的调查采访虽然足够用心，但还是没有解决事件的本质问题。当然这一调查性采访除了涉及伦理问题，更重要的是采访过程中的坚持和蹲守的结果，这是调查性报道能够成功的基本保障，至于牵涉个体的伦理问题，是本书后面拟探讨的问题。

第二节　做好极致的采访安排

极致的安排是指调查性报道总是考虑到调查中可能遇到的困难。每次采访前都要考虑最坏的结果并想好应对措施，这样做才能有备无患。例如，记者调查采访时一定要有全局意识，拍摄取景时一定要考虑拍摄的过程中画面的使用，以及背景对照、时间地点或者被摄物角度等问题。晚上拍摄难度非常大，比如夜里拍摄屠宰场要找灯光明亮的地方，晚上拍摄的画面并不清晰，只能看出来大致情形，但记者必须要适应夜间拍摄情况。假设拍摄点光线太黑太暗就要考虑使用红外摄像机来拍摄，红外摄像机拍摄时一般是用可触发式的夜间的红外拍摄，拍摄出来的画面轮廓有黑白的，但细节不是特别清晰。和其他记者相比较，调查性报道记者要求现场把握能力更强，要具备整体思维，同时要关注细节，从细节中发现问题并寻找线索解决问题。

一、重视调查交往中的非语言技巧的合理使用

调查采访中的沟通技巧非常重要，如何在沟通中营造和平相处的氛围，这是调查性报道采访活动的内在要求，精神病学者约翰·里奇认为："除去那种草率不堪的工作而外，结成融洽关系是其他一切工作的先决条件。"[1] 非语言技巧涉及内容较为丰富，主要包括调查时间和地点的安排、调查记者的肢体语言、调查记者的穿着打扮。

调查时间和地点的安排。调查时间的安排要充分考虑到事件发生的时间

---

① ［美］约翰·布雷迪：《采访技巧》，北京：新华出版社 1986 年版，第 63 页。

特征，时间选择能够显示出特定新闻事件的发生背景，反映出调查记者对采访事件的了解情况、关心与否以及工作是否严谨等。奥里娅娜·法拉奇经常将正式访谈分成两次，强调她严谨认真的访谈态度。调查性报道的时间安排要根据事件本身的性质，需要和谐融洽的采访时间安排，要充分考虑受访者的状态，尽量避开重要活动现场的采访，如运动员的比赛现场、科学家做实验等。需要强硬撕开遮蔽于现象内幕的采访时间，则恰恰要将时间安排在事件发生的恰当当口，如野生鸟的捕杀现场、天然林砍伐现场等。这些事件调查的时间往往随受访者的行动而确定，不论是午夜还是凌晨，均要做出对应性的选择与适配。采访的地点主要强调自然环境的选择，自然环境应是受访者熟悉的或事件发生的环境，这种环境既能反映受访者的工作状态或事件发生状态，也能使采访语境更好地融入现场环境，这样的采访还能够让背景开口说话。

调查记者的肢体语言。调查记者观察和发现新闻线索的过程中应尽量减少话语，通过肢体语言与受访者或调查伙伴进行沟通。对于受访者而言，这种此时无声胜有声的交流能够使其融入受访情境，有利于调查采访顺利进行。如我们曾经调查退

扫一扫阅读相关
报道

耕还林中不规范的事件，吉林省辽源市西安区灯塔乡的果农宋希芝被诱骗伐毁几十亩经济林。调查采访中，宋希芝情绪非常激动，泣不成声，摄像记者与笔者眼神交流后，笔者掏出面巾纸给她，任她自己调整情绪，摄像记者则不失时机地记录下完整的现场。对于调查伙伴而言，有时候肢体语言可以在视距范围内通过手势等强化配合，如调查现场存在一定空间场域或现场背景嘈杂时，记者可通过手势与调查伙伴完成协同工作，从而顺利完成调查或拍摄任务。

调查记者的穿着打扮。我们知道穿着打扮往往能传递出一定的职业信息。首先是作为记者的职业信息传递，外交记者、经济记者、法律记者、调查记者，这些不同侧重点的记者群体着装上有着显著的不同，但总体而言"朴素

之服装，易得一般人爱敬"①。当然，调查记者有时考虑到调查对象和内容的需要，会通过卧底或暗访的方式进行调查采访，此时调查记者的身份存在两个维度：表象上的职业维度和内在上的职业维度。表象的职业维度通过职业装扮来完成，内在职业维度是作为调查记者的要求，包括伦理上和法律上要求的。不论调查采访何种事项，调查记者都应以职业上的内在要求约束自己，这是记者的职业规范和操守。实际上，穿着打扮强调的是调查记者的举止和风度问题，通过外在的气质和风度来衬托个体的内在修养。约翰·布雷迪援引柯蒂斯·麦克杜格尔的话："虽然一个羞怯笨拙的采访者足以引起对方的同情，但那些看起来自信、自尊且胸有成竹的人才可能取得持久的成功。因为在这样采访者的面前，对方才能觉得最自在。"②

二、做好调查环节的技巧设计

和其他报道形式相比，调查性报道最大的不同在于它非常强调调查的技巧设计，包括与受访者的沟通互动、调查次序的先后等，虽然这不是采访本身，但却能直接影响到采访的成败。相对于受访者而言，调查性报道记者可能是话题主导者、事件问责者和舆情掌控者，调查采访中必然会产生敌意，因此调查记者采取适当的策略，强调采访"对事不对人"，让所有受访者将目光集中在事件本身的解决而非堵塞信息传播路径。相对于调查性报道记者而言，受访者不仅是新闻事件的信源，更是推动新闻事件解决的积极性要素，是调查者赖以依托的建设性力量。因此，调查性报道记者应该是一个着眼于问题解决的协调者，在还原事件过程中推动问题的有效解决。具体的调查技巧包括采访沟通技巧和调查次序的把握与安排等。

采访沟通技巧。调查性报道因为涉及的相关人员较多，背景复杂、线索繁乱，出于个体利益的考量，受访者往往会在采访中倾向于有利于自己的方

---

① 松本君平、休曼、徐宝琪等：《新闻文存》，北京：中国新闻出版社 1987 年版，第 401 页。

② ［美］约翰·布雷迪：《采访技巧》，北京：新华出版社 1986 年版，第 72 页。

向叙事，因此会带来各说各话，话语之间无法周延的状况。① 为此，对受访者晓以利害，使其充分认识事件核心问题，改变本位思维模式显得尤其重要。

2005 年 8 月，笔者在调查一起民房发生火灾后当地消防队未能按时施救的事件。作为爆料人，受灾村民积极配合我们前期的调查采访，作为受质疑的一方，成立于 1999 年的民营消防队也接受了我们的调查，我们也就此厘清了民营消防队因为村民未按时支付消防费用而带来的出警不力的状况。按照调查性报道的采访对象要求，我们调查了利益关系者、相关关系者，还对公共关系者和专业评介者进行调查采访。当地镇政府作为公共关系者，在民营消防队建设和运营过程中给予了一定的支持和帮助，同时因其"守土有责"也应该对火灾事件做出一个判断和评价。然而出乎笔者意料的是，在采访当地党政领导时我们却碰了钉子，吃了个闭门羹。

扫一扫阅读相关报道

中午 11 点 50 分，几家媒体共同到当地镇政府，准备采访主要领导，结果被告知中午休息不能接受采访，下午两点后再来。记者一行在镇里草草吃过午饭后，便来到镇政府等候。孰料过了下午三点，仍没有等到主要领导接受采访的信息，《中国青年报》、中央电视台、吉林电视台和《城市晚报》四路记者十余人在会客室等候，而政府办公室接待人员一遍遍重复表示，书记还未回来，麻烦再等等。当天是周五，若过了今天就只能等到下周一，因此记者的焦虑可想而知。在等待的间隙笔者无意中发现，二楼靠近东侧的一间办公室有些可疑，门外坐着一名工作人员，不时地端茶倒水进入办公室，不用说里面肯定是本镇的大人物。当我把这一信息悄悄透露给其他媒体记者后，中央电视台的两名年轻记者坐不住了，起身上楼后，直接冲进东侧那间办公室。待我们随后赶到后，正赶上屋内发生的一场冲突。中央电视台记者扛着摄像机在拍摄，而镜头前的负责人只穿一条内裤，睡眼惺忪地跟记者吵嚷。

冲突过后，镇党委书记穿戴好后，要走记者们的证件（中央电视台记者

---

① 《调查性报道采写的核心——新编现代新闻采访写作教程》，http：//www. guayunfan. com/lilun/143349（访问时间：2020 年 4 月 15 日）。

出示的是介绍信)，在一番抗议后扣留了中央电视台记者的介绍信，扬言要上告到电视台纪检部门。经过这么一闹，当天的采访也就泡了汤，我们其他媒体显然也遭到了无视。

这样看来，我们的调查可以说很难周延，而且记者调查的权利也受到了挑战。在记者们纷纷离开镇政府后，笔者一行又踅了回来。镇党委书记还在气头上，数落手下人员没有看好办公室的门。

笔者见状开门见山：

> 今天的事书记你错在头里，几路记者上午打过招呼了，你们应该做出安排，结果让记者空等了一个下午，这是其一；其二你抗议中央电视台记者拍摄你的隐私，其实你错了，现在是工作时间，你在办公室里衣冠不整，这是你的问题，记者在你正常工作的时间里到你的办公室里拍摄没有不妥，而你中午显然是喝了酒睡在办公室里，在上班时间里睡觉，这是你的问题，如果一旦拍摄下来传播出去，对此你怎么解释呢？

镇党委书记显然没有想到这一层，听了我的话异常沮丧："大不了这个官儿我不做了，也不能让他们这么欺负我。"

我说："这不是你做不做官的问题，是你做错了。本来消防队的事跟你们镇里没有什么大的关系，没有责任问题，这是一个中性采访，不应该消极回避。我之所以转头回来找你，是因为出于对你的提醒吧，毕竟你也有你的苦衷。"

这样一番话下来，镇党委书记终于同意了我们的采访，当然不是现在，而是周末下午。这样的沟通下来，我们也算是完成了采访任务，镇党委书记也算是化解了当天的危机。

在调查采访的技巧中，调查次序的先后也不容忽视。在牵涉利益的调查性采访活动中，受访者很难排除个人的意见倾向完成调查采访，一旦有风吹草动便会影响到采访的顺利开展。前文提到的采访对象利益关系者、相关关系者、公共关系者和专业评介者处在一个圆形关系中，利益关系者处在圆形中心，相关关系者处在次核心位置，公共关系者和专业评介者处在最外圈层。利益关系从内到外，由近及远。调查采访应按照从内到外，从圆心到外围的次序，这样才能不断突破人为设置的信息壁垒，顺利完成调查采访。

2001 年，湖北人民广播电台记者收到一封匿名举报信，信中表明赤壁市官塘驿镇一非法小煤窑不久前发生透水事故，但因为煤矿矿主手眼通天，将信息封锁得十分严密，因此对于矿难发生的具体时间、遇难矿工的人数和姓名等情况，举报者也未能说清道明。

面对这样一个匿名举报的线索，从哪里开始调查呢？

在仔细分析当事各方的心理和彼此利害关系之后，记者决定从"遇难矿工家属"开始调查。

在这起事件中，事发煤矿矿主和遇难矿工家属可视为利益关系者，当地有关管理部门和幸免于难的事发煤矿矿工可作为相关关系者，当地政府可视为公共关系者。本来幸免于难的矿工可以作为最先进入调查视野的人选，但考虑到其与矿主之间的雇佣关系及事件本身的利益关系，他们很难主动与记者取得联系并协同完成采访；矿主和有关管理部门最了解内幕，可以优先完成调查采访，但考虑到他们处在被舆情包裹的中心，涉及自身利益肯定会做出阻挠，甚至会进一步干扰调查者对于矿工家属和幸免于难矿工的采访，这样后续采访便无法进行；遇难矿工家属处在关系"同心圆"核心位置，他们是事件受害者，他们期待事件披露，以此来讨要说法，因此首先采访他们合情合理。[①] 这样一来的采访次序就成为遇难矿工家属—幸免于难矿工—矿主—有关管理部门—地方政府部门—相关法律专家。

当然，采访以外的功夫还包括数据采集等一些细节性技术问题。如电视调查性报道获取拍摄材料时记者不要偏执于一个角度拍摄，要综合考虑到剪辑画面的使用，头脑中存在画面感，同时及时更换拍摄角度和调整远近。获取录音材料时要避开嘈杂的现场环境，一般拍摄采访录音要么在办公室里，要么在安静的院落里。随着数字摄像机拍摄的广泛使用，适时处理拍摄素材

---

① 《调查性报道采写的核心——新编现代新闻采访写作教程》. http：//www. guayunfan. com/lilun/143349. html（访问时间：2020-4-15）。

成为一个新的问题。记者随身携带笔记本电脑，每一天都要把当天素材拷贝到笔记本电脑并做好编号处理。在文档资料的收集方面，当天拍摄或记录采访的有关文案也要保证仔细整理出来，否则后期会出现麻烦。在调查采访过程中要注意除了拍摄和素材整理也要考虑效率，到底是先难后易还是先易后难要根据自身情况而定。笔者的选择是先难后易。调查砍伐林木报道的时候，尽管面临着时间上的困难，我们还是在砍林人家蹲守了三天，接下来对养鹿人家的采访顺风顺水。因为在采访过程中最难的环节攻克之后，其他环节便势如破竹。

记者在做调查性报道时还要对可能出现的突发状况制定应对策略，成熟的记者会对可能出现的突发状况加以评估，并通过个人的经验制定解决问题的预案。比如在山区采访晚上交通问题如何解决？调查过程中遇到突发状况怎么办？甚至还具体到后勤保障如何在调查采访活动中落实的情况等。

第三节　细节决定成败

调查性报道的采访是受访者直接的话语表达以及对事件本身清晰完整闭环的调查过程，在这个过程中可能涉及很多细节问题。细节决定了调查采访能否成功和事件的如何解决。它包括两个方面：第一是沟通的内在技巧，第二是调查采访的外在细节。沟通的内在技巧指的是带着问题去调查，不要引起对方敌对的态度和立场。调查采访的外在细节指的是调查者在调查采访过程中关注采访以外的细节问题，包括一个动作、一个眼神或一种行为等。这涉及记者个人立场的问题，记者应该带有何种倾向参与调查，是对立的问责还是事件的调查与核实，前者带有立场和情绪，后者则只关注事件本身。客观的做法是：记者远道而来的目的不是站在受访者的对立面问责或者导致旁观利益关系者之间的矛盾升级，而是得到一些信息后带着审慎的态度来核实信息，这些信息恰恰能够厘清一些遮蔽表象的新闻事实。对于当事者而言，记者的立场和沟通技巧尤为重要。记者在调查采访之前就应该确定一个立场，这是调查性报道的原点和出发点，也是媒体公信力的集中表现。

　　曾经有一位临时主持人，初来电视台的他十分热衷于到现场去采访，但每次出去他都不听编导的安排，自行设定议题，自行完成沟通和调查工作，结果总是容易激化矛盾，使问题变得更遭。在基层调查采访期间，他喜欢夸夸其谈，每到一处村集他都要站在广场或开阔地的中间位置，动员受访群众围拢过来，然后开始讲大道理："你们要相信我，我们是代表政府来处理你们的问题的。"这种沟通之前就设定了自己立场和身份，而不是认真听取受访者叙事的做法，很容易给自己预设一个身份和角色：行政权力的角色。这一角色在处理基层棘手问题时往往吃力不讨好，弄不好还会产生话语的对立问题。调查记者不是政府官员，不是钦差大臣，也不是问责者，他们是调查者、倾听者，也是主流媒体舆情引导者。这种不耐心倾听便夸夸其谈的做法，是调查性记者采访的禁忌。

一、调查采访中的细节问题

　　调查采访中的细节问题本质上是调查采访过程中沟通时的心理把握问题。受访者心里清楚什么内容对自己有利，什么内容对自己不利，因此受访者在沟通时往往会选择避重就轻，当对方避重就轻时，记者就要对他的言语掌握分寸，通过沟通中的技巧引导受访者进入调查者设定的议题之中。在具体的采访过程中，一个看起来精明的记者恐怕并不能获得对方的信任，因为越显得精明，对方就越谨慎小心，他们的防范意识就越强。相反，调查记者越是坦诚耐心，或者表现出对事件本身的关注意识，就越容易吸引对方陈述事件经过，同时受访者的防范意识也会减弱。这样平等的话语沟通，容易让对方放下戒心，采访也得以顺利完成。调查性报道采访中的示弱表现，意味着调查者放开了所有的空间给对方，让对方抛出任何话题，这样的采访沟通状态特别适合对强势资源者的调查采访。你的示弱往往只是一种策略，这种策略其实也在强调沟通中细节问题的把握，在沟通时适当让出部分话语空间给对方来发挥。

　　在调查性报道过程中沟通策略不可缺少，调查者的身份设定、采访过程中话语把握等问题，都是无法回避的细节问题。例如采访对象次序安排上的瞒天过海，就可以有效推动调查采访的完成。如笔者前文提到的磨盘沟调查乱砍树木的事件。记者虽然已经掌握了乱砍林木的相关事实，但在后续调查采访过程中仍然不动声色。在饲养梅花鹿的雇主家，记者以咨询协商买鹿的商贩形象出现，了解鹿的喂养情况及鹿的品相质量等。在买家面前，卖家必然要强调自家货品质量的优质。假设一开始调查记者直接提出有人举报雇主雇人在山上乱砍树木，受访者必然矢口否认，这时调查就已经打草惊蛇，很难进行下去了。所以用瞒天过海的方式预留话语空间给受访者，创造一种话语空间吸引对方进入预设的情景，他必然会主动把事情的来龙去脉介绍清楚，这就是调查过程中的沟通细节问题。

事实上，细节不是凭空出现的而是经过调查逐渐发现的。比如，砍树人透露了一个细节问题：其实砍伐树木是为了喂养雇主家的鹿，每天砍伐林木的数量以及规格等在最初的调查过程中我们尚不得而知。细节的问题都是通过采访逐渐显露出来的。这里的细节问题一方面是采访中的细节问题，一方面是观察中的细节问题。除了采访中言语透露出来的细节外，记者观察的细节问题对调查过程来说也不可忽视，笔者看到砍树人在砍路边小幼树的时候，马上询问为什么要砍路边的幼树。因为前面砍伐的树杈虽然影响到树木的生长，但不至于让整棵树死掉，大树的枝和幼树是不可相提并论的，不同的伐树行为所造成的影响不同，性质也就不同。在事件发展过程中抓住细节也是一个本事，有的细节稍纵即逝，可能一不留神很快就过去了，一个人下意识的动作或者故意隐瞒的行为举动都可能成为调查采访的重要突破。

调查性报道的细节，还包括离开调查现场后材料的整理和问题的新发现。在拍摄过程中有一些细节在采访现场可能感受不到，之后会随着调查采访的深入和更多信息汇总后重新凸现出来。对此，广播电视类调查报道过程中体现得特别明显。记者通过非正常手段拍摄的画面，在当天回头梳理的时候可能会

扫一扫阅读调查报道全文

找到原本忽略的一些细节，根据这些细节进行补救性采访或后期调整，也可能会出现新的调查思路。例如，笔者在拍摄《如此敛财》报道时见到了工商

所所长，他特别强调因为自己忙于工作并没有参加母亲的生日宴会，因此对于举办生日宴会一事浑然不知。当我们回到宾馆调取素材时恰巧看到了声称没有出现在现场的工商所所长，他一直在饭店门前迎来送往，显然是这场生日宴会的操办者。工商所所长为什么对记者声称他当时完全不知情且没有参加，因为他也不了解我们在现场调查暗访的事实，对他来说这种无凭无据的事是可以一口否认的。我们也算是意外地拍摄到他在饭店门口迎来送往的画面，而且说明了他受访时撒谎的事实，后面的沟通我们就有了足够揭穿其谎言的底气，最终当地工商部门也不得不承认工商所所长违规操办酒席的事实。

二、擅得调查采访的弦外之音

细节能够帮助调查者去伪存真，也能成为获得事实真相的重要线索。笔者曾参加迎新年庆祝活动，主办方号称动员了近万名市民参加，笔者根据现实分组情况最终确定参加活动的只有一百多人，这样的报道就会去除浮夸成分，真实地还原新闻事件本身。

如何在调查性报道中关注细节？首先在调查性报道采访中要擅得弦外之音。一般说来，弦外之音是调查议程之外的临时性调查规划。媒体采访的议程规划是非常必要的，但准备的议题往往无法避免意外。例如，前文提到的垃圾猪调查就是热心群众举报说有些人在垃圾堆里拣食物去喂猪，吃垃圾长大的猪就成为垃圾猪。垃圾猪存在着食品安全隐患，对此我们初步设定的采访议程是到垃圾场去查看。笔者在垃圾场蹲守了两天时间，发现每当垃圾场运来一车垃圾就有十几个人蜂拥而上，他们拿个袋子在垃圾里找东西。在调查采访中，捡拾垃圾的人无意中提起："我们喂出的猪肉非常抢手，在城西菜市场，一般都说是稀食猪，就是农村泔水喂出来的，肉价比一般的猪肉要贵上一些。"有了这一线索，我们在完成垃圾场采访后马上转场到城西菜市场。早上五点多钟随机到城西早市调查卖肉现场。卖猪肉的人的说法是："我们猪肉质量非常好，比普通猪肉还贵，我们这都是稀食喂出来的猪。"从垃圾场的孤证到菜市场的互证，双向证据彼此衔接形成了证据上的闭环。

留意弦外之音，总是有意外的收获和惊喜。例如，记者接到举报说某所

农村小学上课教材都是在网上购买的廉价盗版教材后，我们立
刻去这所学校调查，当记者表明来意之后校长信誓旦旦地表
示："我们学校绝对不会出现这种情况，教材价格肯定没有问
题，不信可以到课堂去看看。"他可能为了表示有足够的底气
所以才这样随口一说。笔者接上话茬说："那就到课堂走一走

扫一扫阅读相关
报道

看看吧。"他其实不知道笔者已经掌握教材情况，并且对于教材里有关的错别
字笔者也比较清楚。到课堂之后笔者随手拿起一本语文书翻看，笔者知道这
本书里至少有六处错误，便指着一处错误问旁边的小朋友这个字念什么，小
朋友念对了，跟书上错误标注并不相同。校长在旁边略显得意地解释道："虽
然书中有些错误，但老师都是按照正确读音教的。"笔者接着翻到课后练习问
孩子那个字的读音，这次孩子念错了，他是按照书上错误拼音读出来的。校
长说："这部分需要学生自己练习的，老师不会在课堂上教。"校长原本的用
意是为了证明学校的教材没有问题让我们到现场去参观，他没有料到记者真
的到课堂去调查，并且一翻还就能找到错误。正常来说，我们到课堂调查不
允许在课堂待太久，否则会影响教学秩序。记者迅速发现问题并强调问题的
严重性，这样的调查采访既表现出课堂现场的实际状况，也给自信满满的校
长来了个措手不及。

　　中华人民共和国新闻出版总署 2004 年颁布的《图书质量管理规定》第十
七条指出"差错率在万分之一以上万分之五以下的，出版单位必须自检查结
果公布之日起 30 天内全部收回，改正重印后可以继续发行。"小学语文课本
字数较少，整本书也不过五万字，五万字里面出现六个错别字，不用说儿童
的教材读本，即便是普通著作也不允许出现这样的错误。校长意外的配合也
让我们的证伪出现了新契机，成为当天调查采访的一个亮点。

　　在采访过程中要有把握弦外之音的能力，弦外之音有时显露在采访过程
中，有时则需要调查记者耐心地挖掘。调查采访作为一个系统性过程需要记
者有敏锐的洞察力，学会采访和沟通，不仅要考虑到具体的采访问题，也要
预设对方的答复，更重要的是，调查记者在采访过程中注重细节并通过"弦
外之音"获取突破采访的关键。

三、突发事件中的细心和耐心

突发事件是指突然发生，造成或者可能造成严重社会危害，需要采取应急处置措施予以应对的自然灾害、事故灾难、公共卫生事件和社会安全事件。新闻调查采访过程中的突发事件往往会影响到采访预设议题，打破原来的采访节奏和进程，需要记者及时进行回应和调整。记者在调查过程中应如何来应对突发事件，是任由突发事件的发展还是顺势而为呢？

举一个突发事件的典型案例来说，是笔者调查松花江江心滩被破坏的新闻。江心滩是松花江扶余段上的一片滩涂，那里的农民在岛上搭了一些窝棚种豆子，窝棚十分简陋，笔者坐船上岛到受访者那里进行采访。因为室内没有桌椅，所以偷拍设备直接放在腿上，调查过程中一不注意，偷拍设备滑落掉到地上，当时设备提示报警的蜂鸣声嘀嘀响起。只要对方不是特别麻木，就会知道包里面一定装着特殊设备，由此会带来后续沟通的麻烦。对此，我迅速找个借口离开，在窝棚后边，我认真检查了一下设备，发现已经无法正常操控，接下来的采访也无法继续。而鸡心滩离岸边坐船最快也需要一刻钟，上岸之后还需要开车到市里去找专门人员检修。这样一来，前面准备的调查采访议程不得不停止，于是笔者先打电话让船夫捎到岸边，再开车到市里去修设备，四个多小时后设备终于修好了。面对突发事件，记者只能调整策略尽可能地止损，然后才能继续调查工作。

即使在采访之前做好了充分的准备，突发事件也无法避免。调查过程中永远都充满变数，不变的只是变化这一变量本身。2003年农历二月初二，按照中国人的传统说法是龙抬头，北方的习俗是买猪头，吃猪头肉。当天长春市质量技术监督局就找到我们去调查卖猪头肉的黑作坊。黑作坊里面简单支起了一口大锅，下面烧着一些柴火，桶里放着煮好的猪头肉，锅里正煮着腾腾冒着热气的猪头，作坊外还有几头清洗完准备上锅的生猪头。这里显然不符合餐饮卫生条件，质量技术监督局就做出通报：黑作坊的原材料都要销毁！在这个过程中记者在一旁拍摄，执法人员将相关的原材料搬运到车上。不经意间我发现事主老太太手里攥着一把菜刀，嘴里不停地嘟囔着什么。我立刻意识到这一危险信号，悄悄告诉相关人员注意点老太太，一旦失去理智后果不堪设想。话音刚落，老太太就突然爆发了，她拎起装满冻冰的油漆桶抛向空中，这个水桶足有十几斤重，砸到人后果不堪设想。看到这一幕时躲避已经来不及了，油漆桶被扔起来两米多高后重重地砸在地上，砸出一个大坑，所幸现场无人受伤。面对这种弱势群体的违法违规问题采访，调查者一定要多多留神，对他们来说生活的窘迫很容易让他们铤而走险，做出一些出格的傻事。我们强调在依法调查的前提下，还要做好相关突发事件的预防准备，以免突发事件出现时猝不及防。

在调查采访过程中应对突发事件时必须要细心和有信心。当积累了一定的采访调查经验后就会发现，很多事情无论刚开始有多么艰难，最后都可以有效解决。对于调查性报道记者而言，他们经常面对一些突发事件，自然有一些成熟的应对办法，但对于刚刚接触报道的记者来说，需要迅速建立起应对突发事件的意识，或者通过了解相关事件积累经验。调查性记者一般都具有强大气场，采访时能够面对不同的受访者快速地做出判断和选择。有记者曾经表示，他能够迅速把握受访者的心理状态。他的理由是一个人说谎时眼球就会下意识地朝右上方转动，而当他处在回忆中时，眼球转动的方向则是向着左下方。这种细微的观察也表现出调查记者的细心和信心。

面对突发事件一定要有耐心和决心，这也是调查性报道记者应该练就的本事。笔者在调查采访化工厂挖坑排污造成环境污染的事件时，对方很快怀疑我不是批发农药的，也不是当地环保人员，调查采访也陷入冲突。这个时候笔者理直气壮地告诉对方，我自然有足够的理由来调查你们，随后我会详细告诉你我的工作身份。处理问题的决心和意志就决定了你和对方的博弈不会处于下风。整体来说，记者只有关注细节，才能有效处理突发事件，采访离不开调查，而调查本身是和采访融合的全局性过程，所以采访过程要重于写作过程，先有采访才有后面的写作。

阅读思考

1. 举例说明为什么说好的调查性报道都是蹲守出来的？

2. 调查性采访过程中，有哪些非语言技巧，你认为应该如何合理使用？

3. 如何关注调查性报道采访中的细节问题，请举例予以说明。

4. 策划一篇调查性报道的选题，说明选题采访以外要关注哪些调查问题，列出采访以外的事项提纲。

第七章　调查性报道采访的困境与坚守

【阅读要点】

调查性报道不同于一般采访，它在采访过程中面临着设置障碍与解开真相的持续博弈，调查者基于公众传播利益及其与受访者个体、小团队利益之间的目标显著不同，形成影响和干扰采访活动的负面因素。调查报道记者在抽丝剥茧过程中不仅要面对复杂的新闻线索，还要在与受访者的博弈中寻求真相。本章对调查性报道采访过程中面临的困境以及新闻报道的后续影响问题进行分析探讨，寻求调查性报道的风险规避策略，以保证记者在调查性报道中更好地完成采访报道任务，实现对社会舆论的正面引导。

调查性报道面临的困境源于社会环境、媒介技术环境和多元主体性环境的变化。

就社会环境而言，社会现实往往寄寓于媒介现实，人们感受社会温度的主要路径便是媒介。社会环境的复杂性决定了调查性报道挖掘事实的困难程度，有多少亟待揭露的事实真相，就有多少准备隐藏真相的反对力量，嵌入利益关系的真理永远是被精致利益裹挟的真理。调查性报道从根本上说不仅是采访，还是调查者与各方力量博弈以获取真相的过程，因此调查性采访可以看作是一项牵涉公共利益的社会活动，其中，新闻调查者的意图是公共性和媒体化的，这也是其深入新闻调查的合理性的主要依据。这也同样给新闻调查者带来了挑战，目前有关新闻伦理的讨论中，主要指向的仍然是记者的职业操守问题。记者在采访过程中，要把对个体的考量和对整体的把握紧密地结合起来。这就要求记者要保持自律，接受新闻伦理的根本要求，将单独的报道置于社会大背景下考量，对报道可能产生的社会影响进行分析和预测。① 当然，这只是调查者在一切受访者顺利接受采访归因下的结论。事实上，调查性报道中涉及的变量是多元的，事件背后牵扯的利益者意图隐藏真相的误导、当事方意图利用媒体力量讨价还价，凡此种种，均成为调查者获取真相的主要障碍。

就媒介环境而言，新兴媒介技术对调查性报道带来的冲击不仅仅体现在渠道的升级，还包括调查主体多元化及其职业道德的操守问题。关于传播技术影响，有学者认为，"技术成功本身为这个时期造就了一整套纯粹依靠外在事物的生活方式。至于隐藏在这些事物背后的东西，即独特的和整体的人格本身，则衰退成了一片阴影或一具幽灵"。② 新媒体技术推动下的调查性报道脱离人文价值关照后，只余下套着客观数字外衣的建构性报道框架。调查性报道要求的并非是独特的技术支撑，也非技术遮蔽下的隐匿性报道视角，而是充满人性光芒的一种唤起。新媒体环境只是丰富了调查性报道的信源与传播中的交互行为，而非置换了调查性报道的采访和内容生产的全部过程。

就调查性报道主体多元化呈现而言，互联网多元主体赋能的新闻伦理也成为影响调查性报道的新变量。网络流量带来的关注度与经济报偿使得调查性报道面临的伦理问题远超以往，由此形成去组织化的调查性报道采访范式，有违伦理的调查性报道大量出现于互联网端，成为影响舆情的主要问题。此外，新媒体的匿名化发表使得互联网调查性报道在新闻伦理上严重缺失：一方面是职业道德教育存在的缺陷，技术赋能带来的"人人把握麦克风"现象使得调查性报道主体不断泛化，未经专业培养与媒体组织实践的调查者，其职业道德只能依赖个体的自觉行动意识；另一方面是匿名主体的法律意识问题，匿名主体基于个体情绪传播而非职业传播的意识，使得网络调查性报道

① 王丽：《调查性报道背后的伦理学思考——以"平时是天使周末是魔鬼"为例》，载《新闻世界》，2010 年第 10 期，第 118 页。

② ［美］W. 巴雷特：《非理性的人——存在主义哲学研究》，段德智译，上海：上海译文出版社 1992 年版，第 32 页。

很容易突破道德与法律的双重底线，带来不可预知的负面社会影响。

第一节　调查性报道采访中的陷阱

调查性报道的采访活动作为一种复杂社会活动，其复杂性不在于采访对象的多少，而在于采访对象之间关系的复杂性。复杂利益连接起来的关系使得每位受访者不仅仅是面对调查者的个体，还是在采访生态位中确保自己优先地位的利益权衡者，这就可能带来调查性报道中人为设置的陷阱，轻则影响采访活动的开展，重则涉及道德、法律的问题，不但使采访陷入困境，甚至调查者也难以自保。

对于误导调查性报道者或者说陷阱设置者而言，这是关涉自身名誉、地位和利益的问题，因此其对于调查者的抵触容易理解，与此同时，调查者未被赋予法律、行政等权力，新闻监督是一种种人人皆可拾得的一般性权力，因此，在正常情况下，在未获得刚性权力的状态下，新闻的调查性报道者也只能是对等采访活动中的一般性主体，显然不能带来调查采访以外的附加权力。当然，新闻调查者首先是"人"，生活在社会环境中的人必然受限于生活环境，人性的弱点也能够成为对方用来攻击的方向。比如对于特定事物的偏好，包括钱财、书画器物等，陷阱对于有免疫力的调查者而言是近乎无效的，但对于存在性格弱点的调查者则另当别论。近些年调查性报道记者被构陷的也大有人在，这首先是因为个人性格缺陷造成的。"苍蝇不叮无缝的蛋"，调查性报道中的陷阱也只是针对特定的人才变得百般狰狞。

一、线人的立场到底如何

狭义的"新闻线人"，就是通过向媒体提供有价值新闻线索且被媒体采用后获取回报的人，也叫新闻报料人①；广义的"新闻线人"是因为利益关系

---

①　宋一平：《"新闻线人"运作中的问题与思考》，载《中国地市报人》，2010 年第 12 期，第 30 页。

需求为媒体提供新闻线索且被采用的人。新闻线人根据职业属性一般可以分为四种类型：新闻通讯员、读者报料人、投诉求助人和职业新闻线人。新闻线人作为近年来迅速发展的职业正日益受到广泛关注，中共中央印发的《新闻线人行业发展"十三五"规划纲要》要求，2020 年新闻线人行业增加30%，各地方就此出台了相关地方政策，突出行业渗透率。① 随着行业的推动发展，新闻线人作为新闻传播活动中一种特殊主体存在的现实问题也日益突显，部分新闻线人基于名利、金钱等目的，缺乏职业道德规范和约束，为达成新闻采访会将伦理道德搁置在一边。② 部分传统媒体因为过分依赖"线人"的前采内容，出现了新闻伦理上的问题。

2019 年 7 月 27 日，四川广播电视台一档节目播出一段有记者暗访按摩店的调查性报道，报道中个别镜头存在不雅的画面，因为未经遮挡打码，这种直白无遮挡的视频画面一经播出马上引起了舆论批判。扫黄打非作为社会共识，受到全社会的广泛关注，即便如此，如果播出不雅画面，传递出的信息也很难得到社会认同。2019 年 7 月 29 日，四川广播电视台新闻频道刊发《致广大网友及观众的道歉信》，表明"由于编审人员责任心不强、疏忽大意、审核不严，导致当时并未发现节目中的不当画面。对此深感自责并做出真诚致歉。"随后，《潇湘晨报》记者联系新闻栏目后获悉视频是一位"线人"提供的，这也引发了社会对于"新闻线人"责权利的讨论。

从信息生产流程来看，线人也不过是调查性报道的有机"信源"，其主体性只能是弱于记者、编辑的次级存在，他们作为组织传播环节以外的成员，不必承担信息偏误的风险，提供的信息选用与把关责任均在新闻调查者主体身上。作为第一把关人的调查性报道者，对线人进行身份审核、信息审核是其职责所在。

2015 年，有线人向媒体提供线索，表示他奶奶今年 128 岁高龄，希望媒体能采访并播出这一新闻。记者在接获消息后立刻前往小村进行采访，调查

① 《2019 年新闻线人行业分析报告》，https：//www. doc88.com/p-7744765293873.html？r=1（访问时间：2021 年 10 月 14 日）。

② 王珩：《新闻线人的道德审视》，载《青年记者》，2012 年第 19 期，第 36 页。

过程中记者对线人产生了怀疑，线人只有 20 岁左右，与其仅隔一代的奶奶却达到 128 岁，同时奶奶的精神状态也似乎与实际年龄不符。但老人户口簿上却清清楚楚地写着：黎某某，女，1887 年 9 月 3 日生。在随后记者的细心调查走访中发现，老人的实际年龄是 83 岁，是派出所在记录户口时出了差错。老人的孙子想借百岁老人的政策申请民政补贴，到此事情水落石出。如果不是记者细心调查求证，线人为达成个人目的的虚假爆料恐怕会闹出天大的笑话。

线人利益关系带来的立场问题，关涉的不仅仅是线索梳理和求证的问题，还涉及"证实"与"证伪"的问题。这需要调查者在线人提供的可供调查采访人员名单的基础上，寻找更多且存在利益冲突的关系人，以多方求证的方式完成"证实"与"证伪"过程。

社会行为中有一种"立场三角"理论，强调客观性认识的产生途径。"立场三角"理论是杜·波依斯 2007 年提出的一个立场分析模型，他将立场看作一个三角行为，包括了评价、定位和离合的内部关系行为，其中包含了立场主体一、立场主体二以及立场客体等三个要素。杜·波依斯强调立场作为社会行为者的对话基本方式，对同一客体进行不同层面的评价，以此对主体进行定位，同时与其他主体建立离合联系的行为。[①] 根据"立场三角"理论，调查性报道中对于调查事件（即立场客体）而言，多维度的立场主体能够共同完成对于立场客体的评价，而根据不同立场主体之间的关系离合反过来为立场主体进行定位。前文中提到的 128 岁老人的证伪过程中，记者通过相关村民、当地派出所与线人形成立场主体群，根据他们对于 128 岁事件的叙事评说，确定立场客体的虚假性问题。

这样看来，线人的立场本身需要进一步"证实""证伪"，而"立场三角"的确定能够更有效地披露事实的真相，是新闻调查者应该遵循的采访规则。

---

① BOIS D J W "The stance triangle", In R. Englebretson（eds.）, *Stancetaking in Discourse*: *Subjectivity*, *Evaluation*, *Interaction*, Amsterdam/Philadelphia: John Benjamins Publishing Company, 2007: 163.

二、有些线索意在引君入瓮

新闻线人是人，新闻调查者同样也是现实社会生活中个体的"人"，人身上的弱点同样在新闻调查者身上能够体现。调查性报道记者在秉持新闻职业道德的同时，更要练就一双火眼金睛。对记者而言，不论是金钱、美色还是其他利益交换，不仅会影响调查报道的开展，还可能使其受到法律的制裁。

在具体的调查性报道案例中，被调查者（包括线人）出于个人利益需要，引诱记者获取错误信息甚至违反法律的案例也比较常见。一些案例甚至成为虚假新闻报道的典型。

2006 年 6 月 12 日，《新文化报》在显要版面刊载了一篇题为《松原市宁江区出了个"超级孕妇"》的新闻消息，新闻中这样表述：怀有三个月身孕的乔玉波肚子超出了正常孕妇，待到医院进行孕检时被告知她怀上的是三胞胎。这还不算完，两个月后的复检，更是传出了惊人的消息，乔玉波怀的是五胞

扫一扫阅读有关调查报道内容

胎!《新文化报》的记者根据线索前往采访，也的确见到了孕妇本人，刚一见面就被孕妇的外貌吓了一跳：孕妇坐在炕上，肚子最前端已经超过了膝盖，目测其腹部至少有半米多高。怀孕 5 个月零 5 天的"腰围"已经猛增至 1.75 米，比她身高（1.67 米）还长 8 厘米。

随后乔玉波在松原一家宾馆悄悄邀请了长春电视台《城市速递》的记者和长春普济医院的李姓院长，当面自述怀有五胞胎一事是假的。乔玉波躲到一边把肚子里的东西掏出来，竟是三条棉被、十几件棉衣、毛衣、单衣、棉坐垫、帽子等物品，整整 20 件。用手拎一下，足足有七八公斤。

假孕妇事件被曝光后，《新文化报》刊文诚恳地向读者致歉："轻信，不只是对事件当事人说辞的轻信，更为致命的是对自己工作态度、认识水平和判断能力的轻信让我们铸成大错!"

2007 年 1 月，《新闻记者》杂志在遴选年度十大虚假新闻报道时，假孕妇事件报道"高调"入选，在十大假新闻中排在第五位。

假孕妇事件报道源于线人与当事人共同编织的谎言，也与调查性报道者的调查态度不端正和责任意识不强有关。"事出反常必有妖"，对怀有五胞胎这样极低概率事件，必然要做好认真调查核对，避免被引入当事人预设的圈套中，不仅使假孕妇被千夫所指，也严重影响了报社的公信力。事实上，除了孕妇和以讹传讹的村里人，医院作为权威部门提供的第三方证据更具说服力，这也是"立场三角"中的重要支撑点，可惜调查者未经多方调查便草率发文，造成了假新闻广泛传播的影响。

在调查性报道中，被调查者可能拥有更高的智商和社会关系，他们希望把"水"搅浑，这样不利于调查者的进一步调查采访，由此达到利益自保的目的。

2003 年 3 月，吉林电视台《纪实》栏目调查者在吉林南部一座县城采访一起因为丈夫车祸瘫痪、妻子弃养且切断与夫家一切来往的新闻，接访的线人是张姓的公公，他的儿子车祸后成为植物人瘫痪在床后，再也没有见到儿媳妇，儿子入院三个月后面临无人护理的问题，线人于是把儿子接回家中，儿媳妇就此断绝了一切来往，正在上小学的孩子也不准探望父亲。顺利采访完公公一家后，在联系儿媳妇时遇到了一些状况。儿媳妇开始时同意调查者的采访，并约定在她的工作单位见面。儿媳妇在县城派出所上班，为了避免产生负面影响，调查者未安排摄像人员一起前往。在见到儿媳妇后，调查者希望在楼下僻静处了解情况，不想对方大发雷霆，在走廊里一通吵闹，并扬长而去。面对跟随下楼的调查者，儿媳妇见四下无人时又转变了态度，表示可以约到家里采访，但摄像人员不能一起前往。调查者根据约定来到儿媳妇家里，与儿媳妇及其母亲进行了约半个小时的恳谈，双方态度诚恳，均以解决问题为出发点，受访者表示理解调查者的工作性质，尽可能提供材料。意想不到的是，一周后，儿媳妇的母亲孟姓女士忽然找到电视台，提交了数千字的举报信。信中表示调查者粗暴地前往女儿单位大闹，"引起群众围观，影响了正常工作"，并表示调查者强行闯入家中采访，其"行为违背了新闻工作者职业道德，歪曲事实，在金钱的诱惑下受人指使，并要将其制作的节目在电视上播放"。

被调查者因为在公序良俗的道德面前存在遗弃家人问题，尽管在没有弄清调查者是否报道的前提下，试图将问题复杂化，使调查者污名化，以此达到扰乱调查性报道的顺利完成的目的。母女不惜在大庭广众下吵闹引起同情，而在私下对调查者又极尽婉转委屈，迅速地利用关系对调查者问责，这样一步步地设计安排，最终使得调查者不得不面对纪律部门的问责，调查性报道最后也不了了之。

三、半路里杀出的围堵者

调查性报道的调查者一般都是有胆识有魄力的记者，他们要有勇于揭露真相的勇气和决心，面对扑朔迷离的线索、咄咄逼人的受访者，调查者应该拿出无所畏惧的精神。近年来随着互联网等媒体的持续推广，媒体采访面临着不断去魅的现实。人人皆为自媒体，这意味着媒体的泛化和权威性弱化的同时，民间话语地位不断提升，这就给一些存在不法行为的受访者提供了心理上的暗示：你有渠道传播，我也有渠道对抗你的传播。这样一来，对于媒体新闻调查者围堵和对冲的案例就会不断出现。

2019 年 3 月，金羊网记者调查暗访香港一日游中的黑旅行社，在广州塔地铁口附近调查时，遭到受访者的围堵，四男两女作势将记者围成一个圈，并趁势翻抢记者背包并删除照片，语言极具攻击性：

扫一扫阅读有关
调查报道内容

> "你就是在拍我们照片，你必须把手机拿出给我们看！"
>
> "只要拍到我们的脸，照片就必须删！"
>
> "我就是要检查一下你的背包，看你手里还有没有传单。"

在持续的围堵攻击和确认无害后方让记者离开。

可以想到调查记者在受到多大的冲撞和惊吓后才顺利完成了调查采访，而受访者的嚣张和飞扬跋扈可见一斑。

笔者曾在 2004 年调查居民区开设非法煤井时遇到了一次关涉生死的险情。

　　笔者和一位实习记者以看闲人身份进入一座小煤井旁准备采访，出乎意料的是对方迅速识破了我们的身份，在大声呵斥的同时发出了警告。我们见对方已经挑明身份，立刻表示放弃采访。但就在我们进入线人小屋收拾设备准备离开时，五个彪形大汉冲到小屋门前，要强行闯进小屋。在经过一番周旋后幸亏电视台的车辆来得及时，我们才算逃过了这一劫。（详细冲突过程请阅读本书后取灯传播大讲堂第三讲）

　　调查性报道因为关涉受访者的个体或集体利益，所以被围堵的事情不可避免，但是作为调查者应该学会控制情绪、把握场面，尽量不要让矛盾激化以引起麻烦。对于调查者而言，这是涉及公众利益的工作部分，对于受调查者而言这涉及个体的经济利益或名誉，一旦触动就会做出大的动作或反应。

　　除了现实调查活动中的围堵，在新媒体环境中网络暴力行为对于调查者的影响有过之而无不及。国际新闻工作中心（ICFJ）总监朱莉·波塞蒂（Julie Posetti）博士同多位学者就针对女性记者的在线暴力攻击行为进行了调查研究，调查通过五种语言获得了全球 113 个国家和地区的 714 名女记者的答复。根据回复，女记者们遭受到广泛的在线暴力，包括性侵犯和身体的暴力威胁，以及辱骂性语言、骚扰私人信息、威胁损害其专业或个人声誉等。其中，受访者中有 73% 的女性受访者表示她们经历过网络暴力。① 针对网络暴力目前尚未全面纳入法律惩戒体系，有罪不罚会使肇事者更加大胆，受害者心存顾虑，这必然侵蚀到新闻业的基础，影响到媒体产业的未来发展。

　　与单纯对于女性记者的攻击相比，事实上，调查性报道记者遭受网络暴力攻击的案例也数不胜数。个人人身攻击、网络造谣等使得调查记者如履薄冰，个人信息面临无端披露。如 2021 年在网络上广受关注的"林生斌事件"，事件中一位网名叫作"一个有点理想的记者"的爆料记者爆料可信度极高，一些信息也得到了验证，后续也一直在跟进林生斌事件，引起了不少网友的

---

① 朱莉·波塞蒂等：《虚假信息和政治袭击助长暴力，正在严重伤害女记者》，https://www. jzwcom. com/jzw/bf/24049. html（访问时间：2021 年 10 月 18 日）。

关注。① 但舆论风向转向中，这位爆料者却遭遇了意料之外的被围攻，认为其"收了黑钱"，各种攻击与谩骂铺天盖地而来。当然对这位爆料者的攻击并非来源于调查事件的当事方，更多是看闲群体，在负面情绪作用下，他们所秉持的"非黑即白"的观点寻找意见支持者，孤立或攻击异见者，使得网络传播环境变得混乱不堪。

第二节　调查性报道伦理的"向善性"吁求

与调查性报道采访中可能遭遇到的采访陷阱不同，调查性报道伦理的"向善性"强调的是调查主体的伦理意识以及社会公众伦理的规约和影响。

"伦理"是指人类社会生活关系中应该遵循的道理和规则或人类社会生活的秩序、规则及合理、正当的行为。② 在调查性报道中所指涉的伦理，是调查性报道的采写实践活动中应当遵循的根本性道理、规范和原则。一方面需要调查性报道的采访者能够遵循职业规约和要求，在采访活动中本着公共利益原则，不存有私心偏误地完成各方的调查采访，形成调查者自我伦理意识的建构；另一方面需要社会环境赋予调查性报道者能够按照职业规约顺利完成采访活动，包括相关法律制定、社会道德意识的形成，以及相关民间机构、协会等的建立与运行等，共同保障公众伦理规约体系的建构。

向善性是新闻伦理中对于价值观的约定，赫伯特·甘斯说，"新闻本身不局限于对事实的判断，它也包含着价值观，或者说，是关于倾向性的声明"。新闻伦理中的向善性是新闻美学的基本源泉。事实上，新闻本质上还是主客观统一性的事物，其被赋予主观倾向性。当然，新闻生产人员基于真实基础

---

① 网易号：《爆料林生斌的记者被围攻，怒斥"收钱论"，四年前就因此被网暴》，https：//www. 163. com/dy/article/GEIUAV1D05178D8P. html？f＝post2020_ dy_ recommends（访问时间：2021年10月18日）。

② 张筱筠：《刍议调查性报道伦理"向善性"保障》，载《新闻界》，2009年第4期，第77页。

上对新闻价值中美与丑的属性加以判定，根据判定在整体上呈现出有倾向性的报道叙事，实现客观真实的善与主观向善的完整统一。① 调查性报道伦理中的"向善性"吁求，既包括了新闻调查者自我向善观的伦理叙事，也包括社会环境塑造的向善性公众活动空间。

一、调查者的自我伦理意识与向善观

新闻调查者的自我伦理意识，是区别于媒介组织形态的个体行为的职业操守，其养成过程是个体的职业化过程，或者经过媒介组织的培养教育过程，或者经过自组织成长完善过程。完善自我伦理责任体系是指调查性报道者个体在伦理认同机制层面上的自我完善。② 它强调调查性报道者内心的道德伦理自愿以及自律组织的特定举措以达到遵守道德行为规范或者职业伦理准则的行动目的。新闻调查者完善自我伦理建构的过程实质上就是新闻自律，主要包含了"调查性报道自律组织和条例的形成完善、调查性报道记者对自身品行意志的提高以及专业水平的强化等等"。③ 调查性报道不同于其他报道形态，调查者的自身品行意志作为调查活动的内在要求，影响着调查性报道的得失成败，而向善观的形成，是新闻向善性要求的自我意识形态化过程。

在调查报道采访实践活动中，往往存在着伦理意识与新闻真实性之间的导论。报道的求真无疑是第一性的，但在具体的行动中往往会出现较大的争议，这是迄今也未能达成共识的伦理问题。即当真实性与向善性发生矛盾时，如何做出恰当的行动选择以平衡二者之间的关系。

2005 年 5 月 9 日，新华社刊发了一组骑车人冒雨经过福建厦门市厦禾路与凤屿路交叉路口摔倒的照片，虽然只是雨中抓拍报道的小事件，还是引起了社会的广泛讨论，主要讨论的内容是记者传达新闻的责任与社会公德心之间的平衡问题，短短一天时间网络评论就高达 200 多条，形成了一股舆论风

---

① 谢娜：《蕴于向善性的新闻审美》，载《中国地市报人》，2013 年第 9 期，第 75 页。

② 张筱筠：《刍议调查性报道伦理"向善性"保障》，载《新闻界》，2009 年第 4 期，第 77 页。

③ 张筱筠：《刍议调查性报道伦理"向善性"保障》，载《新闻界》，2009 年第 4 期，第 77 页。

波。从本质上看，这一事件透露出的是真实性的保障与向善性社会公德之间的矛盾，从新闻专业主义的视角看，新闻报道的责任意识是确保整体社会秩序性的前提，这也是职业性和向善性的争端，职业性强调的是宏观上的社会责任性，向善性强调的是微观个体的为人处世原则。从这一点上看，记者的拍摄行为无可厚非：用新闻事实为城市基建提醒，为市民提醒，这是宏观上的公共意识，而非只考虑个体遇到危机时的提醒的微观向善性。类似的事件还包括举世闻名的 1994 年普利策新闻摄影奖《饥饿的小女孩》，记者凯文·卡特拍下兀鹰与即将饿死的非洲小女孩的同框画面，虽然拍摄完成后他试图救助了那个小女孩，但随后不断袭来的道德压力还是将他送上不归路。

事实上，大多数职业新闻工作者都有过类似的艰难选择，面对稍纵即逝的新闻场景和"向善性"的选择时，恐怕更多的职业新闻工作者还是会本能地选择记录下新闻场景，正如上面两位新闻人所采取的策略一样。笔者也曾在长春市红旗街调查下水井盖丢失的过程中，遇到过拍摄无盖下水井时巧遇车辆卡陷下水井口的场景，在"向善性"提醒和记录新闻场景之间，笔者选择了先记录，后设置警示标牌和拨打城建救援电话的办法，目睹了两辆出租车卡住受损的经过，对此始终耿耿于怀。

从新闻调查者的职业视角看，他首先是一位职业新闻工作者，在保障职业责任的真实性后，再去考虑个体的"向善性"，二者倒置后新闻真实性已经被干预和破坏，即便如此也不会产生更大的积极意义。但这种争论还将继续进行下去，在未来可能发生的一个个节点上爆发并持续带来有关新闻伦理的社会讨论。当然，这种讨论带来的直接好处是，更多的调查性报道者会充分考虑新闻伦理下的"向善性"养成意义对于个体形象建构的影响问题等，以此来指导调查活动中的行动选项。

二、社会背景下的公众伦理规约体系

社会背景下公众对调查性报道的伦理规约体系建构，是指社会背景下公众依据调查性报道应遵循的社会伦理价值，对其在采写与传播过程中存在的伦理问题，做出符合社会道德的一般性评价与判断，并借由新兴媒介渠道通过社会舆论或行动对于不遵守伦理道德的调查者施加一定的压力，由此形成一种外在的强制性监督机制，即所谓新闻道德他律。① 调查性报道作为舆论监督的一种媒介形态，它被赋予了监督社会的权力。与此同时，"舆论监督本身也需要监督，如果没有适当的制约，无论什么权力，即使具有无可置疑的正当性，也会变得压迫人和剥夺人"。② 由此可见，建立社会公众伦理规约体系是十分必要的。

我国对新闻调查者的公众伦理规约，一般表现在媒体的自觉行动上，在媒体内设立纪检部门，媒体适时公布监督举报电话，畅通监督渠道，除此之外，传统媒体也吸纳上访渠道中公众对于新媒体调查者的举报反馈。在调查性报道最具影响的时代，社会背景下的公众伦理规约显然未能有效地建立起来，强势舆论监督权使得公众伦理约束趋于弱势，其反馈往往限于碎片的应激式的，除非与社会伦理价值反差太大，否则很难形成对社会舆论的积极响应。

网络新媒体带来了完全不同的媒介传播环境，使得社会语境在线化，互联网赋能带动的公众话语叙事的崛起，因应调查性报道者的监督机制自然生成，调查性报道者由此承受不同以往的社会公众监督的压力。网络自媒体的崛起一方面使得新闻调查者面临着时效和在场的压力，竞争者很可能是距离现场最近的自媒体个体，他们具备调查和完成调查性报道在线传播的条件；另一方面新闻调查者还不得不面临新闻有机运动带来的新闻真相本身的不确定性，受到外在环境影响和遮蔽的事实只能等时间来给出正确答案。

2008 年引起社会广泛关注的"周老虎事件"是一起互联网不断传播与放大，无数"打虎派"网民穷追猛打带来的舆论事件。"周老虎事件"可以说缘于媒体的调查性报道，也落幕于调查性报道，但中间起到重要推动作用的却是网络民主带来的公众监督。历时八个月的新闻调查过程中，法律也介入

---

① 张筱筠：《刍议调查性报道伦理"向善性"保障》，载《新闻界》，2009 年第 4 期，第 77 页。

② 陈力丹：《山西矿难记者失职反思：舆论监督本身也需监督》，载《南方都市报》，2003 年 9 月 28 日，第 8 版。

其中参与调查，即便到了今日，有关"周老虎"是否为造假事件仍在不断泛起涟漪。2008年6月29日，陕西省政府新闻办正式宣布，周正龙此前拍摄的"华南虎照片"只是借用图片拍摄的假虎照。为此，周正龙以涉嫌诈骗犯罪被当地法院判处有期徒刑两年零六个月。这一网络舆情事件中，还有一位受到波及的媒体人关克，时任陕西省林业厅信息宣传中心主任的关克在"虎照"事件后便被撤职，曾四次获得国家级新闻奖项的关克出于新闻工作者的职业意识参与了前期的"虎照"传播和新闻调查。多年以后，他仍然认定自己不是"挺虎派"也不是"打虎派"，而是"求真派"："我只是在始终无法找到虎照造假证据之后，只能认为虎照的的确确没有造假。"①

就"周老虎事件"本身而言，其最大影响是网络民意的消长与沸腾，最终影响到事件本身的发展，而调查性报道的记者也因事件本身的发酵而受到影响，成为被问责的主体之一。也许关克可以算是第一位因为报道而被问责撤职的新闻调查者，但肯定不会是最后一个，随着互联网媒体影响力的不断扩大，未来越来越多的调查性报道要经受网络公众伦理规约的考核和监督，这是网络民主的启蒙，同时也使调查性报道未来面临更大的发展困境。

特别是对于一些影响重大的新闻事件，不经过深入调查的新闻报道往往会产生错误的社会舆论引导，由此形成人身攻击等可怕事件，给当事人带来无法治愈的伤痛。2018年10月28日发生在重庆市万州区的22路公交车坠江案，有个别媒体在未获取第一现场资料的情况下随意转引网友的猜测性报道，指责女司机驾驶员，形成了汹涌的网络舆情，真相揭开后，早期报道的媒体因为未经深度调查直接转引网络报道而卷入新的舆论漩涡，成为公众伦理谴责的对象。

---

① 刘钊：《周老虎案10年，被撤职记者关克："虎照"真假是永远的心病》，https://baijiahao.baidu.com/s？id=15771259871898879959（访问时间：2021年10月20日）。

第三节　调查性报道采访伦理与风险问题规避

有人将传统的新闻报道称作"喜鹊"，相对应的调查性记者就是一群"乌鸦"。作为社会环境的"守望者"，"乌鸦"的叫声虽然不美，但能够让人感受到愤怒，也能让人清醒，"让无力者有力，让悲伤者前行"，这是中国新闻奖获奖作品电视评论《假酒真相》的主创者中央电视台记者潘明在研讨会上的一句话，这句话的背后，是调查性报道深感社会责任的不懈守望与努力发声。① 正是因为调查性报道"社会守望"的特殊职能，使其往往容易被推到风口浪尖，成为被调查者的眼中钉和肉中刺。

事实上，调查性报道因其独特的影响力和监测手段，即便遇到各种困难和伦理问题，也不会从媒介环境中消失。但是，对于调查性报道者而言，如何更好地规避风险，特别是采访过程中的伦理问题，从而更好地发声，更好地履行媒体的舆论监督职责，这是首先应该考虑的。

调查性报道首先要考虑的是政治责任和政治义务的规约问题。我国早在1991年1月由中华全国新闻工作者协会第四届理事会第一次全体会议通过《中国新闻工作者职业道德准则》（以下简称《准则》），2019年12月进行了第四次修订。在《准则》中有关道德要求中更多的是以政治话语的形态出现，规定了新闻工作者的政治责任与政治义务。新闻工作者在调查性报道中首先要确保坚持党性原则，不偏离政治方向，这是调查性报道采访伦理问题的原点。

调查性报道还要充分考虑到"新闻真实性原则"问题。真实是新闻的生命，也是调查性报道应遵循的根本性原则。尽管调查性报道者亦应遵循"向善性"要求，但真实是调查性报道的第一性，以事实说话，这是党和国家、社会赋予调查性报道者的权力和义务，也是判断调查性报道者职业道德的逻

---

① 赵新乐：《调查性报道：常在水边走还能不湿鞋》，http://roll. sohu. com/20111228/n330550673. shtml（访问时间：2021年10月22日）。

辑起点。

调查性报道更要摒弃"有偿新闻"的不良现象。首先从职业的角度看，"有偿新闻"实质上是调查者利用职务之便谋取不当利益，在这样的思想引导下必然会导致罔顾事实的过大宣传或侵害其他个体利益的事件，这是《准则》和法律所不能允许的。

除了调查性报道中的伦理问题，调查者还应正面面对报道中存在的风险问题。有人把调查性报道称为新闻司法中的"雷区"，其中关涉到的"失实"或者"侵权"起诉屡见不鲜，常见的包括新闻侵权，如肖像权、名誉权、人格权、信用权和隐私权等，这些超越了伦理问题的法律风险，是调查性报道者必须面对的"危险区域"。① 本节内容主要从新闻侵权行为的规避和调查性报道风险规避的原则与步骤两个层面展开。

一、新闻侵权行为的伦理与风险问题

关于新闻侵权行为，学术界有着不同的概念和定义。一方面，在新闻理论界，一般把新闻侵权的概念分成两个主要类别：第一种是新闻手段说，强调以新闻为手段形成的侵权事实。如孙旭培认为："所谓新闻侵权，一般是指通过新闻手段，对公民、法人和其他组织的名誉权、荣誉权、姓名权、名称权及其他合法权益造成不法侵害。"② 魏永征认为："新闻侵权行为，是以新闻手段侵害他人合法权益的行为。"③ 王军认为："新闻侵权行为是指新闻侵权行为人（新闻机构或新闻工作者）通过大众传播媒体（广播、电视、报纸、杂志、电影）以故意捏造事实或过失报道等形式向公众发布了内容不真实的、带有侮辱性言辞的信息，从而侵害了他人的财产权和人格权的行为。"④ 第二种是新闻主体行为说，强调新闻主体的侵害性行为。如顾理平认为："新闻侵权行为是指新闻媒体和新闻工作者利用新闻传播工具对公民、法人或其他组

---

① 周海燕：《调查性报道采访与写作》，北京：新华出版社 2003 年版，第 161 页。
② 孙旭培：《新闻侵权与诉讼》，北京：人民日报出版社 1994 年版，第 1 页。
③ 魏永征：《被告席上的记者》，上海：上海人民出版社 1994 年版，第 1 页。
④ 王军：《新闻工作者与法律》，北京：中国广播电视出版社 2001 年版，第 229 页。

织造成不法侵害的行为。"① 李矗认为："所谓新闻侵权，是指新闻媒介和新闻从业人员在新闻报道活动中对他人（公民和法人）的合法权益造成了某种程度的侵害行为。"②

调查性报道采访中的侵权，主要是新闻主体在调查采访中的侵权行为。主要包括以下两种情形：一种是法律框架内的侵权行为，一种是受调查个体或单位认为的侵权行为。前一种侵权行为主要源于调查性报道记者的自身原因，在深入调查事件真相的过程中，不自觉地做出一些侵权的反伦理的行为。这些侵权行为在干扰到受访者正常生活的同时，也侵犯到对方的人格尊严，违背了伦理人道准则。③ 主要包括隐私权和名誉权的侵犯，其中侵害隐私权行为存在着主观故意和过失两种情况，出于职业素养的需要，绝大多数的侵犯是无意识的，但这并不意味着这种非恶的侵犯可以忽略，其造成的实质影响是相同的，即效果是恶的。

2005 年，东北一家省级电视台都市频道记者采访一起交通事故，赶到现场时，120 救护车已经赶到，伤者正被医护人员简单处理后从担架抬到救护车上，电视台记者无疑晚了一步，对于社会新闻的记者来说这是一个很大的缺憾，但又无法改变。但让人意想不到的是，电视台摄像记者突然扛起摄像机拦住救护人员，希望救护人员把伤者放回原地拍摄一个完整救治的镜头。这样的要求立刻引起伤者家人的强烈反对，摄像记者现场被打倒在地。事后电视台栏目也通过其他渠道向伤者家属表达了歉意。面对生死攸关的救护现场，记者采访意图影响救护的做法是愚蠢的，是违反社会伦理的行为，应该遭到摒弃。

调查性报道记者不应该干扰新闻事件的发生发展，为获取有广泛影响的采访内容不惜干扰新闻事件的行为具有主观的恶意，这本身就超出了新闻报道最初的底线。

---

① 顾理平：《新闻法学》，北京：中国广播电视出版社 2005 年版，第 282 页。
② 李矗：《法制新闻报道概说》，北京：中国广播电视出版社 2002 年版，第 322 页。
③ 杨秀国、张筱筠：《调查性报道：伦理层面的矛盾体》，载《河北大学学报（哲学社会科学版）》，2007 年第 6 期，第 55 页。

　　笔者曾与北方一家颇有影响的报社记者合作，调查网上卖淫行为。首次采访与笔者配合的是报社的实习生。我们通过 QQ 号码联系到一位名为"放荡女郎"的女性，我们在出租屋内进行了一次相对完整的沟通，主要包括她对网络卖淫行为的评价、如何逃避法律制裁以及安全意识和自身保障等，暗访比较成功。但是次日报社记者找到笔者，提出昨夜采访存在瑕疵，希望二次暗访，随后在报社记者偷拍的视频画面中笔者看到，竟然出现"放荡女郎"赤身裸体的画面，报社记者得意地表示，我们略施小计哄骗她脱衣服上床。2005 年 1 月 19 日，报纸以整版刊发了有关"放荡女郎"的调查性报道，版面中采用了该女子有遮挡的赤身裸体画面。报道刊发三天后，"放荡女郎"被人杀死在出租屋内。后来查实"放荡女郎"的被杀与报纸报道没有直接联系，但从调查性报道采访本身的设计与实施来说，超出限度诱导采访的报道或许存在着某种"蝴蝶效应"。为达成采访目的诱导女子的行为本身就非常值得商榷，杀死"放荡女郎"的那个熟客"亡命太子"是否因为看到报纸消息再次邀约、胁迫从而造成了杀人案件的因果关系也未可知，报社记者的设计拍摄是否存在侵权行为也需要基于法律视角的分析判断。

　　除了既影响真实性原则同时也带有恶意的侵犯性行为，根据动机效果辩证统一的伦理善恶判断原则，调查性报道采访中的一些侵权行为应该在具体的语境中具体分析，主要可以判断为善与非善两种价值考量。① 这超出了对于伦理抑或反伦理行为的直接判定，比如隐性采访。

　　隐性采访始终存在着广泛的社会争议，其本身存在着诸多道德困惑与伦理矛盾，通过隐性采访本身来讨论其究竟是善行还是恶行恐怕也不容易，只能通过具体的案例来具体分析。隐性采访有关伦理问题的讨论主要涉及欺骗、诱导和过度介入。如上文所说的设计"放荡女郎"采访事件，就存在着诱导等问题。关于隐性采访中隐匿身份的调查，实质上带有显著的欺骗性，按照康德"绝对命令"的原则推断，欺骗、偷盗、不诚实行为无论在什么时候都

---

① 杨秀国、张筱筠：《调查性报道：伦理层面的矛盾体》，载《河北大学学报（哲学社会科学版）》，2007 年第 6 期，第 55 页。

是错的，都是一种非道德行为。① 这种论断直接以行为的因果推断调查者的"向善性"价值判断，显得十分武断和刚性。事实上，调查性报道中的隐性采访从媒体功用和动机出发，有其特定的价值意义，同时产生的作用效果也不尽相同，其最终的价值判断，只能归因于一种复杂的伦理复合体，无法做出非黑即白的直接判断。

二、调查性报道风险规避的原则与步骤

调查性报道记者在挖掘幕后新闻的同时，还要竭力避免可能发生的纠纷讼战，这就要求调查性报道记者在采访时要格外慎重小心，以免走进误区、陷入纠纷。

（一）调查性报道风险规避的原则

笔者在省级卫视栏目从事调查性报道五年，采访报道的调查类暗访专题评论节目近 160 个，从未被起诉追责，主要是在具体的采访中遵循以下几个原则：

第一，调查性报道要有完备的采访申请审批手续，凡是关涉利益关系的调查性报道一定做好采访前的报备工作，获得媒体部门的批准，这样以备出现问题时有据可查。正常情况下，媒体的版面或栏目都会制定新闻采访选题报备审核制度，涉及人员的安排和后勤保障，以及报道刊发（播出）事宜。对于调查性报道而言，提前报备也能让媒体组织者了解调查者的采访进度，并在遇到相应困难时及时提供帮助。

第二，调查性报道一定要出于维护公共利益的目的。笔者所在栏目的定位是热点、难点、疑点，追踪、报道、评说，这是社会大众最为关注的选题，也是出于维护公共利益的采访，这样的调查性报道具有高度的关注度和新闻价值。然而，一些报料线人出于个体利益以期利用调查者实现自己的利益最大化，这样的行为即便意图隐藏得再好，在"立场三角"的多元调查行动前

---

① 杨秀国、张筱筠：《调查性报道：伦理层面的矛盾体》，载《河北大学学报（哲学社会科学版）》，2007 年第 6 期，第 55 页。

也很容易暴露出来。

第三，采访对象必须是公众利益的相关者，前文已经对采访对象做出过确认，以利益为半径确定利益相关者的先后次序，确定采访对象关系的轻重缓急。公众利益的相关者包括正反两个向度，正向度的是公众利益的直接或间接维护者和监督者，反向度的则是公众利益的直接或间接破坏者。相关者中直接关系者处在优先采访的位置。

第四，调查性报道要对事不对人，以事件调查为着眼点和立足点。笔者曾在回访矿区小煤井治理时受到当地煤炭安全局领导的旁敲侧击，暗示他因为被报道后受到处分，可能对那位报道者打击报复。笔者当场的回复是："调查采访我们都是对事不对人，你说的记者我认识，就是我来调查也只能走这样的程序。"这样的回复让对方无话可说，当场默认了笔者的观点。

第五，调查性报道采集到的相关资料尽量保留，以作为报道播出后受调查者启用法律程序时的应对。有时候报道过去半年甚至一年，仍然可能有被调查者举报或者起诉的事情发生。近些年调查性报道资料收集的方式越来越丰富，除了早期的录音、录像外，新媒体留言通话等均可以作为调查性报道事件延伸的内容加以保留。

除此以外，调查性报道的采访中还应该注意场所的选定，确定公开场合的采访，尽量确保多人在场；同时还要保护调查性报道中受访者的隐私，不能泄露与采访无关的个人隐私，这是对受访者的负责，也是对调查性报道的公开公正负责。

（二）调查性报道风险规避的具体步骤

在具体的调查性报道采访环节中，应遵循以下步骤完成调查性报道的采访。

一是通过合法的方式调查采访新闻。应该说调查性报道得益于近年来用于采集新闻的电子设备的广泛采用，如针孔摄影机、微型录音机、电话答录机、纽扣摄像机、微型摄像头等。在互联网新兴媒体兴起的背景下，用于广泛收集新闻的偷拍等方式大行其道，也由此引发了一些纠纷与诉讼。美国加利福尼亚州联邦法院1972年曾认定，一位使用草药、黏土与矿物治病的人，可以因私人秘密受到联邦法院提起的诉讼。这意味着，在美国运用偷拍、偷录等行为的记者，要做好被告上法庭的准备。①

在当下的中国，调查性报道记者如何在有关侵权诉讼中保全自己，也值得深入探讨。

2016 年 7 月 18 日，《新京报》赢得了一场金额高达 2600 万元的侵权诉讼案。2015 年 12 月，《新京报》连续刊发了有关中曼石油天然气集团股份有限公司的调查报道后，被"中曼石油"起诉至上海浦东新区人民法院。《新京报》之所以能够赢得诉讼，跟采访环节中取证环节的规范合法有很大的关系。调查性报道记者在对"中曼石油"的报道中，每次采访都进行了录音且精心保存下来，成为从容应对诉讼的重要证据。此外，《新京报》还提供了专业水准的完整证据链接，其引用的材料大部分为已经发布的法律文书及工商公示信息，具有权威性和准确性。最终法院认为，"媒体已经尽到了向报道不利方核实的义务"，这使得"中曼石油"最终无话可说。②

二是通过"立场三角"多维度交叉求证。调查性报道最禁忌的是采用单一信源（证据）的调查采访，一家之言很难成立，若根据新闻线索全盘考虑，将所有内容进行交叉求证，得出的结论才能彼此衔接，环环相扣。说起来比较容易，但实际运作起来存在着诸多困难。调查性报道采访的复杂性不在于采访对象的多少，而在于采访对象之间关系的复杂性。在纷繁的采访关系中，存在的利益矛盾体往往会对调查性报道产生抵触，希望事件低调处理或遮掩的消极受访者，会人为制造调查采访的麻烦，由此带来调查性报道采访的人为干扰。

美国传播学家麦库姆斯（McCombs）提出的"信源选择论"认为，采用直接信源报道的清晰度更高，采用间接信源或模糊信源的报道有失偏颇，容易引起争议。2008 年发生在我国西藏拉萨的"3·14"打砸抢烧严重暴力犯罪事件，西方媒体在信源选择上，更倾向于境内外"藏独"分裂势力以及对

---

① 周海燕：《调查性报道采访与写作》，北京：新华出版社 2003 年版，第 203 页。
② 李晨：《如何用采访证据系紧调查记者身上的"保险绳"——从〈新京报〉胜诉的两场名誉侵权官司谈起》，载《中国记者》，2017 年第 1 期，第 80 页。

"西藏问题"持批评态度的西方政客，充分体现出报道者混淆视听、以偏概全、主导受众的险恶心理。①

当然，西方媒体一贯对我国报道中使用的单一信源的调查采访有其政治图谋和险恶用心，这是调查性报道所应该摒弃的采访行为。以"立场三角"原则推动多信源交叉采访和交叉互证才是调查性报道的根本职业伦理要求。

三是证据搜集、核实与保存。俗话说"口说无凭"，调查性报道的生命是事实，靠证据说话。在一篇调查性报道中能够采用的证据是有限的，但调查者为此准备的证据应该远远多于媒体上的呈现部分。如果把调查性报道内容文本比作海水中的冰山，那么刊发报道的部分只是大家肉眼可见的水面上的部分，而潜藏于海面下的部分要远远超出水面部分，由此形成从报道文本到证据的全部证据链条。具体来说，证据主要包括以下几种：

首先是物证，这是法律诉讼最认可的权威性证据，包括书证在内的一切实物证据；其次是声像证据，包括合法获取的所有视频、声音等内容，包括电话记录等，可以串起各证据之间的连接；再次是相关法规政策等证据，调查性报道一般严格依据相关政策法规的指导，但媒体呈现往往经过二次选择加工；最后是中立方的采访文本或相关鉴定意见，一般调查性报道的证据均包括第三方的意见认定或鉴定。这些均构成了调查者保全自我的有效证据。

应该说，调查性报道从采访到内容刊发（播出）均需要承担新闻侵权的诉讼风险，但作为社会重要的守望者，这种风险一旦化作对社会的责任意识，那么再困难的采访也能够努力完成，再复杂的调查性报道环境也会有正义者的坚守。

阅读思考

1. 列举一般调查性报道采访中存在着哪些陷阱？调查者应该如何认识这些潜在的陷阱并能做好规避？

2. 调查性报道中的伦理与一般新闻报道中的伦理有哪些区别？如何理解

---

① 张成良：《偏见比无知距离真相更远——西方媒体对拉萨"3·14"事件报道解析》，载《新闻记者》，2008 年第 5 期，第 7 页。

调查性报道伦理中的"向善性"？

　　3. 谈谈你认为的新闻侵权现象有哪些，列举事例说明。

　　4. 对于调查性报道中的风险问题，调查者如何进行回避？

附录 1　取灯大讲堂第一讲
卧底记者的生死时速

主讲人：张成良

参讲老师：姜娜

参讲学生：张涛

记录整理：张涛　司忠丽

讲座时间：2019 年 5 月 28 日

电视台做舆论监督节目时大多是线人给记者提供线索的。电视台接线员把线索记录在本子上，我们栏目有一个专门的记录本，记者每天都会翻看一下寻找重要的选题。接线员首先通过转述方式了解事情概况，然后记录下对方的姓名和联系方式。一般来说，记者和编导通过这样的方式找到事件的线人以便进一步了解选题是否能够或者值得继续调查采访。线人也正是通过这种方式给电视台记者提供诸如"磨盘沟伐毁林木"的线索。

磨盘沟是一个林场，位于吉林省四平市梨树县十岭镇。东北的山里林木丰茂，林子里有各种各样的菌类、榛子和野核桃。当时林场有位职工不知道因何被辞退，辞退之后可能对林场有不满情绪，于是向电视台反映磨盘沟林业管理很混乱，出现了盗伐林木的事情。我们接到热线反映时，线人特别强调了砍伐林木的人不是一般人，是有背景的人，但具体什么背景，他也没有交代清楚。去了林场之后我们看到除他之外，还有一个 60 岁左右的山里人。

第一次去的时候，山区四面环山，溪流环绕，我们好不容易把车子隐藏起来跟线人见了面，也顺利拿着摄像机进行了前期的采访。前期采访很快拍完了。当时暗访有忌讳，一是不能透露举报者姓名，这也是出于对线人的保护；二是处理图片时要打马赛克。其实马赛克只是对那些不熟悉的人起作用，假设在我脸上打了马赛克，如果熟悉我的人，不管在哪播放的视频都能看出来；三是声音也会做一些调整，声音可能会慢放，声音的效果也会做出调整。

在整个调查采访过程中，我印象最深刻的是那个 60 来岁的山里人。这个老人家的直接诉求很有趣。采访时经常遇到很多受访对象的诉求特别直接，首先强调个人的利益。媒体则需要从全局上看事态，受访者可能会隐藏一些细节，因为他不觉得那些细节对他有价值和意义。之所以说这个老人家的直接诉求简单明了，是因为他上来就说，我们村委会会计名字叫某某，他现在还养着四五十头梅花鹿。

梅花鹿在山区里养的时候需要有大量口粮，有三种方式的养殖：

第一种是散养，这是最好的，但梅花鹿的散养要求苛刻，难度很大。第二种方式是在家里养，但是要去砍伐林木幼枝，鹿特别喜欢吃树的嫩叶子。一般来说，带着露水的嫩叶子对梅花鹿而言最有营养。很多养梅花鹿的人家都是靠近山区的，随时可以采集树的嫩叶子。第三种方式是在家里养梅花鹿，没有山区资源优势，养鹿只能靠喂玉米。

喂嫩叶的梅花鹿毛皮发光，皮毛特别好。喂玉米的成本很高，鹿养得还不好，用东北话来说"尮毛尮刺"，鹿毛都是卷着的。会计家养的鹿就是第二种方式的养殖：在山地上采集树叶喂养，但实际就是砍伐幼树。一般是砍三年以内的树，树枝还不到手腕粗，只比手指头粗一些。会计家养了四五十头鹿，每天嫩枝的消耗量很大，一天要砍两车嫩芽或幼苗。

当年吉林省出台了封山育林政策，要求停止任何砍伐行为。封山育林，要树木慢慢成长，之后又有了退耕还林的政策。当时林地和植被破坏非常严重，恢复植被发展是国家政策一步步落实到下面县市的具体举措。为什么会计家还可以雇佣工人每天砍两车嫩枝呢，说白了还是村委会会计有背景，他和当地林业部门比较熟悉。他想到一个掩人耳目的办法，通过林业局关系在村子后面承包了一片山地，这片山地只是一个山坡，再借口说从山坡上自家承包林地里砍树。林业局也是睁一只眼闭一只眼。会计就打着幌子从山坡延伸了很远去砍树，最远的地方离村子有四五公里。

我们第一天和线人做了对接，对接成功后采访了那位60多岁的山里人，老人家上来一股脑地介绍了会计家砍毁林地的事。"见天去砍，一天两车"。这句话老人重复说了至少五六遍。我们司机听得有些不耐烦，在一旁嘲弄似的学他的口吻说话。开始是在车里进行采访，因为这种采访是私密的，生怕别人看到。车内的拍摄取景存在困难，于是我们到了河边。周围都是树木还有庄稼，在那里完成了两个多小时的采访。

我们的采访模式先是线人给我们提供线索，我们进行采访，前期采访完了之后，事情大致也了解清楚了。后面的采访就要抓现场，抓现场是采访中最重要也是最容易出彩的地方，特别是电视媒体，它不像报纸看一看、说一说就行了。电视媒体要求把现场抓住，老头说一天砍两车的语气很重，那我们怎么抓住这个现场？砍树时间不确定，我们也不能在村子里闲逛，时间长了容易被发现。唯一的办法就是赶早上砍树的时候跟上去偷拍现场，早晨可以尽量避开人群，以免被人发现。

第一天，我们在四平市区里住下，这里距离磨盘沟40多公里，车程一个小时。次日我们起了个大早，早上六点半出发，但城里人和农村人对于时间的概念还是有所区别。我们六点起来已经不容易了，结果到达磨盘沟一看老头已经赶车回来了，这意味着当天的采访都无法进行下去。我们只能打电话给线人，这才得知砍树的老头大概在清晨六点以前出发。在农村地区采访最大的困难就是记者不能轻易抛头露面，农村是熟人社会，一旦他们发现陌生人或陌生车辆，很快就会把这个信息传递出去，所以我们还是要慎重。

当天回到宾馆，我们倒头睡到晚上，晚上和四平电视台的人一起吃了饭，看看有没有别的选题，但是并没有提及这个采访。四平电视台记者给我们推荐了另外一个选题，但经过沟通后发现这个选题不好调查，存在信源的不完整性问题。

第二天我们直接住在附近宾馆，并且定了第三天五点半的闹钟，一大早我们没吃饭就开车去了。结果一看老头又没在家，我从不同的角度观察了一下，一直没有发现车，也没有发现老头。我们在砍树人家门前等了20多分钟，等到七点钟听到人家赶着车回来。我一看，这老头身上还挂着露水，马车上面还有散落的没有卸掉的树叶子，不用说这是已经完成一天的工作了。这意味着整整一天时间又浪费掉了。

其实线人所说的六点多钟出门也是凭自己的印象猜测的，砍树人有自己的作息习惯，早上睡醒了之后，自己叼根烟，有时候五点多钟就起来赶着车出门，反正是早砍完早点回来。

记者调查时最痛苦的莫过于万事俱备，只差调查过程，所以只能继续蹲守。第三天的时候，我已经心急如焚，把闹铃调到了四点半，心想我就不相信我四点半动身还赶不上你。四点半闹铃的确响了，然而司机和摄像十分不愿意起床，凌晨四点多钟正是睡得最香的时候。我只能把手机闹铃调到最大的音量放到他们耳边，终于把他们唤醒了。又是崎岖不平的路程，山路也不太好走，当时也没有导航，幸亏司机师傅能记得走过一遍的路。

第四天我们凌晨四点四十分出发，五点半钟就到了砍树人家门口。为了不打草惊蛇，我们的车先是大摇大摆地开过他家门口，我再从车上下来拿着偷拍机钻进他家门前的玉米地里。六月份清晨的露水很重，我在玉米地里迂回地走过去，身上被露水浸透了。这块玉米地距离砍树人家大门有十几米远，我拿偷拍设备对了一下焦点，确认能看清楚院子里的基本情况：马还拴在槽子里，车在外面泊着，看来砍树人还没出发。我潜行在玉米地里默默地等待着，大概有一袋烟的工夫，我听到门铃响了。砍树人进院子后开始套车，把马套上去之后点着烟拉着马缰绳走。到大门口拔栓开门，门打开之后正好够一辆马车的宽度通行。一出门他的车正对着我，我迅速拍下这个画面。看着他在我面前转向村子中央，缓缓地离去。

我不确定他究竟往哪里走。山高林密，树木葱茏。我们的车无法跟行，我也不能跟得太近，否则还没有拍摄就已经被对方察觉到了。这是我人生唯一的一次，依靠两条腿与四条腿的马赛跑，而且不能与砍树人有任何照面。砍树人嘴里叼着烟卷，甩着鞭子扬长而去，我便一路紧紧跟随。

山路是S型的，砍树人消失在我视野里的时候就意味着，我看不到他，他也看不到我，每当这个时候我就开始狂奔，希望不被他落下更远。我当时要做的就是必须跟紧这辆车，否则前功尽弃。在第一个转弯的时候，他距离我只有五六十米远，转过路去，我飞奔过去，跑到第一个转弯我不能很莽撞地直接冲到路面上，还要探出头观察一下他是否在下一个弯道里。第二段路得有四五百米远，我耐心地蹲在路边等着他。马蹄声渐行渐远，这时我就看到他转向下一个弯道，留给我四五百米远的漫长距离，又是一个百米跑的速度狂奔。等跑完这段四五百米的山路时，我累得心都要跳出来了，嗓子里有股很重的血腥味。第三条弯路更长，少说有七八百米这么远，我的妈呀！好不容易把气喘匀了，车已经扬长而去转入下一个弯道，我又开始加速狂奔。我现在还记得一个细节，在跑到第二段路时摔倒了，右腿摔破皮也顾不上去瞧，赶快拿起摄像机检查有没有摔坏，检查没有问题之后再接着跑。

山区的路特别窄，不足三米宽，恰好够一辆车的宽度。路的两边被车子压的车辙很深，路的中间突起，两边都是车辙。我只能在中间跑，这样特别容易绊脚摔跟头。

那天的山路，是我这辈子走的最久的路。好在当天没有下雨，下雨的话就更麻烦了。我追着砍树人跑了四五段弯路，短的几百米，长的可能将近千米。也不知道追到了什么时候，最后追得脑袋缺氧一阵迷糊。在最后一段平缓路段，我突然意识到前面的车不见了。我这么费劲跟了四天，好不容易跟上了，最后转过去一看什么都没有了。当时心里十分沮丧，但是只能一边往前跑一边观察周围的环境，跑着跑着就来到坡下边的一个山洼里。发现老头已经把车停到了山洼里面，他把马拴在树上，马在地上吃草，老远就能听到马打着很响的响鼻。

砍树人拾掇好车辆后，爬上前方的山坡，我在距离他二百米左右的位置把DV机掏出来，透过录像器一看，第一个问题就来了：六月下旬的季节，树枝特别茂密，根本拍不到人。我的眼睛能隐约蹱摸到砍树人，但DV机根本拍不着，即使把镜头全推上去也不清晰。第二个问题是拿DV拍摄时，如果没有架子，直接手持整个焦点推长焦上去，镜头肯定是抖的，而且推得越远抖得越厉害，拍摄的画面是无法被采用的。幸好我当时拿了一个皮包，要单靠手直接对焦的话，画面一定是抖动的。

为了追求更清晰的画面，我开始慢慢靠近到老头马车前，其实我看不清楚他，他看不清楚我。我就一点点往前挪动，从他的后面绕到坡后面隐蔽的地方藏好。

砍树人已经上树，他的高度距离地面应该是三米左右。他在高处登高望远，所以我不敢轻易露头，但藏在灌木丛里又不能清晰拍摄画面。于是我就一直在灌木丛里，一点一点慢慢靠近他。人都是有贪心的，其实我当时拍摄也是想尽量拍摄到完整清晰的画面。

我最后慢慢靠近到距离砍树人不足两米的地方，想要拍几张手持的广角画面，这样会更加稳定。东北的山上灌木比较茂密，我蹲在将近一人高的榛丛里面足以完全隐藏，而透过树的缝隙则刚好能拍到树上正在行动的砍树人，为了安全起见，我把偷拍包塞到后面更隐蔽的草丛里。

意想不到的事突然发生了：砍树人不知道为什么突然从树上下来，径直奔着我藏身的榛丛走来。当时我并不知道他这是要干吗，但后来我知道他准备爬到更高的树上面去砍，下面都是灌木，捡树枝的时候就特别不方便，所以他要把这棵树下的所有灌木砍掉，扫出一块空地来。好巧不巧，老头要砍的灌木丛正是我藏身之地，老头拿着镰刀在灌木丛里横扫。

此时此刻，我的心提到嗓子眼上，他距离我真的太近了，他身上的烟味我都能闻得到。我的心怦怦急跳，而他还不知道前方树丛里正藏着一个偷偷拍摄他的人。

他继续挥舞着镰刀往前扫，当时他距离我已经不到一米！他要是认真看一眼，肯定能看到我。我当时真是感觉到手脚冰凉，甚至整个人都是凉的。让我自己骄傲的是我在突发事件面前都处理得特别好，在脑海里一片混乱的一瞬间，我灵光一现，立刻在地上薅起一把野草放到嘴里面咬，嘴里出来的都是绿色的沫子。我又抓了一把草，呻吟了一声，然后捂着肚子就站了起来。他正站在我前面一米的地方，拿着刀弯着腰，突然看到前面冒出一个人，立刻吓得身形一颤。

他把刀横在胸前紧张地问：

"你要干吗？"

我一瞬间就回了句："你要干什么？"

然后他问："你怎么在这儿？"

我这时候思路已经清晰，就开始编故事。

我说："我跟我朋友一起采蘑菇，来得早我们也没带吃的。我的朋友骑着摩托去买吃的，把我扔在这儿了。我觉得挺饿的，就看路边有种草，我就吃了点。"

他忙问是什么草。

我说："我也不知道是什么草，你看我嘴里这块儿，就是这个。"

这个砍树人虽然在大山里长大，但对于有些植物，他也是一知半解，特别是吃了我的一吓之后。

我说："吃完之后肚子特别疼，现在还疼，蹲了一会儿厕所也没用。"

砍树人立刻说："那你可能是吃草中毒了，你要在这儿待的时间长的话可能就得死在这了。你赶快走。"

他其实是要保护自己，想赶快把我打发走。

我当时第一反应也是保护自己。我站起来的那个瞬间，迅速把 DV 机塞到包里了，一起撂在地上。这时候我的两手空空。

我继续呻吟："怎么那么疼啊？"

砍树人也慌了，树也不砍，只是静静地看我继续表演，我疼得龇牙咧嘴。

我说："你忙你的吧，我还要在这等我的朋友。"

然后我到草丛里把包摸出来，请他帮我指条道路。他拒绝了我，表示自己还有正事，让我自己出去寻路，也就是顺着那个路往前走就是了。我夹起包往前走，一步一停地边走边呻吟。

心里想：怎么办呢，被他发现了，这个调查性报道需要大量的现场画面，如果拍不到足够的画面怎么办？

我急得跺脚，足足思考了一刻钟，不断偷偷窥伺砍树人。砍树人也是被吓得够呛，他在那里坐了五六分钟，看起来心情平复了，才接着爬上树去砍树枝。

我当时心情有点沮丧：四天来一次次地遇到问题，始终无法完成调查，眼看这又要泡汤了。想着想着，一边寻着路边的各种野草，然后寻找到一棵样子有点怪怪的薅下来。我转身准备回到砍树人那里去，我得用一个声音让他知道我回来了，要不然还会吓到他。

我大声喊他一声："老爷子！"他没听着，又来第二声，这次砍树人听清楚了。问我怎么又回来了。

于是我又开始编故事，这个故事现在来看有些荒唐，砍树人竟然真相信了。我说，我走的时候碰见一个白胡子老头，白胡子老头说我中了一种什么毒，他拔下根特别的草让我嚼到嘴里，我按照他说的做，现在吃完觉得不疼了。这个白胡子老头嘱咐我，千万不要有大的走动，必须得保持静止，还让我跟别人说话保持清醒。我找了周围没别人，就只有你，那我没办法就回来了，我就跟你说会儿话。你忙你的事，跟我闲聊聊就行。

砍树人看看我手里拿的奇怪的草，竟然相信了。

他继续爬上树，各种小树枝纷如雨下，我这会儿站在前面蹲过的榛丛的空地上，他已经把那片打扫干净了。我问他是做什么的，这种树叫什么名字，他便开始滔滔不绝地回答我。我介绍自己是长春来的中学老师。（这些年来暗访最多的身份就是中学老师，因为我曾经当过中学老师，我说的也算是真实的）。

他问完我的问题，我开始问他："你是给谁砍的树？"

他说是给会计家打工，这就跟线人的话对上了。

我问："你这一天砍多少？"

他说："我一天砍两车，早上自己啥时候醒了就出来砍一车。下午临黑天以前再砍一车。"

我问："砍了是干什么用的，烧火吗？烧火也不着啊，这都是青的。"

他说："喂梅花鹿。"

我故意说："这个喂鹿的话捡短枝子吃就可以。"

他说："那不行，这个鹿可挑剔了，必须得要那嫩树枝或嫩芽。"

我："能让砍吗？现在我们学校都下达封山育林的通知呢。不让到山里头走动，你看我到这儿采这些野草什么的，我只是采着一点，不敢多弄。封山育林现在多严格。"

他说："我们老百姓是不敢，但是人家有人哪。"

我："有什么人？"

他说："会计家都认识那个林业站里的人。"

我："那上面的林业局都知道他砍吗？"

他说那是当然了。

这些都是我最喜欢、最需要而且都很难获得的答复。砍树人知无不言，言无不尽。

谈话内容包括老头砍树砍了多长时间，每个月的工资是多少等诸如此类。他告诉我说一个月工钱只有400多块钱。

我跟这人聊了一个小时左右。从砍树开始聊，最后树枝堆得差不多了。我实在没话问了，就帮衬着干点活。砍树人最后还要再把树枝都拢成一捆一捆地装到车上去，我就帮他把树枝捆起来。

砍树人犹豫着不让我伸手，说白胡子老头不让你运动，把你累病了我可吃不起这罪。我说好得差不多了，没有问题。他最后需要用小树来拢车。挑选一棵小树，先把树的旁边的小侧枝砍掉，就剩了一棵树的光条，再把树根儿砍掉。

他说："这个树得三四年才能长那么粗。"

我说："你这不砍可惜了吗？"

他说："有啥可不可惜的，这夏天有的是。"

老头最后装完车。

他说："你怎么办？我这要走了，要回去了。"

我说："要不我跟你车走吧，我也找不着道。"

他说行啊。我从兜里摸了半天，掏出来20元钱，给他点搭车的钱，砍树人坚持不要。其实暗访针对的并不是他，他也只是一个执行者。我就想着补偿一下，就从兜里掏出20元钱给他。我内心对砍树人有些亏欠，最后在我的软磨硬泡下，砍树人才收了钱。我之所以特别提出坐他的车是想说新闻采访的伦理问题：新闻记者要处理问题也要揭露事实，但在调查采访的过程中经常会有不可避免的"误伤"。

这时候我的司机打来了电话。

我故意说："你跑哪儿去了？怎么找不着你？电话还不通。你走了之后，我中毒了，碰见一个老爷子。老爷子人特别好，我俩聊了半天，我现在都已经没事了。你顺着道来吧，我就在这里等你。"

我有了新的借口，可以和砍树人说再见了，毕竟夜长梦多，容易露出破绽。砍树人真是很简单、很善良的人，他把那个钱马上塞回给我，看我不要立刻扔到地上。

其实每次暗访都有不同的角色，这个老头也算是一个受害者。但也不能说是受害者，就像人们心中没有祸害人的欲望，但是给你钱让你去祸害人的话，虽然不是直接犯罪，但是他的确是负有责任的。这老头赶着车扬长而去了，这回我不用跟着跑了，于是我缓缓地往回走着。

大概30分钟后，我见到了司机和摄像。对接完成之后，我把偷拍机里的录影带取出来，又换上了新的带子给了摄像师。

我说："下面的工作由你俩来做，因为我跟老头已经照过面。"

他们随后就到会计家去。会计家的确挺有钱，家住着两层小楼，这在山村乡里极其少见。因为外人不能接触梅花鹿，摄像和司机就到二楼房顶远远看了看梅花鹿。他们走进院子的时候，正好砍树人赶着车往外走。

而梅花鹿正吃着砍树人卸下的树枝和嫩芽。摄像师问了会计儿子一些问题，比如你们养的鹿都喂什么？这个问题就正好对上了我问砍树人的那些问题。

他们接着佯装成买鹿人："听说你家有梅花鹿，我们想买就来看看成色怎么样。你们这个鹿，能保证质量吗？圈养的梅花鹿能吃出什么样。"

卖鹿人说："你别看我们这个鹿是圈养的，我们家这个鹿每天吃山上最嫩的树枝树芽，还都带着露水。"

摄像师好奇地问："怎么可能？现在都封山育林了！"

卖鹿人说："这有什么不可能的，让你看看我们那边堆的嫩树，那就是我们雇的人刚砍回来的。"

说到这里，我们就几乎把需要的调查信息都套取出来了。我问砍树人的时候，他说养鹿人关系厉害，所以没人敢管。养鹿人家很快证实了这些说法，这样第二部分暗访也就完成了。

这两部分调查完以后，时间还没到中午，我们就赶到镇林业局进行采访。林业局的说法也让我们大开眼界。

我们故意试探说："比如说有人砍树，一天砍两车，每天都在砍。"

林业局的人表示这不可能，并且表示："记者同志，你们放心，我们这块儿绝对不允许他每天去砍两车树，不可能那么砍，这是违法的。"

林业局的人所说的与前面我们的暗访信息，形成了反方向的闭环。后来我说，我们想直接正式采访一下您。

他说："这个可以，但是呢，你就不要拍了。"

整个采访就进行到这里。因为前面不敢太过张扬，下午我们又回到那片林地，找到护林员继续调查访谈。

护林员表示："除了这种砍伐之外，还有其他很多破坏林木的现象，并带着我——指点和阐述。"

其实对于会计家砍树这件事情，村民也是敢怒不敢言。我们采访了当地的林场场长，再接着调查给我们打电话的线人，他也是原梨树县国有石岭林场的护林员。我们探查了那么多山头后发现，被砍的树经过长时间的风干晾透之后就会有人买下来。经过对林场场长以及护林员和村民的调查，后续的采访也非常丰富。最后的结尾是这样写的：

辖区内的树木一棵一棵被人伐倒。成为烧柴或做了别的用途。

其实养鹿也好，当地林场也好，都应该停止砍树和制止砍树，如果这样砍下去，等于一片片山林被砍伐完，山顶秃出来，我们大家如何向后代交代呢？

其实，我当时在电视台最值得骄傲的事就是每一期节目调查完之后，都会有一些回应。当时没有互联网，我们只能靠电视媒体，虽说电视媒体不如现在互联网影响范围广泛，但对这件事情的确进行了处理：当地的公安机关也抓人了。把谁抓了呢？把砍树的老头抓了。后来回访时县里林业局的领导说，他们已经处罚了，根据有关规定，私自砍伐树木是这样处理的：处以老头十五天的行政拘留。

我心里十分沮丧也感到十分愧疚，砍树人非常善良，也算是"救"了我一回。实际上，最应该处罚的是村里的会计，但会计没有受到任何处罚，仅仅是替老头缴纳了几千元的罚款而已。但整件事情还算有正面结果，会计家把所有的梅花鹿都卖掉了。

这件事情从人性角度来说，我的做法的确存在问题。但从一个记者角度来说，我不这样做，还能有别的解决办法吗？其实当作为一个"审判员"从整个事件来看的话，老头是会计家的帮凶，是砍树事件的执行者。我后来之所以离开了电视台，很大原因是觉得有很多时候，某些现实会刺痛人心。

你做的很多事情，有的时候你想针对的对象是事件也就是事件的操控者，最后受伤害的却是执行者，这才是我感受到的最大的无奈。

附录2 取灯大讲堂第二讲
孤身夜走屠宰场

主讲人：张成良

参讲老师：曲家辉

参讲学生：李肖霖

记录整理：李肖霖　司忠丽　李珂心

讲座时间：2019 年 6 月 7 日

在我的记忆里，当时的一些关于采访的标签给我留下了深刻的印象，其中就包括一次屠宰场的调查采访。为了对记忆进行更好的整理，我找到了当时吉林电视台的当事人同事。当初这部视频是由我们合作拍摄的，今天的讲座分为两个部分：第一部分是我与这位吉林电视台记者就采访前后的细节描述进行现场连线；第二部分由我来口述整个采访过程，以及中间穿插了协讲人的评析，大致框架如上。

关于采访选题的来源，最初这个选题与我几乎毫无瓜葛，我当时在新闻评论和专题部做一部视频，合作的是一档社会新闻栏目《最近新闻》的女记者，名字叫高兰。她当时在剪辑一则关于屠宰的新闻，视频的画面做得很清晰，针对这个主题前期也做了一些采访。事情发生在农安县，那里牧草比较丰饶，所以有羊群聚集养殖。有屠宰人在林地里屠宰羊，但羊的质量参差不齐，甚至会有病羊掺杂其中。即便如此，屠宰场也会定期送货到城里，在各个市场营销。前期记者得知此事后进行了几天跟踪拍摄，获取了一些画面，并且一鼓作气，找到当地的"质检部门"将此地查封了。

前面这部分调查采访我并没有参与。

之所以后来想继续参与，是因为我觉得这个片子呀……可能当你们成为记者的时候就知道了。开始做记者时，你看这个新闻的任何一个事件点都会看成是一则新闻，但是真正成熟后会发现，想要完成一则好的新闻是需要对选题敏感判断的。其实这个选题要具备一定的张力，张力可以让新闻不断向后延展，但没有丰富阅历的新闻记者很难发现这种张力。

这位同事当时认为："作为一则社会新闻，这种调查程度已经足够了。"

我后来问她："你确定他们的屠宰操作没有任何手续吗？屠宰之后的羊体又会送到何处呢？"

据说是运往长春市场，但后续流程很难跟进，这位同事表达了她的顾虑。尽管最初我并没有参与这次调查，但后期对我的吸引力很大，我认为我们需要跟踪拍摄私宰羊的运输和销售渠道。

有一个成语叫作打草惊蛇，新闻调查最怕的就是打草惊蛇，能私开屠宰点的人往往具有相当的防范意识。在第一次调查和被查封后的几次采访中，我们的调查都不太顺利。后面只要在农安县有采访活动，我都会带上司机驱车前往，但那里并没有像第一次那样发生光天化日里的屠宰，我们也只好打道回府。其实第一次采访期间，前期高兰记者预留了一个线人，线人与屠宰场在同一个村子，那里地形错综复杂，乡间小道最窄的地方宽约三四米，交通很不便利，所以每次都扑了空，此时我们才意识到被调查者已经具备防范意识，村子也许到处都布设有他的眼线。

屠宰场的人把场地设置得很巧妙，屠宰点孤零零地在村子南侧，再往南恰好是一大片草场。这个草场有上百亩绵延的草甸子，中间还有沼泽地，再往南二公里是农安县有名的敖宝图泡。显然南面一侧无法通行，如果我们想要抵达屠宰点，就需要穿过整个村子，如此来看应当是费尽心思设置了这样的场所。

即便是设伏隐藏，在这个不大的小村子里也是难上加难，一旦被发现，屠宰点就会有足够的时间转移。在几次采访失败之后，我们对当地村民做了一些补访。要知道，屠宰羊的膻腥味道让人很难忍受，更何况屠宰量巨大，每天屠宰上百只羊，要装满一整个保温箱，羊体内脏的随处抛弃也会污染周遭生活环境，因此村民们早已怨声载道，但却是敢怒不敢言，这种情况为我们的采访带来的是群众基础。

由于我是后期接手，前期是社会新闻记者高兰负责，因此我们需要通过跟她连线来了解前期情况，一起回忆一下当时的场景。

连线中——

张成良："喂！"

高兰："你好你好！"

张成良："你好，我现在在给我们的学生做一个讲座，是关于我们在 2014 年农安县的采访。由于这个选题是你给我的，你大致说一下你在前期采访的一些细节。"

高兰："同学们好，我是吉林广播电视台的记者、编辑高兰。张成良老师是我记者生涯中特别尊敬的一位老师。我们这个采访，应该追溯到十四年前，挺久远了。

当时，我们所在的栏目是吉林卫视一档非常有影响力的社会新闻民生栏目，叫《最近新闻》，当时是一个线人给我们提供了这个线索，他在通话时表现得很神秘，反映在他们村子边上，有人在进行私屠滥宰。首先，屠宰味道很大，已经严重影响了村民的生活。其次，这些羊没有经过任何检疫，就流入消费市场。得知消息后，我们认为此事已经严重影响了百姓的餐桌安全问题，所以栏目在进行精心策划之后，由我带着摄像人员和司机一起前往农安县。初次接触线人并被带到那片空地上，当时我们的偷拍设备比较简陋，是一个放在黑色包里的小型摄像机，包上有针孔大小的小口，能够方便拍摄。同行的摄像大哥和司机扮演来这里买羊的老板，这样能够进入现场与在场人员进行交谈。场地尽管不大，但十分触目惊心，屠宰量每天高达一百多只，现场极其血腥。有的人专门负责宰杀，有的人清洗内脏，分工很明确。记者在交谈过程中了解到，这种屠宰行为不分季节，一年四季都会进行，每天宰杀数量颇多，这样我们就掌握了一些证据。

图 2-1

后来，我们在旁边发现了一处空房子，目测是他们临时搭建的，里面挂满了几十只宰杀完、清洗好内脏的羊，房间里弥漫着浓郁且难闻的农药味道。询问过后我们得知，房间里的羊体上喷了很多"敌敌畏"，这是一种烈性农药，目的是防止大量苍蝇落在羊身上。我们将这些情况及时反映给了工商和动物检疫部门，随后相关部门对此地进行了查处。后来张成良老师就加入了这个后期调查中，因为后来的采访十分曲折，也很艰难，所以我特别佩服张成良老师，他在经过了很多次跟踪调查后，把屠宰羊的出处，肆屠滥宰的窝点，一直到羊体的去处流向，针对整个流程都进行了非常详细的拍摄，这种持续性的追踪是需要很强敬业精神的，在拍摄过程中也需要和私屠滥宰的人斗智斗勇，也是相当耗费精力的。以上我介绍的就是前期采访的一些过程，后期就是张成良老师加入的部分了。"

张成良："感谢高兰老师给我们做的介绍。咱俩也十四年没有见面了，看到你很亲切，有时间再聊。"

姜娜："来表达一下我们的谢意。"

张成良："谢谢你哈。"（鼓掌声）

高兰老师已经大致介绍了前期的调查过程。前期做足了功夫之后，我很想完善后面的程序，到底羊体去了哪里？有什么危害？会出现在谁的餐桌上？其实我们每一个人都是生活的旁观者，我们学传播学的都知道，新闻的世界是一个虚拟的世界。所以在这个拟态环境里面，有的时候感觉跟我们本身关系不大，羊被杀也不知道谁吃也就罢了，但是当你得知这些羊最终出现在你经常买羊肉的摊铺上的时候，你的感觉是不一样的。所以，在听说这些羊屠宰后被半夜拉走，在七八个小时的时间里，为保证羊体不受到苍蝇侵扰，所以喷了敌敌畏农药这样的事实后，相信我们的内心都是震惊的。

我现在就开始讲后面调查采访的内容了，当然前面拍到的有几个画面，大家应该可以看到，这是我从视频里剪辑下来的，我们看了这大致的情况，其实这还不是我拍的，都是我们前面的司机老师和摄像老师拍的。你们注意看，就是这图片里面的这些羊体，它其实是打完农药的，如果再推近放大的话会发现上面的确没有苍蝇。在采访的过程中我们发现地上有"敌敌畏"的农药瓶子，而且有好几个，这个屋子里也很少有苍蝇。这个地方很血腥，这只羊刚杀完，屠宰者的脚踩在羊腿上，然后把羊皮撕下来了。上面挂的这些东西就是我们吃羊肉火锅时经常出现的羊的内脏，是不是？这叫羊杂，我说完之后你们还敢吃不？

曲家辉："我们从来不吃！"（笑声）

屠宰人太坏了。你们看这些人，这时至少有三个人，这里还有车，这就是当时周围的环境。大家能看到这棵树刚刚长起来，就东北而言，其实就是五月中旬左右。这些画面是我同事拍的，大量羊皮直接扔到地上，堆在一起。旁边是他们宰的羊，他们很有经验，先把羊蹄子砍断，因为羊的皮质特别好剥，就扔到地上，当然羊蹄子也有人买，烧烤店有专门烤羊蹄的，所以羊遍身都是宝。

我要再强调一下环境，屠宰场前面有一条路，到尽头再往里转，往左侧转的时候就是通往村里的，这里是一片杨树林。之所以要讲这个环境，是因为在树林尽头就是玉米地。因为第一次出事以后，质检部门出面进行处理，把羊体都拉走了，但第二天又拉了回来，他们交了点罚款，后来就装车拉走了，但后来又继续屠宰。我们前面的高兰记者采访报道完了，但是所起的作用是有限的。唯一起的最大的作用是让那些屠宰场有了防范调查记者的意识：一定要注意这些闯进村子的陌生人。

半个多月后，仍有人说林子里还在杀羊，我说，别着急，再等等时机。

到了七月，我和高兰还有《城市晚报》的记者以及《新文化报》的记者一起开了两辆车来到这里。停车之后，我们向放羊户打听这是不是宝城村哪？他答说是。打听完之后，我们一群人就进了村。到这个村子后，尽管我们速度很快，但还是发现屠宰场大门紧锁，门前空空，地上留有一摊血迹，门口拴着几条狗，我意识到这个调查不能进行下去了，于是离开了现场。

后来我们又回到村子里采访了几次，仍然没有成功。

我之所以拿出这个案例来讲，就是因为我坚持下来了，坚持了差不多近三个月。首次拍摄是五月份，播出是八月二十三号，实际上采访成功的那一次是八月十九号到八月二十号，我连续蹲了两个晚上，最终大获成功。

这里有张地图（见图2-2），宝城村南侧有个大水泡，前方是草地。表面上看好像已经走到路的尽头，实际上旁边还有一条小路，转弯之后方能到达宝城村。这里标红的就是宰羊的地方，从这条红线能看出来当时我们追踪的路线，当时乡村路况并不好，道路很狭窄。

到八月初时，我们已经又足足等了两个月，在这期间一直都按兵不动。前两个月，那边经常会有陌生人上门，他们也并不清楚到底是记者还是管理监察人员。经历了两个月的安宁之后，这些人觉得似乎已逃过一劫，但仍然保持着高度警惕，他们最初白天宰羊，后来改为晚上出来活动。从晚上八九点钟开始，一直进行到接近凌晨两点左右。屠宰结束后，负责拉货的车便将羊体直接装车带走。村民也不清楚具体情况和时间，称可能在晚上进行宰杀，夜间偶有犬吠和羊叫声。

图 2-2

八月十八日晚上八点，我们悄无声息地来到现场，我猜到今天晚上会有屠宰行动。事实也的确如此，当天就拍到了半夜宰羊的场面。高兰记者说，这是把针孔式小 DV 机藏在三角包里进行的拍摄。这个画面是如何拍摄的呢？这期间还有一段很曲折的事儿。

得知宰杀行动正在进行时，我跟司机抵达了宝城村北后，我把小型摄像机放在小包里，和一位同伴一起准备潜入屠宰场附近。这位同伴是司机师傅一个当过兵的朋友，身材魁梧。晚上我们先到农安县县城里面吃饭，等到晚上八点钟开始出发，由于道路狭窄，一辆车停在路边非常醒目，我们便把车停在路下的空地上，这里有树有庄稼，能够作为掩护。出发前，我提前与司机的朋友交代清楚：我们是赤手空拳，而对方手里都有屠羊的刀，一定要做好防范准备。我们的车上当时配装了一套报警的装置，如果对方发现我们，我们就要在第一时间内撤离。所以我安排司机，一旦有什么问题就拉响警笛，开着车冲进来接我们，这时我们已经能够上车逃离了。我还另外做出一个安排：把手机号码调到预播出状态，号码是那个同行的退伍兵的。

当时是八月份，到处都是浓密的庄稼。我本来想让同行的退伍兵一起走过去，但看他有所顾虑，考虑到他不是我们电视台的人员，便叮嘱他留在距离屠宰点六十米左右的地方等我。我嘱咐他把司机老师的手机号设置为快捷拨号，及时查看手机，同时我也把他的手机号设置为"长按 1 键拨通"。我特意提醒他，不到万不得已我不会拨通他的手机号码，而一旦手机拨通就意味着紧急状况，这就要求他马上联系司机，做出营救准备。

这位退伍兵朋友便蹲在这里潜伏，我继续往前走，心里有些忐忑不安，毕竟只身前往，面临的风险不好预测。

这片林地很是稀疏，如果他们在这里杀羊，是肯定能够看到我的。我只能从侧面绕到庄稼地里，借助深沟的掩护靠近，拍摄到他们热火朝天忙碌的场景。这家屠宰场养了十几条狗，那些狗以羊内脏为食，长期的血腥进食使它们具有狼一样的攻击性。狗就集中在门口，同时门口也有几组人在忙活。调查性报道记者在拍摄的时候会有一种想法，就是尽量离现场更近一些。但是由于隐藏的小 DV 机没有支架，只能靠手做支撑，两点一线，不方便操作。

摸进一侧沟斜坡后我才发现沟很深，深可过腰，超过了一米高度，相当于一个战壕，然后我站在里面，头探出来，这个角度特别好。但是刚拍完第一个画面就出了状况，我听到了一个奇怪的声音，是一种低沉喉咙里发出的"呜呜"声。

同学们："是狗吗？"

对，是狗。后来我才意识到，这里扔了很多羊内脏到沟里，那狗就经常来沟里趸摸，我其实侵犯了狗的领地。当时脚下踩得很软，都是不可描述的东西。听到这个声音，我马上意识到危险的到来，迅速冷静下来，我告诫自己不能马上逃跑。我小时候被狗咬过，所以对狗有一种恐惧。我先把小 DV 机放回口袋，然后观察周围环境。那时候是晚上九十点钟左右，我看到狗的眼睛冒着绿光，面前至少有四条狗，一道一道的黑影，体型都很大。那时候我如果大喊，就会立刻暴露，因为我与屠宰场距离太近了，但想到狗其实是依据人的反应来做出应激反应的。此时我急中生智，开始慢慢往后退到沟畔上，用牙咬着 DV 上的带子，这时候我一边盯着前面的狗，一边向后退。好在背面的斜坡还不算太陡，否则我就很难退回去了。

俗话说一犬吠形，百犬吠声。可以说是一触即发，尽管期间大概仅有二十秒，但却有度日如年的感觉。当我慢慢蹭到沟沿上时，感觉到狗距离我远了些，这时候安全系数高出一些，但是对面的狗还有扑过来的危险。我一直往后退，手向后划拉，摸到了粗壮的玉米秆。继续往后退，就进入玉米地里了，有玉米秸秆的遮挡，内心感受还是很安全的，狗不容易进到这个区域里来。这个时候我拔腿就跑，庄稼地发出"哗啦哗啦"的声响，此时灯下的人们都在说话，他们还没有察觉到问题，狗却盯紧了我，几乎是同一时刻，几只狗同时啸叫，紧接着全村的狗都开始狂吠，如同唱戏一样此起彼伏，整个村子全都沸腾起来。这个时候我退到了三十米开外的路上，离开有一百多米，确保了自己的相对安全。一般情况下，这种距离偏远的地方拍摄效果往往不好，但也别无他法，因为已经惊动了全村的狗，门口站着的人也开始向这边张望。第一次拍摄的时候，我距离宰羊的场所不到十米，再靠近一些，那些人基本上也就能察觉到了。

第二次跑出的距离比这次稍微远了一点，这时候狗持续地叫起来，一时危机四伏，宰羊的对于狗叫声显得有些不耐烦，他们大声呵斥起来。其实狗距离我也就二十米左右，由于平日伙食不错，在这样一个安逸的环境里，它们也不会像饿犬那样有那么强烈的攻击性。

但我还不满足，这个画面是我逃脱之后拍下的。第一组画面没拍好，还没拍就遇到了恶犬。第二组画面拍了将近两分钟左右。拍摄过程中，狗一直在一旁狂吠不止。在某个角度拍摄，如果没有同期声，拍摄更多的画面也没有更多的意义，于是我就收起了小型摄像机，开始往回走，准备回到先前和那个退伍兵约定的地方。找了一圈没有找到他，这时已是夜里十点左右，轻声唤了几声，仍然没有动静。我又等了一会儿也没有等到他，就往村子里走，走过一片有向日葵的庄稼地。走过去一看，发现退伍兵正躲在一堵土墙后面，看见有人过来，立刻藏起来了。这边我试探地问了一声，他才露出头来。听见村子里犬吠声后，他以为我被抓起来。结果忘了用电话联系司机，自己先躲了起来。我就这样差点被"猪一样的队友"抛弃，想一想也是一身冷汗。

后面我们在这等了一整个晚上，一直没有听到车声、看见车影，心里觉得特别奇怪。到了凌晨三点多钟，天已蒙蒙亮。我实在熬不下去了，不清楚车到底什么时候离开的村子，不仅我们不知道，村子里的其他人也不晓得。我想了解事情原委，于是绕进小村，经过向日葵地，再转到玉米地，发现屠宰场的灯光已经熄灭，车也走了。当时我非常沮丧，一夜未眠，结果保温车还不知所踪。据我所知这里只有一条大路，其他路径则不清楚。我们当时就非常疑惑，事实上村东侧还另有一条小路。深夜里我们注意力不够集中，东头的小路离我们有三百米远，车子一不留神就溜走了。

这个事之后还有一个插曲，我当时是电视台最擅长做舆论监督的。在这事前，我们在一个有古溶洞的地方做采访，也是一个摄像和一个女记者我们一起去采访的，古溶洞破坏很严重，炸的到处都是暗洞，但那次我们采访也算成功。回来几个哥儿们开玩笑说老张同志在溶洞为了拍那个画面一脚就踩进溶洞里去了，然后我们把他硬是一点点拉上来了，这个事以讹传讹地传开了。后来传到我们新闻中心主任那儿，主任就要针对这事给我做一个特访，要刊登在内部月刊，表明在外采访不易，差点掉进溶洞里，要给我做专访。我很尴尬：要是实话实说又容易让一同去采访的同事难堪。

接下来一个副主任过来采访我，正好我这次关于宰羊暗访的视频刚刚做完还没有播出，于是我说，有比这个更刺激的事，就以"与狗对视 N 秒"为题讲了这次调查采访的事。一周以后，吉林电视台内部刊物上发表了交流文章《张成良：与狗对视 N 秒!》。后来我们新闻中心都知道了我与狗对视 N 秒的事，我们那个时候也有开放性的文化，就当开个玩笑。我跟同事们说，你看了我的视频就知道了，视频中的狗一直在叫，周围的狗也不停地叫，然而我离开狗已经有一段距离了，这就是第一天晚上的插曲。

转头到了第二天，也就是八月十九号，对于我们来说，白天里几乎无事可做。由于屠宰活动不会在白天进行，我们就迅速返回农安县城，睡觉补充体力。晚上八点，我们回到宝城村分配任务，前半夜他们睡，后半夜轮到我睡。这一次目标很明确，前面都解决了，就只需要拍道路运输的问题。第二天晚上，我们把车开到离东侧小路四十米左右的一片林地里，把车停到树荫下面。同行的两个人很快有了睡意，我想确认一下他们今晚是否继续屠宰。司机回答说，你看那边都亮着灯呢，肯定没问题。前面几次失败让我心里不踏实，决定前去确认一下。

农村熄灯比较早，已经到了晚上十点多钟，村路里没有人影，我选择从村子里迅速穿过去查看。走到附近的玉米地里，从很远能看到那里亮着灯，因为担心惊动了觅食的狗，所以远远望去亮着灯，并且有几个人在忙活后，我立刻原路返回。回到车上时司机已经睡着，不紧不慢地打着呼噜。我由于心里有任务，所以坐在副驾驶位置观察动静。司机趴方向盘上，退伍兵蜷缩在后面。凌晨一点钟，我有了困意，打了个呵欠，然后就想下车方便，也想精神一下。就在这个时候远处有汽车引擎的声音，紧接着一辆车远远从村东开出来。车一拐弯，车灯立刻扫到我的眼睛，当时我特别紧张激动，赶紧把车上的两个人叫醒。然后抄起 DV 机蹲在路边大杨树后面准备拍摄。车辆由远及近，一个完整的行驶画面就拍摄完成了。

车辆刚一驶过，我赶紧回到车上，车随即启动了。保温车封闭得很严实，一路行驶起来驾轻就熟，而我们这位司机此前开过几年出租车，也算是个老司机。一开始我们距离它二三百米，远远地跟随着。半夜里来往车辆不多，司机说，我们不能跟得太近，很容易被发现。走了一段里程后我们决定超个车，换个地方再继续追踪。

这个画面是我们超车的时候，我在副驾驶位置拍到的画面。拍完以后，我们就迅速地反超了对方，然后在两公里以外的地方熄火停在路边。其实这样做也有风险，对方一旦有所察觉，我们可能就前功尽弃了。停在路边熄火后，等对方经过后，我们再大摇大摆地跟上去。中间我们经停了两次，一个多小时后，车辆进入长春市区，保温车停到了路边。随后来了辆轿车，下来几个人给羊体盖章。我们的车不能离得太近，我就在这个时候下了车，溜到马路对面，就着中间绿色植被作为掩体，我就藏在后面拍摄。此时我离那车很近，就在我对面不到十米的距离。拍下盖章过程后，我们继续上车等待。

图 2-3

运送羊的车停了足足一个小时，我当时并不清楚停在那里的原因，后来想到，这是因为庆丰大厦还没有开门。一个小时后，车辆缓缓驶向庆丰大厦食品批发市场，在停车场前停了下来。我下车溜达观察动静，一直等到了五点钟左右，市场终于开门了。

这个时候车门打开，有人从市场里出来。一群人开始运货，有人背着羊体，陆续往里运送。一百多只羊分发给大厦里的三四家羊肉专卖店。我上去和一个老板搭讪了一下，我问这是在哪里弄来的羊啊，我们能不能整只买走？这个人立刻拒绝了，说他这是零卖的不批发。

早晨五点多钟，大厦就只开着后门，前门无法进入。那个时候我们已经困得撑不住了，司机和同伴的呼噜声震耳欲聋，我也打起了盹儿。凌晨是很难熬的，七点多钟开放早市，还有两个小时，足够休息一下了。

七点一到，我叫醒司机一起进入大厦。其实从六点到七点这段时间里大厦里的商户一直在对羊体进行分割处理，他们割掉羊体内脏，正在往下卸肉。通过分拆，先把腿、肉、羊排剁开，再分门别类地摆放和悬挂起来。我们一看他们马上要忙完了，就以买肉人的身份随机调查了几家，打听这羊都是从哪里进的。商户无一例外地声称自己的羊肉特别好，完全经过检疫的，这跟我们之前记录的完全不同，因此形成了一个对比的链条。

后来我们又采访了几家摊位，说法上大同小异，这样整个链条基本上就完整了。但还没有结束，第二天我们又回到农安县，采访质检办的负责人。因为上次采访是五月份，已经过去三个月，我们想再听听他们的意见。他说，上次记者同志举报之后，我们进行了很严格的查处，做了消灭处理，到现在已经不存在任何问题了，杀羊必须要检疫的。这里又形成一个关键的素材，表明当地质检部门的不作为或懒于作为。

除了采访农安县畜牧局的局长之外，我们又采访了中国畜牧兽医协会分会的常务理事蒋怀志。专家的身份具有一定权威性，因为他同时还是吉林一所大学的理事。他介绍了未检疫羊的危害性，羊未经检疫可能带有一种有害物质，有可能是人畜共害，也可能包括一些潜在的疾病，所以不经检疫的羊肉是不安全、不卫生的。这些羊外表看起来没有什么疾病，但是潜在的疾病肉眼是很难发现的，所以未经检疫的羊是不合法的，一旦流入市场，食用以后对消费者的危害特别大。

从整个采访的情况来看，结果已经很明了：每一个环节我们都考虑到了，从最初社会新闻的角度来讲，发现问题并且解决就结束了。但是对我们的调查性报道而言，这里的结束并不意味着整个事件的结束，我猜测到后面肯定会"死灰复燃"，事实也证明了这一点。仅仅有前期的调查过程是不够的，我们还要汇集各方的态度和各方的意见，这样才算是完整无缺憾的。

如果畜牧行业的人认为食用这种羊肉对人体并无大碍，那么前面的链条就可能断开了。很多时候，新闻记者不可能没有主观立场，我当时的主观立场就是这类羊是有问题的，食用后对人是有害的，这种不正规的宰羊行为是不合法的，基于这样的想法才得以进行这样一个调查行动。

最后新闻的名字确定为《私宰羊走进长春》，在这之前是主持人的一段串词，后面就是第一段，紧接着是五月份的调查情况如何，也就是前面高兰记者采访的那一段。这篇稿子就有大致的内容了。之前高兰记者所提到的包括询问杀羊时间的问题，包括给羊体喷敌敌畏去除苍蝇，以及杀羊的人回答

"敌敌畏毒不死人"这句话。从"我们第一次去但是没成功，采访了一些村民，宰羊团伙开始警觉了"这一部分开始是我接手调查的，后面开始就有具体的时间了，比如什么时候走、什么时候装车等。其实这段就是"与狗对视N秒"那天晚上拍摄的，这段画面都是在那30秒之内拍摄完成的。

除了跟踪调查采访的流程外，主要还是要解决一些基本的疑问，比如谁在违法屠宰？经过什么链条？羊肉最终流向了哪里？后来我们暗访这几个羊肉摊以及摊主的说法等，其实我们回来的时候还采访了市场管理部门和庆丰大厦，市场管理部门说不会有任何问题，都是盖章检疫过的。当我问起检疫地点是不是在大厦旁边时，他否认了，称都是在专用的地点宰杀完之后检疫的，用鲜肉保鲜的车运送。他说得很清晰，就是在屠宰点检疫的，其实这是在打自己的脸。紧接着我们采访了农安县畜牧局的局长，他说农安县根本没有检疫点，这样二者之间的说法就出现了矛盾，没有定点的屠宰点意味着庆丰大厦的人说的是假话。

紧接着我们又获取了一组数据：长春每天消费的羊是2300只左右，80%来自农安县，也就是说，在长春市民消费羊肉打牙祭的时候，可能吃到的就是我们拍摄的那些私宰的羊。每天大约2000只羊没有经过检疫就流向市场。

这就是主持人最后的画外音，主持人最后进行了这样一个评述：前面说的都是评论的内容，评论了羊的病症和表现，病变状态，这些就是调查性报道采访的整个流程。

这个报道播出后一共拿了三个奖：吉林新闻一等奖、吉林广播电视新闻一等奖和中国广播电视经济新闻二等奖。证书上写的是2005年9月，另一个是2005年12月，我是2006年2月离开电视台的。这也是我离开电视台后获得的奖励。

姜娜："感谢张老师的分享。请我们两位参讲人、协讲人到讲台上来，然后在这个过程当中我们还是按照之前的程序，问一下大家在讲座中听到了哪些关键词。"

学生："羊肉！敌敌畏！环境！链条！对视N秒！新闻的张力！意见！检疫！私屠滥宰！分工明确！罚款！主观立场！狡猾！乘胜追击……"

姜娜："还有没有哇？这些关键词呢，也会给我们两位参讲人带来一定的提示，那么接下来我们请参讲人曲家辉老师进行评析。"

曲家辉："谢谢张老师带给我们的生动演讲。因为我是第一次做参讲人，所以也没有太多的经验。我就按照自己的理解来了。张成良老师还是比我年长一些，当然不仅年纪长，也有经验的长，当然在我们听了张老师生动的演讲之后，知道他的这种经验是由日常实践累积起来的，因而可以今天坐在这个地方当我们的老师。我虽然年龄比张老师小一点，但是比各位还是要大很多的，所以就从我的角度进行评析。根据大家之前提的那些关键词，我也知道大家现在都关注着一些细节，这很正常。

其实从我这个角度，从一个比较宏观的角度来看。我现在想说的是：第一，张老师以一种非常生动的叙事方式讲述他的亲身体会，我相信大多数同学会对这些事情从一个专业的角度来理解。我相信大多数同学听完了张老师的演讲会有一个直观的感受，张老师讲得特别有意思。其实我相信大多数同学和他一样，都会有一个直观的体会，但是我想说的是，在这种乐呵之后，刺激之后，我们仍要理性地去看待张老师的演讲和之后的评说。怎么理性思考呢？首先我们要认识到，张老师讲的这些事情是有属性的，第一个属性是它是一个案例，是张老师把亲身经历拿出来去讲，这是他调查性报道经历中的一个案例，他对此进行了阐述，我们首先要从这个角度进行分析。而不是说这个多有意思，有多少笑料，因为它是一个完整的案例。第二，它反映的是一个作品的生成过程，就是做这个产品的时候，虽然好玩，但是有一个最终目的，不知道同学们有没有捕捉到张老师的一句话，他演讲时是一句话带过的，但是我捕捉到了。他说，我为了去拍一个作品，去拿一个奖，这是他完成这个作品的一个重要出发点，这是他强大的动力，这能让他与狗对视和不怕蚊子咬，这是一个很大的动力，就是张成良老师并不是说我闲着没事干，我带着我的兴趣做这些事情。当然，兴趣肯定是有的。

首先要有兴趣，要有对这件事情的关注；其次我需要完成作品；然后非常重要的一点，我是为了一个好的作品，我要去评奖，我要去证明我自己，这是很关键的一点。也就是说，我们要知道这是一个案例，还是一个作品的生成过程。这是给我们的一个很大启发。就是说，我完成了这样的作品，以文章的形式或以影视的形式出现，这是一个过程，这些作品的形成都离不开前面的细节，什么与狗相遇呀，蹲点熬夜，等等，这些都是你们应该去体会的。

然后从整体层面说完这个落脚点，再从其他层面的有些地方来说，你们应该注意一下，就是首先要有一种深入生活的态度和精神，比如张老师之前学物理，之后跨界转行成为记者，在电视台有了那么多的经验积累，然后来到高校就职。其实在这个过程中，他经历了一些转折，并不是一条线走下来的，那你们有没有思考这个过程，张老师为什么今天坐在这里给我们做演讲，这个过程其实是有很大的积累在里面的。这就是我说的要深入生活，怎样深入生活，张老师用他的亲身经历告诉我们这就是深入生活，我可能决定不了人生的走向，但是我可以决定每个时间段的人生追求，我们要真正在生活中去历练，要发现问题，探索问题，去经历风险，这个过程其实是一个锻炼的过程。我们每天说想去深入生活但是没有机会，不是没有机会，就是看有些人有没有精力去深入，我相信只要你带着一种无论是有意识还是无意识的心态，去经历一些事情，你会发现这对你成长很有价值，这种感觉我曾深刻体会到。

因为我之前也做过杂志，也采访过人家，但是我们现在所谓的采访就是把机器摆好，把提纲列好，以一种很优雅的姿态去做。这种采访看起来很简单，上手很快，但是不能亲身体会到这种暗访的感觉，首先预设问题，发现问题，然后亲身作战，最后把链条串起来。其实取得这个结果要做很多工作。

我要讲的下一个就是张老师在讲的过程中涉及的采访的两个方面，就是体现专业精神和研究精神的两个方面。这主要体现在什么地方呢？第一，就是思维的进化，之前的女记者做完这个采访就结束了，她没有接着往下做，但是张老师能拿这个片子获奖，就是因为他说他并不满足于现状，他没有想把这个短视频做完就结束了，他想的是这个事情究竟会不会因此打住，同时他会思考这些羊从哪里来和到哪里去这些具体问题，体现了一种调查考证的精神，这种精神是和我们的专业相一致的。比如说我们要拍一个片子，做一个展示，那么我们怎么样把它做得丰满，解释得更加清楚。当然我们有两种选择，第一就是我们思考之后不去管它，那么这只限于把这个事情进行呈现，但是像张老师的思考说他不满足于这种现状，他觉得这个事件有很多可挖掘的地方，他就去做，接着他发现果真如此。这个就不仅仅是一个比较有意思的讲演，它有很多玄机在里面。所以我们说，外行看热闹，内行看门道。我希望同学们在听完我说的之后可以反省一下自己，自己已经不是在以一个饱满的状态过好每一天。然后张老师刚才跟同学提到一个关键词叫"拟态环境"。我觉得这很重要，虽然我不是学传播出身的，但是我觉得这在传播学领域可以作为一个专题来研究。张老师做的这个事情，他的视角也好，他的出发点也好，他做的过程也好，其实他是以一种现实主义的态度去做的。但是与现实主义相对照的往往就是拟态环境，我们其实就是有一种选择，我们可以选择是否生存在这种拟态的环境中，还是我选择一种现实主义的立场去探究。这无形当中让我联想到了一部电影，叫《黑客帝国》，其实这里面有很多角色关系。我对《黑客帝国》有一个很深刻的印象，就是有一个人切牛排。他说："这牛排肉多而肥美，但其实我知道这都是假的。"不知道你们看过没有，这其实就是和这种研究的视角有点相似。你们可以看一看，理解一下，体验一下拟态环境。我们知道这种问题可能会出现在我们身边，但是我们可能看不见，然而像张老师这种现实主义的人一定要把它发掘出来，呈现出来。

然后我这边有三个问题想问一下张老师。第一个就是作为一个老新闻工作者，您的经验丰富，对照着我们在座的各位同学，从一个现实主义研究者的立场和我们说一说，特别是年轻人，应该怎么看待社会上存在的诸多黑暗面？比方说，您的案例中，杀羊的人一开始被抓去交了罚款，后来又出来继续做，其实这背后就有一些非法的利益勾结，我们同学就是含苞待放的花朵，还没有接触到社会的方方面面。您作为一个新闻工作者给同学们提个建议，比方说怎样去看待这种价值观等。"

张成良："我离开电视台有很重要的原因。如果把新闻作为一个事业，就像我跟你们回忆时，内心十分激动，像是回到了现场，但当真正做一些事情时就会发现，新闻理想主义和新闻现实主义之间差了很多，对于一些负面的事情，我们需要考虑要不要调查披露，披露到什么程度等很多问题。首先是要把握好一个度的问题。我们传播学有一个框架理论，这个框架并非自己随心所欲设置，而是每个事件都有它的内在框架，其实就是议程设置。关于应当拍摄的内容，拍到什么层次，都有各自的标准和要求。每个记者刚入职时都会有一个学习积累的过程，被淘汰下来的都是因为不适应。学会适应之后，就知道怎么样才能做得更好，在这个基础上更深入，这需要极佳的技巧。心理学中有一个概念叫作"图式"，即我要做到什么程度，要做的新闻应当跟老百姓的衣食住行息息相关，民以食为天，民生是最核心的一部分。包括我以后还要讲的煤矿房子倒塌的调查案例，这些都属于民生问题。

　　其次，某件事情是否能够调查的问题。从事新闻工作要有新闻意识，知道什么能拍什么不能拍。除了媒介议程设置，还有一个重要的问题，拍摄这种内容对于国家有多大的影响。有一种新闻文本，叫作"内参"——仅供内部传阅参考不外传的。做新闻调查一旦没有一直跟下去，呈现出来的就是片面的，再加上新媒体的舆情极易点燃，所以一定要慎重，要保持新闻专业主义。我们要记住两点：第一内心要保持平和；第二是要充分地考虑脑海中新闻的图式是什么，你所在的媒体平台给出的框架是什么，会不会给社会带来大的负面影响，这些都要进行充分评估。其实任何一个时代都不是一个新闻人可以随意驰骋的时代，而是要考虑周全，对社会国家更加负责任的时代，这才是有良心、有担当的新闻调查者。"

　　曲家辉："谢谢张老师，张老师给我们讲这么多，让我们受益匪浅。第二个问题比较尖锐，以您这种所处的环境，再让您做这些，您还敢做吗？请您站在一个相对客观的角度来讲述一下。"

　　张成良："以前作为电视台的人，即使出现一些问题，电视台也会替我消化一些压力，那是记者调查采访所需的尚方宝剑。现在的我已经没有什么宝剑了。我刚进电视台的时候犯了不少错误，当然现在不可能了。2006年的时候，我自己买了一台单反，在回东北的船上我看到有不文明的占座行为，出于职业本能就拍了几张照片，结果很快被船上的乘务人员给控制起来，当时我的记者证还在有效期内，他认真审看了我的记者证，就没为难我，让我把照片删掉，后来船长也过来协商，希望理解他们的工作处境。我立刻表示自己不是来拍摄这个的，这是自己的职业习惯罢了，希望船上能处理不文明占座的行为。所以即便是假设，历史也不能够重演。离开电视台我必须面临两个问题：第一就是缺少平台，第二就是我没有作为职业记者的身份了。"

曲家辉："我明白您的意思了。还有第三个问题是您的演讲内容没有呈现，您的这次采访最终效果是怎么样，就是有没有最终铲除违规宰羊行为？"

张成良："后面其实也进行了一些跟踪。屠宰场是彻底取消了，但听说又到了其他的地方去了，好像是草甸子上。那个时候传播的渠道还很有限，就只能通过电视台播放，没有形成社会整体上的监督。而在这个时代，什么内容都能在网上引爆，处处是渠道，人人是记者。后来我听说违规宰羊又开始了，更隐蔽了，地点转移到草甸子里了，这就是道高一尺魔高一丈，所以我后来离开了电视台。做过这些事之后，心里会有缺憾，很多事情耗费了大量精力却没有直接解决掉，就是这样的。"

曲家辉："谢谢张成良老师。"

姜娜："曲老师从一个宏观角度和三个微观层面对张老师的讲座进行总结，给大家很多提示，希望大家能够好好消化。那么接下来有请我们的学生参讲人李肖霖同学，看她有什么想法。"

李肖霖同学："很感谢张老师的这次讲座，姜老师给我这次机会让我以参讲人的身份表达自己的看法。刚刚听了曲老师的评析，我自己也有些小感悟。从张老师讲的屠宰场事件中，我得到了两个启发，就是新闻的真实性和连续性。真实性是指私屠羊的这样的事情报道的话就会有一定的风险，像张老师刚刚说的和狗对视 N 秒等，但是呢，再大的风险都不能隐埋事实，张成良老师在面临如此大的危险时仍然不放弃，持续报道此事，使这件事情的本质暴露在大众面前，让大众了解事情的真实结果。第二是连续性，张老师即使遭遇了那么多挫折，仍然不气馁，一次不行两次，两次不行三次，接连蹲点采访，从事情的发展到事情的善后处理，调查过程完备而周延。最后一个是曲老师说的，我们关注一个作品，应该关注它的生成过程，而不是这件事情有什么笑点，我们注意的是这件事情能给我们带来什么启发，我的看法就是这些。还有，我想问张老师一个问题，采访畜牧局局长这些善后过程最初有没有在您的计划之中呢？"

张成良："上一次讲座中我也讲过，这些采访必然要有相关部门的回应。因为这事就是在捅马蜂窝，我们必须要让对方知道。最有意思的是我们采访的策略都是这样的，让对方清楚你知道这件事，但会采用一种瞒天过海的方式与你交流，在这种情况下，正好中了我们的下怀。在我们的预案里从来不能放弃相关部门的调查采访，我们拿到最原始的第一手资料后首先去和相关部门核实，然后再和相关专家进行敲定，这是一般性的程序。"

姜娜："我们的李肖霖同学又从新闻的真实性和连续性对讲座内容表达了自己的看法。那在这个基础之上，再细化一些细节，如拍摄角度，虽然我不是记者，但是我注意到了拍摄之前要先进行踩点，就像这个，如果张老师踩好点就不用跑第二次了。第二个就是在这两次讲座中，张老师都提到了树哇，桥呀，为什么这样说呢？我们拍这个东西并不是只拍这个人就好了，要有一个背景，让大家猜这是一个什么环境，什么样的地点，这些都要交代清楚。第三点就是张老师提到了泡子，就是水沟，就是蚊子苍蝇这些最容易滋生的地方，这也是最容易出事的地方，这些都是我们的经验，所以以后找新闻可以去这里找找看。还有一个是夜色，也就是说晚上也是最容易出事故的时段。最后一个是注意拍摄角度，不要总是拍一个地方。现在还剩下一点点时间，给大家留下来互动提问，有什么问题可以问我们张老师、曲老师还有李肖霖同学。"

学生甲："我想问一下张老师您从物理老师到记者再到大学老师，这种身份发生了转变，接触到不同的人群，这对您的心态和生活有什么影响？"

张成良："生活阅历就是最好的老师，一旦经历过，人就会更加圆融一些。关于什么时间过什么样的生活，我会有充分的考虑，如果我之前没有经历记者、老师这样的工作阅历的话，我可能还会很单纯，没事就写点诗写点散文什么的。我发现经历过这些之后我明确了新的思考方向是什么，这使我受益匪浅。的确每次变换工作是极不适应的。我从中学老师到电视台，第一年可谓九九八十一难，经常被制片人批评，因为电视栏目收视率低，以及刚入职没有经验等，就被调到其他栏目了。后来经过不懈努力，也是为了证明自己，我在电视台四年比其他来台多年的记者获奖都要多。再后来我到大学当老师，因为和电视台待人处事不一样，突然在这里当老师讲课有些不习惯，中间有三次要逃离，也有其他电视栏目给我抛橄榄枝，最后我都拒绝了，坚持了下来。所以说，每次选择都会面临很多痛苦，但是痛苦之后就会有甜蜜。"

姜娜："还有最后一个问题，有谁要问吗？"

学生乙："张老师，您好，我是汉语言专业的学生，但是我对于记者这一行业很向往，我想问一下老师的建议。"

张成良："我1997年毕业的，22年了，到现在为止，我最骄傲的时间就是在电视台的那四年，直到现在我很多次做梦都是在跟同事找素材、紧张地调查采访。所以关于专业，我记得入台的招聘考试，有很多新闻学的还有很多汉语言文学的学生，但是只有25人进入复试，考试内容都是文学常识的题目，我当时就有些慌了，心里想着200多人我能考进前100名就很厉害了，考前50名够吹一辈子的了，不枉我喜欢文学和新闻一场。结果一出来，我考了第一名，我当时没给任何人说。后来在电视台工作三个月后，我就彻底辞去了原来的学校教师的工作，一心一意到电视台工作。应该说人的这一辈子，不要怕别人的看法，你只要确定好计划方向，加油做自己就够了。但最忌空想，需要制定一个计划，一步一步慢慢来，这样最终就能够实现了。"

姜娜："谢谢张老师。根据张老师讲的内容，我建议可以出版三本书，第一本是文学作品，内容很精彩；第二本可以出一本拍摄技巧教科书，教大家如何拍摄；第三本可以从各个理论角度出一本论述书。这样我们就会有更多的教材去读去理解了。由于时间的关系，今天的讲座就到这里，让我们期待下次更精彩的讲座。让我们用热烈的掌声再次感谢张老师！"

附录3　取灯大讲堂第三讲
废矿区里闻呼声

主讲人：张成良

参讲老师：王杰飞

参讲学生：林新颖

记录整理：林新颖　司忠丽　李珂心

讲座时间：2019 年 6 月 11 日

今天的报告打算讲一下关于矿区里调查采访的事情。

跟上次一样，报告由四个部分组成：第一部分先讲讲采访的背景，第二部分是整个后续的报道及其产生的一些影响，第三部分就由王杰飞老师来进行讲评，最后第四部分是师生互动环节。我会根据这四个部分依次来讲，这次讲座我会控制篇幅，争取给大家留出更多提问的机会和讨论时间。

今天的内容其实很多，首先来看第一部分：采访背景始末。确切地说，这并不是一次采访完成的。

有关矿区里的调查采访是我进入新闻评论部后一次最重要的调查活动，所以我在《为百姓说话》作品集里完整收录了一共四篇的采访文章，我其实是先后四次前往矿区。今天就来给大家介绍一下关于做此次采访的背景，也就是缘由。

其实当时做采访，我在电视台已经面临山穷水尽的窘境了。前面的讲座中提到过，我 2001 年进入吉林电视台，那一年遇到了很多意想不到的困难。

那个时候太年轻不懂世故，可能影响一些人际关系的处理。当时我与直接领导之间有一些摩擦，这就给工作带来了一些压力，甚至后来调离了原来的栏目，于是当时的我迫切想要去证明自己。

有关矿区的首次采访发生在三月底的一天，当时我们栏目的选题来源有两个方向，第一是电话，栏目未设专门的接线人员。这里的接线人员都是我们每一个编导。完成手里的拍摄任务之后，他们就以值班记者的身份把热线电话的内容记录下来。

第二是上访。关于到媒体上访问题，现在已经看不到当时那种场景了，以后也不会再出现。经常有来电视台上访的人，他们会在电视台门口排起长队。人数最多的时候有二三十个，门卫负责登记工作：记录事件内容，有时候会联系记者到现场接待一下，这成为电视台一道独特的景观。还有一种情况，就是通过熟人关系找来的。他们会找到我们新闻中心内部的一些人帮忙联系记者，然后到门口去等。

我这儿大致是属于第三种情况，有个来访者之前已经联系过我们栏目中的几个人，本来打算做一个调查采访，但是一听这个题材都没去，是什么题材呢，请继续听下去。

长春市九台区有一个营城矿区，这里原来是一个国有煤矿。东北煤矿从新中国成立之初就开始开采，一直开采了这么多年，最后已经枯竭了。因此这个矿区是一座废矿，尽管对于国有资产来说是废矿，已经没有开采价值了，但是对于个别人来说，它并不是废矿。

开矿的时候需要往井下掘进，掘进到一些位置时会停下来，留一些立柱。每个立柱面积都达到了数百平方米，立柱的位置是不能动的，原因有两个，一是居民区，另外一个是采空区。采空区面积很大并且是空的，如果没有立柱作为阻隔，时间长了必定会塌陷，所以会在采空区之间设置一些立柱，立柱上方一般建有一些民房。在这种情况下，尽管不再进行采矿，但还是有人会把这里当成一个香饽饽。

我们知道，如果几百平方米甚至是上千平方米的一片地里面有煤炭的话，能挖掘出巨大的财富。举个例子，煤是按照一立方米或按照吨来算的，在地下一般是按立方米来算。2004 年采访的时候，一吨煤的价格是 200 块钱。现在的话，估计是翻番都不止了。用挖煤人一个形象的比喻来描述，这就跟抢银行似的，挖出来一斗，就相当于一吨。

雇一个人花费不高，但挖一晚上能挖出十几吨，一个晚上就能赚 2000 多元。所以很多人铤而走险，想方设法挖空心思地去那里挖煤。因为涉及矿区这样一个复杂区域，很多记者不敢接这样的任务。新闻采访有几个敏感的区域，矿井算是一个。

在座的有很多是广电编的同学。大家有没有看过王宝强演的一个电影，叫《盲井》。那部电影讲的是一个真实的事件，几个工友一起去挖煤，彼此之间关系不错，是好哥们儿，他们的套路是去寻找劳动力认作亲人般对待，但后期在井下制造"安全事故"将"亲人"杀害，再找矿主私了，以此来骗钱，前些年就出过这样的事情。矿井下意味着随处都是危险，随时都有陷阱。所以，这类事情与黑恶势力往往是连在一起的，于是就没有人愿意去采访了。不过我勇往直前，准备接下这个差事。当时是 3 月 31 号接到这个消息，下楼之后发现是来客接访，来人是一位矿区老矿工，因为私挖煤井危害他家房屋的安全，所以他冒着被打击报复的压力来找我们去调查采访。

第二是废弃矿区的背景，这中间存在一种利益关系，由于藏污纳垢，会出现很多问题。

第三就是我为拍摄做的准备工作。此前我并未接触过这类选题，因为我知道它的危险性。既然决定前去，就要做好心理准备。

第四就是确定拍摄的思路。我们不能贸然行动，否则可能导致失败，这也是最困难的选择。这个思路如何设计呢？一般都采用上次讲座跟大家讲的那种那个偷拍 DV。一般最好的办法都是先盯现场，把最重要的画面记录下来，后面的调查就好办了。因为如果根据现场环境大张旗鼓地采访，消息容易不胫而走传入他人耳朵，便会失去目击现场的机会。之所以讲我们跟了三个来月，就是因为一开始的时候，第一步没有做好，他们就很警醒，为后续拍摄增加了很大难度。

采访分了几个层次：第一个层次是熟悉新闻背景，需要采访事件相关方，也就是跟我们爆料的人；第二是环境的拍摄，大多数属于外景拍摄；第三是卧底暗访；第四个是安全部门的一个采访。这四个流程呈现出的是一种递进次序。

其中问题最集中的是隐蔽性拍摄，包括调查者的身份选择，我的暂定身份是澡堂老板，同行的是《长春日报》的一位女记者。设定的身份是夫妻，我们夫妻俩开了一间澡堂，澡堂是最需要煤的，所以我俩一起去买煤，这能够作为一个借口，然后通过这一线索最终完成前面的暗访工作，后面就正式开始拍摄，以上是大致的拍摄思路。

第一次的拍摄主要强调先后逻辑和细节的选择。具体包括怎么样进行拍摄以及每一个步骤需要拍摄什么。大家可以看到有几张我第一次拍摄到的图片，这其中包含着重要的逻辑关系。首先看上面两张图，这是第二天用摄像机正面拍摄的，而下面这张是我们第一天暗访的时候拍摄的，注意看周围，这是用偷拍机拍摄的（见图3-1）。

传播讲堂　废矿区里闻呼声

采访过程口述

2003年4月8日
4月9日拍摄

图 3-1

这里是第一天下午拍摄的一段视频，我在视频里截取一个画面。第一天我们驱车前往，由于当地的居民区没有太过高大的建筑物，所以想把车隐藏起来就有些难度。此时我们的车距离爆料人家有一段距离，停下车之后，我们徒步过去，老人就带领我们到达他家里。进门之后立刻把大门锁上了，屋里有四五个已经准备好接受采访的人，都是周围的居民。从下午两点开始，一直到下午三点钟左右，我在这个屋子里完成了一系列采访。

结束采访后，我们马上开始画面拍摄和现场调查。

第一步先摸情况。我们大概了解到，当地居民很是愤慨，很多房子下方就在采煤，房子随时都有可能倒塌，大家都特别担心，这是民间利益关系者的一种说法。

第二步要拍摄画面。正赶上周末，具体日期是 2003 年 4 月 8 号。有一段画面，我费尽周折走了半个小时，找到了一个制高点的地方——当地的一家储蓄所，我登上外挂楼梯，在三楼拍摄了一组画面。

众所周知，当时这一段都是处在暗访期的，所以拍画面时候，需要一瞬间拿出偷拍机迅速完成拍摄。当时我们在整个小区行走，小区里的旱厕并没有围墙，而是栅栏围起来的，因此我们借助栅栏之间的缝隙进行拍摄，才形成了这些画面。拍摄一直持续到了下午四点多钟。

接下来第三个层次就是开始暗访。我们一共走访了三家开矿的居民。有趣的是第二天我们记者去正式采访，刚好三家全部找对了。其中有一户，正在现场抽水，全部抽完之后就可以出煤了。小立井接口是六边形，采用木料制作。井深二十米左右，算是比较深的，具体挖煤操作是这样的：通过立井垂直去挖，挖到煤层之后，把井边用六边形的接口圈起来，然后在里面朝着一个方向垂直掘进开始挖煤。一般使用电镐把煤钻取下来，之后用一个盛装的设备拉上来。

我们看到的这个煤井就要出煤了，正式出煤之前，煤上方有一层煤皮和矿石，是无法燃烧使用的。也就是说，煤是经过了上亿年的时间才形成的，煤皮就像是小青虫，还没孵化成蝴蝶。

我和长春日报社记者转了一圈想要买煤，到这家发现他们的煤比较潮湿，又进行了一番沟通。采访之后我们无意中听说，他们的煤与外面各矿井出的煤都存放在一个煤场，而这个煤场负责统一往外批发。于是我们趁夜色来到煤场进行调查。

那段时间正好是晚上六点到七点之间，夜幕已然降临。天黑之前画面拍得还好，后面基本上都是站在外面在黑暗中拍摄，好在视频中的声音真实，问题不大，最终这些画面派上了用场，只不过拍摄画面中人的表情没有记录下来。

由于居民说那里 24 小时连续挖煤，因此我们需要去求证，判断是否属于昼夜挖煤。带着求证的心态，我们继续夜间观察。晚上八点多钟之后，第一个被盯上的矿井就开始行动了。

其实我们的目标不止这一家，但其他目标皆有难度，之所以选择要盯这一家，是因为这一家还没有建起院墙，其他几家都有院墙进不去。4 月 8 号，当时是晚上八点，正是上弦月，天已经黑了。我跟摄像老师拿了一台大摄像机，摄像老师一边记录画面，我们一边逐渐往目的地靠近，距离八十多米的时候，我们拍下第一组画面。

突然意外发生了：距离我们不算太远的地方有人拿着手电筒向这边照过来，光线直接锁定了我们。

当时我心里咯噔一下，暗暗发想：我们一旦被发现，计划可能就要失败了。四月份的东北，植物生长还不是特别旺盛，空气里弥漫的满是初春的气息。不远处的栅栏上生长着各种枯干的藤蔓，足以阻挡视线，旁边有一块空地，我跟摄像老师两个人就钻了进去。结果那个人不但没有离开，反而点燃一支烟朝我们走过来。很快走到我们面前，说了一句"出来吧"。没办法，我们只好站出来了，硬着头皮出来一看，是我们认识的人！就是下午采访的一个居民，其实他过来是保护我们的。

毕竟是虚惊一场。我们让他放心去忙自己的事情就好，这里我们自己想办法。双方说话的声音都很低，再加上这家还在热火朝天地挖着煤，因而并没有察觉到我们的存在。这个时候，我跟摄像老师商量着如何缩短与被拍摄者的距离。通常我们更愿意近距离拍摄，因为没有三脚架，若在远距离推上去拍摄，画面就会明显晃动，尤其是在晚上，像素的噪点很大，拍摄效果不好。所以必须得不断靠近，争取用广角镜头来拍，效果才是最好的。直接面对对方拍摄是行不通的，栅栏一侧有个缺口，把镜头放在那儿，人不露面，这个办法或许可行。摄像老师担心距离太近来拍摄，太过危险。协商后我们达成一致：我去前面拍摄，他在后面做掩护。

在这个房屋旁边有一栋耳房，那里就是挖煤的人工作的地方。我们拍摄完成后，这些人也逃离了一段时间。当时是春天，地上没有青草，都是黄土。当天在拍摄的时候，我匍匐着趴在地上，打开摄像机准备拍摄时，挖煤的一个人朝着我径直走过来，站在我面前两米远的地方，将挑过来的灯挂好，这盏灯恰好用来作为光源，而我也恰好隐藏在阴影中，我把摄像机抱在怀里，像抱着自己的孩子一样，生怕掉在地上弄出响动被外面的人发现。好在挖煤人忙着出煤和装车，根本顾不上周边的环境，我得以在距离不到五米的地方潜伏下来拍摄。在这里，我持续进行了大约二十分钟的拍摄，那时候每一分钟都惊心动魄。

前面的拍摄全部成功了，于是我们决定开始第二阶段的工作。第二天，我们若无其事地开着车，去市里兜了一圈，到了煤炭安全管理局，联系到了主管局长。在这里，我们又设计了一个调查策略：当时有两台摄像机，一台大摄像机，另一个是小 DV 机，放在皮包里面做偷拍之用。见到局长本人之后，我们就把大摄像机放在茶几上，正对着他，其实大摄像机根本没有打开，这也算是明修栈道、暗度陈仓吧。果不其然，局长看到之后，想要躲避摄像机，转过身朝着另一个方向，刚好正对着我，这时我的小 DV 机便正对着他，这就是驱虎吞狼。一切妥当了，开始进行采访。首先我解释了来意，我们到九台乡下去做一个关于农耕的采访。今早在路上，即将抵达时，接到了一通电话，向我们反映昨天晚上在营城矿区有一口矿井，每晚都进行开煤出煤活动，这种行为除了容易带来安全隐患，也是对国家资源的一种破坏，是不允许的，并且向我们反映"这种情况一直也无人查处和管制"。局长皱起了眉头，声称他们一直在管，现在相关查封已经落实完毕，早就已经杜绝了，并且坚持认为是我们不了解情况。

他试图用一番准备好的说辞把我们打发走，其实我一直在等他的这套话术。我继续询问目前的开采情况，他便推辞说："我们对于这种行为，看到一次抓一次，但是这些人很狡猾，在外有放风的人，我们一露面，他们就知道了，通风报信之后就藏起来，难度比较大。不过我们现在做得很坚决，该炸的都炸平了。"聊了将近一个小时后，已经将近九点多钟，又因为在第一天，我跟《长春日报》的记者已经去过矿区，所以我们去现场采访时采取回避的办法。

我们的摄像老师和司机师傅两个人都没有露过面，虽然摄像晚上跟我出去了一趟，但是趁着夜幕他也并未出现，所以没有人能认出他来。于是我就采取了第二套方案。我们一般出去采访的时候，每个人都有战斗力，任务分工也很灵活。譬如，我随时可以进入到摄像状态。我和报社记者两个人第一天暗访过后，为了不使对方怀疑，第二天就不能抛头露面。局长知道我俩都是正式的记者，尽管他强调矿场已经封完了，我们去不去都行，但看我们坚持要去，并声称这是领导安排的任务，又表示我们不太看好这个选题只是完成任务有个交代。于是同意司机和摄像跟着去看看，这样我跟报社的记者就暂时脱离了现场。

大家想一想，他现在觉得我们两个记者离开了，剩下司机和摄像老师，不会有什么威胁，最多也就到现场看一眼罢了，毕竟他们也没有新闻调查采访的经验。他们不知道的是，其实我们采用了移花接木的办法，把这次主攻的任务交代给了摄像老师和司机。那个时候的移动通信设备没有现在这么发达，并没有智能手机，联系都是通过打电话或者发短信。摄像老师当时和局长坐在同一辆车上，通过发送短信和我取得联系。由我安排他询问一些问题。这里有两张图片（见图3-1），我们可以看到，到地方之后，已经有4月1日就贴好的封条了。

其实在4月8号时，我们看到的时候，他们还在进行挖煤活动，外面能看到有新鲜的煤留下的痕迹，而且前一天晚上，我还拍了那边工作的画面，可以看到这张图片（见图3-1）。第二个画面（见图3-1）是进行挖煤工作的小矿，顶层的盖板距离矿边缘不足一米，看起来已经用土填满了。最初我还感到疑惑：为什么第一天还在进行挖煤工作，第二天就已经填平了呢？后来发现，在小井下面，设置了一些机关，是一些卡扣，两个隔板之间相隔一米多，卡扣可能用了钉子之类的材料，在卡扣上放置一个面积大小刚好相同的六边形木板，再往上面撒上一层土，表面看已经封井，实际下面大有文章。最初由于不清楚真相，确实感到奇怪，后来知道真相之后，我们又进行了第二次调查采访，整个过程分为两部视频。今天把两部视频拿来，大家可以简单看一下大致情况。

播放影片。（张老师讲解视频镜头是如何拍摄的）

这是视频节目的幕后花絮，内容涉及当地的煤炭安监部门。以上是第一次采访，产生了一定的社会影响，什么影响呢？我们4月8号、9号进行拍摄，4月12号、13号播出两期节目，过了一周左右，吉林省纪委突然打来电话与电视台取得联系，称知道我们拍摄了这部影片，也知道了这件事情，专门找到电视台调取这部片子，了解其中的一些细节问题，回去后马不停蹄地把此事处理了，不过具体处理过程和操作细节我并不清楚。

接下来是第二次采访。在当年10月份进行，这次是一个更远的小村子。大家都知道，东北早期矿产资源丰富，但是现在煤炭资源其实已经枯竭了，这次采访选择的地方同样也有丰富的煤炭资源。

此次消息也是来自群众的热线举报电话，同行的依然是上一次一起做采访的报社记者，这次场地拍摄的效果更好。当时的情形大概是这样，矿井周围都是农田，设备很难被带进去，车也无法驶入，所以我们把车停在距离矿井四五百米的路边，然后我和同伴带着偷拍机，在玉米地里猫着腰穿行过去。

绕过去之后还是继续观察，这里有个新发现：早期采煤时，他们用的是橡胶桶，橡胶桶虽然很重，但不怕磕碰。由于每次出煤都在半吨以上，一两个人难以搞定，所以下面设有一个机关。他们还是非常聪明的，如果不是亲眼看到，我们很难想象到这种结构。这里有一个小阀门，轻轻一拉，阀门就会掉落，煤就落入皮桶。在此之前一辆小推车已经被推到下方等待接煤。拔掉插销，煤就落到小推车里，一斗煤正好盛满一推车，小车可以直接推走，一切大功告成。

接下来给大家描述一下采矿工人下井作业的方式，采矿的工人用自行车圈的外胎打一个结，两条腿从两个圆形洞中分别穿过去，上面并没有做安全措施，电动马达负责把工人运送到下方。到达矿底之后，工人朝上喊一声，上面的人听到之后关闭电闸即可,这里是用偷拍机拍摄的,虽然不够清晰,但能够看清楚下井的装备(见图3-2)。

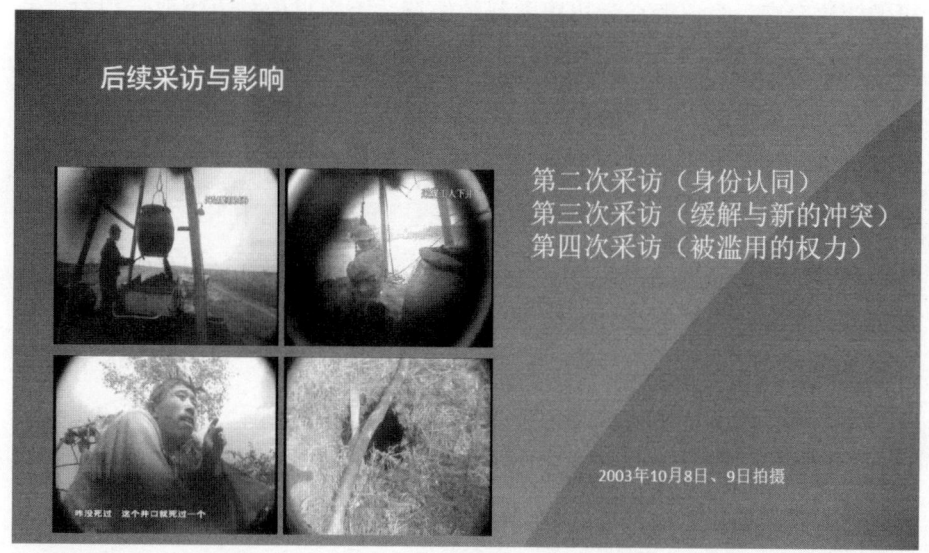

图 3-2

跟我聊天的挖矿工人正抽着一根烟,他应该刚从矿下上来,我询问他这种工作是否危险,他坦言挺危险的,前几年就有人在此丧了命。

这是2003年十月份的八号和九号,能够看到小立井就建在山深草密的乡村角落。这里的采访结束之后,我们又进行了另一个采访,由此完成了第二轮调查报道。

第一部专题报道起的名字是《挖煤井赚黑钱,谁来管?》,第二部则是《小煤井揭秘》,这部作品中很多细节都能够体现出来。

看右下角这个画面拍摄的图片(见图3-2),这种采煤活动结束后留下的废弃井并不会被填平,因为填平需要大量的人力、物力和财力。通常只是在上边搭两根棍子警示一下便弃之不管。这种行为非常可恶,未填平的井非常危险,这种井口并不算小,当地居民就提醒我们说之前有牛羊在这里踩空掉落井里,两天之后才被拉上来,上来时已经死掉了。

当初到矿区采访时,我也差点掉进去,现在回想起来十分后怕。当时是第三次去那里采访,拍摄画面的时候,我是一步步向后退的。我不知道在座的各位有没有这种体会，在拍摄画面的时候，一般双眼只盯着显示器看，很难注意到旁边的状况。所以后来我们电视台有个习惯，出去拍片的时候一般摄像旁边会有一个记者在旁边跟随帮忙协调，否则摄像拍摄需要后退时无法做到自我保护。

我正往后退的时候，脚一抖，我的脚是试探着往后走的，当时觉得脚下一空，觉得不对劲，立刻意识到危险，就急忙停住，回头一看是这个废弃的立井坑。如果真的掉下去后果不堪想象。这个井深二三十米，单不说下去能不能摔个半死，就是全身下去，下面没有手机信号，也无法打电话求援。小煤井的井口直径不算很小，无法伸展四肢增加下落的阻力，只能是绝望地向下坠落。

第二次采访其实也很成功，很多细节方面都拍摄到了。最主要的是我们拍到了拥有三口煤井的那位老板，他跟我们交流时明显带有赌气情绪的，其实这恰好是我们记者最希望看到的。最有意思的是这个人后来还找关系来摆脱麻烦。我前边谈到，第一次打电话，是我们一位主持人联系到的我。这次出去采访结束之后他又跑了过来，问我是否去那个小村调查采访了，还说视频拍得立场有问题，对此我深感疑惑。

前面他们声称要曝光，恐怕是在商言商打击小煤井主的一个手段。为了弄清事情的原委，也是出于解释的需要，于是就有了我们接下来的第三次采访。出乎意料的是，第三次在调查环节中又产生了一次新的冲突。本来反馈回来的信息是第二次拍摄后，那个小村的煤井得到了很好的整改治理，而且和开在居民区的小立井相比，第二次拍摄的小煤井老板手里有合法手续，三口小煤井出煤是正式开采前的试采，虽然不合法，但圈子里的人都这么行动，在正规手续之前叫"试探性开采"，其实这也就是借口。

煤井老板原本是想在煤炭正式开采之后再补办手续，当时的手续还没有办全。后来他说手头手续办全了，就邀请我们再次去监督。在煤井现场，他把手续拿给我们看，因此第三次我们就正常拍摄了一些内容。第三次的名字比较有来历，叫作《非法煤井全部叫停》，相当于系列调查报道的延续。

但是在拍摄完这些后续视频之后，我们又回到营城矿区那边，想回访一下小立井是否已经彻底关停。这一次我们一行四五个人，进入上次拍摄的一个人家进行复查拍摄，这家人直接把井开到自己家的屋子里面。上次来时还只是在屋外搭个棚子，在棚子里面进行挖煤操作，这次直接开在屋子里面，灶台一旁就是煤井。

我对井口进行认真观察，对方因为不能确定我们的具体身份，也不敢加以阻挠刁难。有了上次的经验，我猜想这个机关就在井盖里，便让他把井盖打开看看，打开一看的确土就要填平了，这就是前面所说的情况：在白天用井盖覆土遮挡住，看着就像是填平了，到了晚上把井盖提起来继续挖煤。

我试图用棍子捅了一下，看看是否真正填平了，那人突然暴躁起来，称这样做很危险。我反问道："不是已经都填平了吗？"因为这话几乎起了冲突，最后以我们离开而作罢。本来这次我们是抱着正面报道的想法来回访的，而且没有证据显示对方的开采行为违法，于是就此打住。

但是这次调查表明，居民区里的小煤井根本没有清理干净，随时可能反弹。这样就有了第四次采访。

第四次采访是危机最大的一次，当时我们是前往矿区北部的一个地方。但令我意想不到的是，这些人已经对我有了足够的戒备。

当时我觉得自己扮的身份没有什么破绽，我不知道的内情是矿区里的井主已经把我当成"全民公敌"，恨我恨得牙根痒痒，而我还一无所知。这点其实就是信息不对称。这次跟我们沟通联系的是一个大家叫作"四叔"的人。这个称呼一听就很霸气，其实他只是一个六十多岁的老头。煤矿那边有很多混社会的，猜想他年轻的时候就是一个混子，如今年岁大了，有种"英雄迟暮"的感觉。

离他家房子不到三十米的院子里，被别人开了一口立井。对此，他也是敢怒不敢言，和人高马大的对方一帮人比起来，他毕竟势单力薄。

接到这个"四叔"的报料电话后，我仍然准备采取常规策略，先关起门来进屋进行采访。他和他的老伴住在一座很小的土房子里：风都能吹跑的那种。没有后门后窗，就前面有个窗户，那个门是极其简陋的木门。在采访差不多的时候，我跟他说自己需要到外边拍个外景。我就独自到后山去拍摄，就是我前面说的差点掉进井里的地方，本来我带着一名实习记者。这名记者是吉林大学新闻专业的毕业生，是一个女孩子，为她安全考虑，我让她留在屋子里接应并做好一些记录，自己出去转了一圈。回去之后，这个"四叔"说你胆量挺大的，后面还有十来口废井呢，不小心踩进去就非常危险了。

前面的画面拍摄结束之后，我和那个实习生一起到现场去。在那个院子的东南角，我腋下夹着偷拍机记录。井外有两个人，井下有三个人，一共五个人，在井外的一个人打量了我们一下就冲着我说，'哟，你们又来了？'当时没多想，就说这是我"四叔"，我们来串门。那人反问，你们不是吉林电视台的记者吗？我有些错愕，心想我们怎么就被人记住了呢。那人还接着就说，你好像姓张，然后冲井底喊，上来吧，有记者来了。

我看着电闸被推上去了，机关装置开始往上提，立刻认怂说："我们不拍了！"拿起偷拍机赶快离开现场，准备回到"四叔"家的屋子里去。那天我心里就只有一个念头，那就是遇到危险赶快逃跑。

我刚拿起背包准备出门的时候，这五个人已经来到门前，要求进屋子。"谁也不要拦着，我们就要跟记者谈一谈，为什么老是跟我们作对呢？"为首的那个人说。

在这千钧一发的时候，"四叔"发飙了，他情绪非常激动地冲出屋子。尽管个子很矮，只有一米六左右，干瘦的一个老头。但他从厨房里拿出一把大菜刀摆在前面，恐吓他们说："你们谁要敢进我的屋子，就从我的尸体上爬过去"。

狠话一出，对方有些不知所措，"四叔"趁机捡起一把大锁把门锁上。那几个人反应过来后，立刻大喊大叫起来，一边叫着一边拉拽大门。门忽闪忽闪地晃动，感觉房子快要被推倒了。

这时候土炕上坐着的老太太突然感觉不对劲，栽倒在被子上，她的心脏病犯了。此时屋子里只有三个人：我、实习记者和老太太。我特别紧张，赶紧询问老太太这边有没有治心脏病的药？老太太回说在地柜的抽屉里，实习生赶紧把药找出来让老太太吃下，然后躺下身子缓一缓。老头则在门口一直用身体护住大门。

千钧一发！我准备带着偷拍机器出去，和对方好好理论一番。当时我思忖着应该把偷拍机放在什么位置更加安全。这时候大概是十一月份，天气比较寒冷，偷拍机电量消耗很快，经过前面屋子里的采访加上后山的外拍，偷拍机电量已经报警。这感觉就是"叫天天不应，叫地地不灵"。偷拍机没有电了，大门也快被砸烂了，我就把偷拍机小心地藏进了被垛子里面。我跟那个女记者说："你别紧张，不要害怕，他们进来你就趁机跑出去，你是女生，他们不会注意到你，我就在这跟他们周旋。"

其实这时候我心里也很着急。我手里拿着两个电话，一个是移动手机，另一个是以前叫作小灵通的设备。小灵通拨号时需要加区号，当时我就用这两部手机轮番给我们的司机打电话，但由于所处地理位置比较偏僻，手机信号不好，电话一直拨不出去。

屋外的吵闹声越来越大，屋门也开始有些松动。僵持了十多分钟后，我的小灵通电话突然响了，一瞬间我就感觉看到了希望，像在沙漠行走突然看到绿洲一样。电话是司机打过来的，我接起电话说："出事了，赶快进来！"结果电话又没有信号挂断了。我的这句话很重要，我们这位司机师傅经常跟随我进行暗访，所以了解大致情况。他在车上安装有模拟警报的喇叭。司机师傅开着车由远及近冲进来了，当时那五个大汉正要推开门闯进来，听见有警报声响，立刻就一个个退回去，回到矿井一旁虎视眈眈地望着我们。

司机下了车，赶紧来接应我们。我们知道他过来了，但走到门口之后他发现门还被锁着，于是就招呼屋子里的我们。听到警报声响，那个"四叔"也是一头雾水，趁机躲到屋子后面去了。司机大声招呼了一声"四叔"，他一听到这个称呼，猜想一定是自己人，很快就把门打开了，我们立刻上车准备离开。

这五个人还是见过风浪的，他们远远地盯着我们，只是不敢轻举妄动。对于我们来说，这不是我们想要的结果，暗访不成功，拍摄也就算前功尽弃。

然后我们打电话报警，当时拨通的是矿区派出所的电话，并且安排摄像对电话进行全程记录。意想不到的是，电话拨通之后，我表示某地正在有人挖煤，根本没法阻止，他们刚刚把我困在屋子里，特别危险，就这样描述了一下场景。出乎意料的是，派出所接警人员非但没有理会我们的求助，反倒恶语相向。看到此景，如果说前面的心情是恐慌，现在则全部都是气愤，这股怒火从那五个人直接转移到接警人员身上。于是我们拉着"四叔"去报案，当时其实是做好沟通不畅的准备了。再次出乎意料的是，"四叔"报案的时候，警方人员态度温和，认真地接警记录。

心理上平衡以后，我立刻想到应该利用和警方人员的沟通完成对小煤井的处理，于是开门见山，亮出身份寻求警方的配合。所长恰好外出，指导员接待了我们，问我们什么事？我就跟他描述了一下情况。

得知电话接警人员态度不好，副所长马上表达了歉意。同时跟我们认真沟通："我们派出所个别老同志的确素质不高，矿区出身没啥文化，再过两个月就要退休了，还请记者同志体谅他工作不容易，干一辈子，别影响了他的退休。"

派出所应该是我们调查采访的"友军"，遇到粗鲁接警也只能算是一个小插曲，于是我们也表示了谅解。

接下来就是谈矿井的事情，我表示矿井地区拍摄比较困难，看能不能提供一些协助？他说没有问题，副所长马上拨打一通电话，说要找煤炭安全局的负责人。很快我曾经暗访过的那个煤炭安全局的局长赶了过来。

当时是十一月份左右，尽管已经过去了七个月，但是说实话，我感觉他还是认得我的。尽管口头上没拆穿，一直不动声色，但是后来端起茶杯的时候，他还是暗示我说："张记者，我们认识比较晚，我对你们电视台的人也很尊敬，但是四月份的时候我被你们电视台的一个记者坑得很惨，他也姓张，他来的时候就曝光了我一次，因为这个事我还受到了处分。"

后来他也一直在我面前指桑骂槐，当然，他说的都是指偷拍他的'那个人'。我实在听不下去，于是说："张局长，你也别激动，我们记者做采访，都是对事不对人，其实这件事，你确实做得有问题，我跟你说的这个人很熟，但是我不能告诉你他是谁，不过如果换作是我，或许我会比他做得还让你下不来台，毕竟你自己应该知道上次怎么回事。"

那晚的沟通气氛比较压抑，那位局长无疑是最失意的人。我希望的相逢一笑泯恩仇，在那位局长看来就可能是第二次伤害。

第二天早晨，煤炭安全局果然来封井了，两三辆车十几个人，还带来了炸药。他们先是用近百米的电缆线和铲子等工具，吊起数十斤炸药，一点点地往小煤井下面顺。

当时觉得这些操作非常专业有效，后来有人告诉我炸小煤井的处理方式有很大的操作空间，如果要彻底报废这些井，需要把线放到井下合适的位置。他们当然心里有数，一般是二十米左右，距离底端还剩大概十米，这时候点燃炸药，这个井才算真正报废，无法再进行修复。但如果他想糊弄外人，就只把线放下去到三米左右的地方，这里离井口距离比较近，爆炸声音剧烈，甚至感觉周围都地动山摇。但这样做雷声大雨点稀，对这井的破坏很小，只有上面部分被破坏，过四五天就可以修复。至于当天是否采取了后一种做法，因为我们始终没有被批准接近煤井井口也就不得而知了。

那么这个场景需要怎么拍摄呢？我们需要把设备都集中在煤井附近抓拍现场。大摄像机就放在离井口约二十米处的地面上，毕竟在炸井时要求"人远离至少一百米"。摄像机上套了一个纸箱作为保护，小摄像机则掌握在摄像手里流动拍摄。

我们这些现场观察的人，包括实习记者和那位局长，就站在"四叔"家房屋西侧，离那边将近100米距离，可以清楚地观察到煤井的起爆。

起爆的那一刻，声音震耳欲聋，附近地动山摇。一瞬间，那些石子木板都一起飞出井口，又簌簌掉落。其中有一个木板飞起很高，足足有四五十米，直接朝着我们的方向落下来了。

在那一瞬间，人们尽管都有逃跑的意识，但其实很难判断具体的逃跑方向。木板飞来的速度太快了，一下子砸在距离我们面前不到一米的地方，将水泥砸出一个坑。如果当时那里站着一个人，可能当场就砸死了。我拿起那块木板掂量了一下，木板是放水里泡湿的，分量不轻，足足有四五斤那么重。

前面也提到了，之所以能有这种效果，估计炸药放在井里的深度不够，归根结底还是蒙混过关，想过后再进行修补。所以整个场面看起来无懈可击，但也就算是做出个样子给我们一个交代。其实我们不想要这样的交代，毕竟我们只是调查采访的记者，更关心这件事的应该是附近的居民们。

多年以后，我出版的新闻作品集，书的前言题目是《舆论监督的突围》，其中引用电视台同事曾经写过的一篇文章。主要是因为我即将离开电视台，也算是离别的赠语，其中提到"他报道煤矿新闻比较多，所以大家形象地叫他'小煤矿矿长'"。

正是这个小煤井的事件让新闻中心的人一下子知道了我，大家甚至调侃我"调查采访不要命"。毕竟当年一连去了四五次，整个调查时间比较久，相对而言也更深入一些。

吉林省纪委针对这件事进行了严肃处理，这些小矿井的老板知道我的存在后，恨得就差把我丢进小煤井里了。再后来我写过一篇散文，叫《冲突小煤井》，就是记录这些内容的。

后来有关小煤井的调查性报道分别获得了吉林广播电视新闻一等奖，中国广播电视经济新闻奖二等奖，这算是国家级的奖项，是比较高的荣誉。

这个调查采访我们历经艰险，身体还是比较劳累的，也一直走在危险的边缘，奖项是一方面，其实更多的是精神上的收获。

我的内容分享得差不多了，接下来把这个时间交给老师和同学们。

王杰飞："画面似乎还停留在张老师给大家讲述的那个剧情里面。当然我们看过很多类似的电影，但是这个是真事。电影有的完全是编造的，有的是基于事实改编的，它是为了剧情的紧凑和紧张，故意地把那些悬念悬疑融在一起。但是张老师在省台做的调查性报道这一块儿，那就是真真正正、实实在在发生的。我看到大家也是挺感兴趣的，我也发自内心地钦佩。因为这个确实是需要很大的勇气的，不是一般人能够做到的。但是呢，大家也不要小看了自己，其实每个人的潜力都是挺大的，只是没有在一个合适的场合去爆发而已。那么我是不是得问一些问题？大家有什么想问的问题吗？"

张成良："现在你说了算，你是主持人。"

王杰飞："那我们先评析一下。我从我的角度来说，我有一些感触。第一个就是张老师怎么能有这么大的勇气呢？那我怎么就没有呢？或者说在这方面的话，大家是不是都弱一些？是什么样的因素让你去这么做。

我试图从我自身去理解，就是一种热爱。如果一个人能找到他自己的价值，能找到他自己非常热爱的事去做，而且这又是有责任感，非常有意义的时候，我想这就是能量爆发的时候吧。这就是我的感觉。

我也是跨专业找到了自己最喜欢的一些东西，一旦遇到自己爱好的事情，就会义无反顾地去追求。我不知道大家是不是找到了自己喜欢的工作。我说的是只要你找到目标，而这个目标恰恰是你一接触就比较喜欢的，然后你通过一些调查和一些了解，还遇到了一些困难。那么你就会考虑：我到底是做现在我做的事情，还是做我喜欢做的事情。这中间会有很多现实的因素去阻碍你，不过这个没关系。只要你选对了，找到你想要做的工作，那些困难都是可以克服的。

张老师在那几年电视台的调查性报道的采访，看起来很拼命。我觉得虽然这不是一部电影，但是他把自己当成了电影中的一个人物角色，就是进入了一种角色里面，一种带着使命感，一种为百姓说话的使命感和责任感的那种形象，去做这样的事情。这是一种精神熔铸在其中的情怀，所以可敬。也为张老师找到那种自己喜欢的感觉而开心。

我们年轻的时候总要经历点事儿，要不然的话就没什么可回忆的，这也是日后你为人夫为人父的骄傲的谈资。这就是我的第一个感觉，一种分析。

另外，其实任何有关调查性报道的新闻都附着在和百姓息息相关的生活环境中，都会有一个结果，这个结果有的时候我们以旁观者的眼睛来看，有的时候我们是以亲历者和改造者的身份来参与的。

‘非典’的时候你们出生了没有？那一年是2003年，你们没出生吧？那个时候我已经上大学二年级了。成良老师当时也是在抗疫现场，穿着厚厚的防护服拍下非常珍贵的有价值的画面。”

张成良：“就是获得中宣部抗击‘非典’优秀作品奖的那一个调查采访。”

王杰飞：“在人家都很害怕这种瘟疫的氛围里，只有他冲上去了。其实我这个问题就是想问，在你这些报道中，在这些个专题报道中，到底起了一个什么样的作用？

这个讲座还给我一个很深的感受，就是你要过去采访，结果人家发现你和你的团队，要求你们离开。这时走就意味着你不是一个合格的记者，除非你回去有一个另外的采访安排，否则这篇报道就废掉了。

第四次调查采访那样的一个场合，后来怎么样，后来成良老师的团队转换了调查方式，成功地完成了采访。在生命受到危险的时候，你首先要保护自己的生命。就刚才我说的，人家发现你了，你没有实力跟人家抗衡，你当然要跑掉。但是你要有一个不服输的心，要有一个顽强的精神。在此表示敬佩。让我们向成良老师鼓掌致意。"

学生林新颖："我记得仇玲老师在新闻学概论课上曾经说过一句话，有一种理想叫新闻理想！这句话我一直不太理解，然后，我也一直很好奇，为什么要做记者？那么危险，值得吗？但我今天在这个讲座中找到了答案。

"当时撞到那个煤矿老板的时候，我觉得那个煤矿老板很随意，甚至是很轻蔑地说，说死了个人就给个十万八万（元）的，然后当谈到对于周围其他住户的影响的时候，他说，这得分人，上访的话就找点关系，然后要钱的话就给点钱。对于那种闹事儿的就镇压一下。我不知道大家听了之后是什么感受？反正我只想说这人太猖狂了，就是彻彻底底地视人命如草芥。

"但是非常可悲的是，当我们遇到这种情况的时候，我们目前的这种群体，真的是叫天天不应，叫地地不灵，我们也没有任何的办法，只能逆来顺受。

"为什么要当记者？我想大概就是出于一种为民生为百姓说话的一种责任感吧，就像刚才杰飞老师说的，因为觉得有意义，所以会有很多的热情投入到这项事业。谢谢！"

姜娜："首先，张老师又没控制好时间，王老师也点评了很多，咱们同学也是慷慨激昂。我觉得我也没有什么好补充的了。看张老师有什么要补充的。"

张成良："我现在也没有什么要补充的。"

姜娜："那行，那这样的话咱们同学有什么要提问的，我看还是有蛮多时间的。上次就有同学想问，好多没有问到。"

学生甲："谢谢老师，我想结合前几次讲座问一个问题：现在的互联网时代，我们很多舆论都是在互联网先发起的。我非常纳闷，如果我们的新闻一直持续这样的现状，那我们官方媒体的力量会不会被削弱？比如前段时间的华为的事件，就是有一个民间组织'丁香医生'曝光出来的。我曾经听过他们里边儿一个成员说过，他说像他们这种民间组织，很多行为都是出于兴趣，然后加入这个组织的，他们写 1000 篇这样的报道，可能也达不到官方媒体一篇这样的影响力。而相比来说，我们的官方媒体更有影响力，这样的环境会不会削弱我们官方媒体的力量？"

张成良："这个问题其实就是我在这本书提到的'舆论监督的突围'。现在不叫舆论监督，它的形式变得碎片化了。那么，舆论监督究竟是谁来掌控呢？话筒要交给谁？这里一直存在一个争议，其实从 20 世纪 90 年代开始，包括我在电视台的那段时间，都是传统媒体唱主角。大家可能觉得看不到希望，感觉传统的舆论监督不够好，我不这么认为。我在那篇文章里也写到了，其实舆论监督已经形成了一种新的突围。简言之，1994 年到 2008 年那段时间，我在电视台工作的那段时间是舆论监督的黄金时间。

"但那并不是常态，而现在才是常态。电视台监督的动机是什么？当时电视台的作风非常浮躁，很多人都比较自以为是。曾经地方领导跟我们客客气气，姿态非常谦卑。他的谦卑，从根本上来源于我们手中的舆论监督权。

"其实有一些事实如果依靠媒体来做是不合适的，甚至是僭越的。但是舆论是怎么生成舆论系统呢？提到舆论生成，我们传播学子都知道，舆论并不是靠新闻媒体曝光而形成的，而是基于一个范围，可以参考舆论（public o-pinion）的英文概念。公众意见并非某个人的意见，而是我们凑在一起，形成了一种意见气候，一种氛围，这是公众的意见。

"所以现在的新媒体发展得很不错，大家有想法就可以说。刚刚也说了，好多内容在新媒体上很快被其他的信息淹没。之所以这样，就是很多仍然是鸡毛蒜皮的小事情。那么这种事是不是应该作为舆论存在呢？

"为什么中国有一段时间出来说新闻舆论监督的事儿呢？是因为有一些政策法规和执法部门的监管还不到位。这个时候是新闻媒体补上了这个监管的空缺，其实是把身份混淆了。

"我可能跟你们讲的时候义正词严，但是我采访的时候大多数时间是比较谦卑的，穿着也很普通，尽量不引人注意，甚至他们会把我们的司机当成记者，经常跟他去套近乎，我在一旁默默地观察。但是我们有个记者，就是我们一个临时的主持人，他根本不清楚记者的本职工作和工作范围。他到达采访地点之后，还没开始暗访，就把全村人都叫来，自己站在一个土堆上，开始训话：各位乡亲父老，大家辛苦了，你们的事我们一定要管，一定会处理。你们放心，我会给你们一个交代的，等等。但这并不是他应该做的，作为一个记者，实事求是地记录客观事实才是本职工作。实在忍不住，可以批评相关部门的做法，但是要有一个限度。

"我在写稿子时，从来不会有那种很激动的感觉，我只是客观描述事实，但我并不会过多地做出评价。因为记者不应当越位，这个社会并非只靠记者就能一切和谐。换句话说，这个社会依靠的是各个方面秩序的形成。各行各业都有条不紊，秩序井然，记者的作用就不大了，这样其实是最好的。当然了，到最重要的时候记者还是要冲上去的。

"现在舆论监督氛围变了，原来是主流媒体报道，没有处理好的话就会形成官方和民间、媒体和官方之间甚至是媒体和民间的立场对立。这种对立会产生难以调和、根深蒂固的偏见，并且可能激化社会矛盾。

"但是现在很多记者尤其是主流媒体的记者，他们都很聪明，事情发生之后，前期只是注意到了，并不见得采取行动，只有等到这件事在网上发酵，进一步引起舆论了，记者才会选择继续追踪。

"我最近看到了一则消息，说广西师范大学有一个国家石刻重大项目，出版了一本《广西石刻总集辑校》（以下简称《辑校》），作者是广西师范大学文学院教授、博士生导师杜海军。他用到了某种石刻，被一个业余研究者在那本80万字的书里挑出了大量错别字。一个清末的石碑，一般上面会写时间的，中国古代采取的是天干地支的这样一种方式，结果这个教授把'庚辰春'翻译成了'东长春'。后来才知道，他根本没去现场，到现场的话就应该叫访碑，他是直接在书上抄的。后来被人发现之后，他说这应当怪借鉴的这本书，这分明就是狡辩了。有人骂他说，偷了别人家的东西还说不好吃，怎么不追究自己偷窃呢？现在处理结果已经出来了，国家社科规划部门决定把这个人的所有的项目资金追回，前面的内容都不作数，而且五年之内不能申报任何其他项目，并且保持对他的责任追究。

"新闻事件和舆论有时会形成一种联动。舆论的特点是沉积得越深，影响就越大。所以传统媒体曝光可能是起作用了，但是有的时候会形成一种对立，因为这是一种官方的语态。

"现在的传统媒体已经不是黄金时代了，我们那个年代是，但同时那时也是一个舆论最糟糕的阶段。因为媒体被推出去做舆论监督了，媒介被赋予了'舆论监督'使命。媒体其实是看门狗，说得好听些是瞭望者。它的特点就是随时都可以发声，但是一旦面对利益，比如一块肉，它可能就注意不到盗贼进入了，所以我们做传播学研究的，现在需要好好解读舆论监督的新形势。

"只要是大事件，就都会在网上产生舆论。所以从侧面上来说，警醒社会上的很多人铭记：手莫伸，伸手必被捉，党和人民在监督，众目睽睽难逃脱。"

姜娜："给大家科普一下呀，刚才张老师提到的那个碑，叫拓碑，因为我来鲁大之前在历史系里面待过。我经常从历史系的老师口中听到，所谓的拓碑是什么呢？就是因为有一些石刻的碑呀，我们经常是带着一堆学生去做，我们会修复一些古文字，其实大部分都是不认识的，那些老师也是不认识的，我们需要拿着这些字去请教专家，可是我们不能把这些碑搬过去吧？那是文物。我们就采取一种方式，就是把它们拓下来，然后具体是什么方法呢？我们随时都带着一袋白面，然后用手套把那个白面都放在碑上，洒在各个角落，弄好之后，再拿一张纸铺上去，就相当于是一种手段，把它拓下来，然后拿着这张纸去找专家辨认这个字迹，去探寻这到底是什么。去完成这样的一个探索。

"一般来说，我们都会有带队老师，或者有资深专家带着我们去。有的人去过好多次，一次拓不好就拓两次，两次拓不好就拓三次，真正严格的是一定要这么去做的。这还是需要一定的技术性的，否则人家怎么叫作历史学呢？

是吧？嗯好，还有没有其他的同学要问？"

学生乙："老师好，我有两个问题。这两个问题基本上和王老师想的差不多。第一个就是，我想关注一下这个事件的结果，因为从开始张老师在做一些事情的时候，就是您刚刚开始讲的时候我一直想的问题是您做这件事情是为了什么。我能想到两种结果：一种是呼吁普通老百姓去关注这个事情，第二个是呼吁一些政府和权力机关。

"我最后理解的，老师您的意思是偏向第二种，因为记者不好直面地去抨击一些现象，因为我发现您在第四次调查采访的时候，发现您写了'被滥用的权力'，权力二字，是力量的力，您在讲新闻评论的时候，您跟我讲的是，要区分力量的'力'和利益的'利'，因为权利一般偏向普通民众，但是法律意义上，是可以转让或是放弃的。"

"但是那个力量的'力'针对的是一些政府权力机关。我是不是可以理解为，您是其实比较呼吁政府这一方面的，所以说，很想知道您做这件事以后产生的结果。这是第一个问题。第二个问题就是，女性作为弱势群体，女记者在从事调查性报道工作的时候，承担的一个什么样的角色或者是任务，这两个问题是我想问您的。"

张成良："这里有两个问题，第一个问题，我离开电视台时，还是带着一些遗憾的，因为虽然主导过很多次的舆论监督调查采访，但很多事情作为一种社会现象现在也不好解决。比如小学生班车超载的问题，比如环境污染的问题，等等。

"就像你说的，我其实一直在呼吁，希望有一个好的社会监督环境。我给自己的定位是一个'扒粪记者'。这在美国新闻史上是很出名的概念，扒粪记者的出身一般情况下不会很高，比如乡村或者其他差不多的地方。所以这样的背景导致这类记者会自觉地站在社会弱势群体的角度并为他们发声。当看到不公平现象，听到不公平的声音时，我们可能会想到一些解决的办法，去为底层人们发声。"

"那次煤矿采访之后，不知道是因为我的呼吁，还是政府觉得治理行动迫在眉睫了，几年后那里彻底改造了，有居民区也有花园，很是漂亮。地下该填充的都填充了，居民区从原来的小平房迁到了后来的楼房。那是 2007 年的时候建设的小区，后来随着房价升高，小区逐渐形成了商业规模，这就意味着会有更多的投资到来。原来是疏于管理的地区，现在一切都处理得还算不错，耗费了将近三年时间，这也是唯一一个没有烂尾的工程。

"第二个问题提到了女生采访的问题。因为我带过好几个女生出去采访，我发现有的时候，女生比男生更具有自身优势。我第一个印象最深刻的是，有个西南政法大学毕业的同事，每次跟随执法人员出去的时候，她总是冲在最前面。我们后来提醒她，这样太危险，一旦对方有意图要攻击咱们，得不偿失，你在后边跟着就行，后来她就变聪明了，但是前面可以看出来，她真的是特别有冲劲。

"包括后来有一次我跟女记者合作，其中一个女生是我的师妹，她现在已经在《长春日报》达到处级干部的位置了，最近辞职去了海南大学任教。她是一个很有新闻理想的人，才貌俱佳，她为新闻付出了很多。我们原来都是刚到一个新地方，一起调查采访。作为新记者，我们对工作内容都不熟悉，所以就会互相分享，她的选题意识非常突出，能够细心地从一些蛛丝马迹寻找到新闻调查线索。

"当然，作为女生，有时候暗访的时候确实不太方便，不过与此同时，我也发现，判断一个人强弱不能仅仅局限于性别和外表，关键在于内心的强大与否。另外很重要的一点，如果一个人想办成一件事，就要克服各种困难去努力实现，但是如果从心态上来说，这是对她来说无所谓的一件事，克服困难也只是自己对于困难的不同理解而已。

"再举一个例子，吉林省的《城市晚报》曾经有我认识的一个女记者，她跟我也是校友。实习期间，晚报原本不打算录用她，就分配任务让这个女生去找一个题材自己调查，然后她就选择了一个偏远的工厂，是类似垃圾处理厂的地方。她根据相关新闻写出了一篇两三万字的大稿子，足足占了一个半的报纸版面。看到这篇稿子之后，报社老总被震惊到了，提出想见见这个作者，实习时间还不到一个月，她跟老总见了一面，就被正式录用了，好多人实习一年都没被录用，就是因为在领导面前没有专业化的表现。

"其实人和人之间，有一些资源还是必须得考虑的，男生、女生其实没啥差别，就是取决于内心是否强大。"

姜娜："我先补充一下，刚刚有个环节我说错了，当时拓碑的时候，撒面粉是什么目的呢？因为看不清，那个拓碑已经模糊了，撒上面粉以后，那个下笔顺、沟沟壑壑的地方都能看清，拿一张纸不是说拓上去，而是说描写下来，给专家看看，当然现在我们有照相机了，可以拍下来，当然这样做是双保险。同时把两份资料给专家看，然后才能知道这个到底写的是什么东西。因为时间问题，还有哪位同学想问吗？"

学生丙："我在听完张老师和前面学姐的问题以后，想起我刚刚接触编导专业的时候，老师给我推荐了很多书，然后有一本书是一位女记者写的，就像张老师说的那样，她不注意自己的外貌打扮。她是一位意大利的战地记者，同样是作为一名女性，那个时期的她就是在战争的时候拼搏，在法西斯到来的时候，她为民主、为自由发声。后来她曾大胆地访问邓小平、甘地等这些国家领导人，然后出书。就像她说的一样，她虽然作为女性，但是像采访邓小平、甘地这些领导人的做法，谁也并不是比我们更加优秀，他们只是比我们更加有胆识、更加有野心。我想说的就是作为一个像她这样或者说像张老师那样曾经在电视台工作过的记者，去获取这样的一个记者的信息来源，也是有野心、有胆识的一种行为，最终不管男性女性，都是可以做到的。而我的问题就是，现在，我感觉是在这样一种信息更加碎片化的时候，而且随着短视频的流行，我感觉每一个人好像在社会中都能够建立起一个记者的身份，人们将信息来源用手机拍下来，添加文字发到网上，然后就会有可能引起轩然大波，最初却无法判断这个信息能否引起关注。所以说，作为一个普通人发表这种类似于记者信息、新闻、短视频这一类信息的时候，我们应该有怎样的自觉？我们作为专业的新闻人，应该有怎样跳脱于这个层面的一种自觉？"

张成良："首先感谢你替我回答了前面同学的问题，又进一步解释了一下。第二个问题是说，你要问在现实的这个环境下我们要怎么做，特别是人人都有麦克风，人人都是调查者。其实我一直都是这个观点，当别人都在走的时候，你要跑起来。所以早期在做媒体的时候，别人都在慢条斯理地做的时候，我已经跑起来了，因此做成了很多事。

"现在等别人都跑起来的时候，你就不要人云亦云了，你要降低速度走起来，而且你要走得大摇大摆的。在这里借用一个概念，叫错位竞争。大家都在做的事情你就不要做了。如果在刚开始有一个苗头，你可以抢先尝试做，但是大家都在做的话你就不需要再做了。就目前而言，新闻发展到当下程度的时候，同学们可以尝试一下短视频，这是一个非常不错的方向，而且继5G技术出现之后，短视频以后还会更好。不过5G出现以后，长视频同样会很好，因为传输通道越来越通畅，信息高速公路越来越便捷。

"如果把视频称之为武器的话，其实应该拍一拍，把内容好好做一做，拍出一些精品。所以我最近一直打算拍个纪录片，而且准备用一段时间或者是用几年的时间去拍一个纪录片，为什么呢？大家都开始跑起来的时候，这个方向已经呈现出饱和状态了，你很难再做出有创意的东西来。但是现在如果你做出一个精品的话，就胜过那些千条万条的信息冗余与轰炸。其实，这也是一种竞争的方式。我认为这就是错位，正是有大多数人的错位，才能显示出你独特的生态位和价值。

"有一段时间，对我们来说内容特别重要，是我在电视台的那段时间。后来媒介融合兴起，移动互联网也勃兴了。媒介形态就不重要了，这也是麦克卢汉等人强调的。但是，到一定程度的时候，信息会变得无处不在，这时候载体也不重要了，那么载体的作用是什么？关系不重要，负载关系的就是内容，如果我想打动别人，靠的还是内容。其实刚才跟你们展示所谓的'独家报道'的时候，我的脸就挺红的，因为我拍的好多东西的构图，非但难说优美，甚至可以说是很丑。尽管一直声称要追求真善美，但是当时追求的不是美，而只是真。

"所以我要说的是，平时想做什么内容就尽量去尝试，但是在时下这个语境里，我们做新闻媒体，错位竞争要求做出一些有深度的精品。我觉得我们这个世界，真的还缺少能留给后人一些对得起良心的、对得起自己的、对得起所有人的作品，能做到这点其实并不容易。

"现在这个时代是最适合拍纪录片的。社会发展太快，稍微打个盹，很多东西就错过去了，所以要把它记录下来。将来有人看到这个素材的时候，真的觉得你为后人留下了精神财富。可能我们每个人都是浑浑噩噩地过去了，大家谁还记得大学第一天入学的时候的场景？应该很少有人能清楚准确地记得，但这对你来说是多珍贵的场景啊。

"我们同学现在看到有人在做短视频，你也可以做，但是我更建议你去做一些有质量的东西。让自己的内容对得起自己，对得起这个时代。我觉得这一点是非常重要的，尽管果实成熟比较慢。要想做推广产业化的这条路就得牺牲传播质量。要是想为这个社会做点什么，是可以去这样做的，它是不同的层次，大致的情况就是这样，谢谢你。"

姜娜："我们今天的讲座就到这里，让我们把最热烈的掌声再次送给张成良老师。"

附录 4　取灯大讲堂第四讲
麻将馆里有秘密

主讲人：张成良

参讲老师：曲家辉

主持人：陈丽莉

参讲学生：陈慧玲

记录整理：陈慧玲　司忠丽　李珂心

讲座时间：2019 年 6 月 18 日

今天之所以选择《麻将馆里有秘密》这个选题，有一个很重要的原因。我在电视台后期工作过一段时间，有一段时间和报纸媒体朋友在一起采访。在采访过程中我发现，我们电视台的技术要求比报纸更高，不仅要有画面和声音，还要有环境的记录。在这样的基础下，我慢慢意识到，媒介形态之间并非孤立存在，内容和生产均可以有机融合。那还是 2004 年，这也是开启我后来有关媒介融合研究的原点。在 2004—2005 年那段时间里，我们和《新文化报》的合作比较多。今天要讲的《麻将馆里有秘密》，就是当时我们合作的一个代表作品。

这种互利的合作缘于报纸对于调查性报道的先天不足，报纸在调查性报道中主要依靠记者的事后文字叙事，这种他者的叙事方式存在记者的主观倾向问题。如果我们能够系统地拍摄，这可能就会成为一种证实、还原当时场景的新方式、新通道，这些都会对新闻的报道有一定帮助。所以在这样一个基础之上，以视听记录为主的电视调查性报道更加权威有力。《麻将馆里有秘密》是一次比较成功的合作，也正是这次合作，我开始意识到同样的内容生产，电视台前期花费的功夫、时间、精力更多，对技术要求更高。如果电视台能分出一些精力来做报纸，那么依靠电视台的采访资源，调查性报道稿源会更加稳定。最重要的是，同一事件在不同媒体渠道进行传播，其影响无疑会更加深远。

当时报纸受众主要分布在城市，特别是大城市里，但电视的受众主要是在乡村，这与媒体发送传播的渠道和受众的选择机会有关。2005 年，我以此为基础撰写了第一篇关于媒介融合的论文——《多媒体融合：泛媒体时代的生存法则》，这篇文章在 2006 年 7 月发表在《传媒》杂志上。这篇文章是我国早期关于媒介融合的文章，我也成为媒介融合的最早研究者之一。

对于此次主题设定为《麻将馆里有秘密》的讲座，不仅包括新闻学采访的人文学视角，同时也有我自己对于传播媒介内容生产过程中的体会和心得。

现在我们进入正式的讲座。

跟上节课一样，先是采访前回忆叙述，然后进行评析，最后进行互动答疑。接下来我们来看这张照片（见图 4-1），之所以留下它，不是因为画面有多美，而是它是从我的视频画面中截取下来的图像。

其中我最喜欢这张，尽管像素不够清晰，但内容丰富。我们可以从照片中，由她的眼神感受到她的警觉，这是对外来人闯入的一种警惕，相对比来看，另外几个人却毫不在意。此外，还有一个人是放风的，所以他们几个人的表情各有不同。

我大体叙述一下当时的情况：其实，此前《新文化报》已经去过一次麻将馆，麻将馆位于德惠市（长春下面的一个县级市）。到达之后我们听说，当地的麻将馆特别多，有些麻将馆的老板还大有来头。在这里需要解释一下相关职能的管辖范围：一般的"黄赌毒"问题，特别是"黄"和"赌"由治安大队管理。我之所以强调一下这一部分内容，是因为这家麻将馆是当地治安大队的大队长开设的。既然麻将馆由治理赌博的人来开设，那么这家店在经营过程中几乎没有任何的压力和负担。关于这件事情，媒体已经不是第一次

图 4-1

前往了，我也在接到电视台同事电话后，欣然一同前去合作采访的，我明白这时需要我的贡献，于是便答应了下来。一行四人当天下午出发，大概两个小时车程，到达时已经下午四点多钟。

图 4-2

这一张画面是到达之后的场景（见图 4-2），这是麻将馆，这里有一个高高的椅子，一侧是一张桌子——是我们假装打麻将的地方。麻将是中国人的国术，所以才有各种麻将馆如雨后春笋般出现。但这个麻将馆显然是以赌博为目的开设的。

很可惜的是，我们一行四人中只有两个人会打麻将，我和报社的实习生从未摸过麻将。当然，打麻将是假的，重任在身是真的。我选择坐在一个最偏僻的角落一边装作摸牌一边开始偷拍，随后屋里的人上前询问，我就趁机对他套话：

我问："你们麻将玩多大？"

麻将馆主答："玩多大都行！"

我问："我们想玩大的行不行啊？"

麻将馆主答："大的有多大？"

我问："一局 300—500 元的。"

麻将馆主答："这还不算什么，一盘 1000 元左右的输赢都很正常。"

他指的是打一局。在麻将屋是一圈一圈地玩。不过现场看来也有赌注小的，桌子上摆的都是一块两块，但是实际上一块相当于一个筹码，类似香港片子里赌博拿的筹码。如果有人来参与，他们就称我们玩得很小，是和家里人一起娱乐。那天我们在麻将馆里玩了不到一圈，我的心思根本不在那，我一直在对他套话。大概有二三十分钟，问的内容越来越逼近赌场的核心问题。也正是这样的问话引起了对方警觉。本来麻将馆主中午喝了酒，还带着明显的醉意，躺在那里跷着二郎腿，格外悠闲。麻将馆一般下午这个时间是没有人来玩的，都是晚上才过来。我们这种情况本来就很特殊，加上四个人没有一张熟悉面孔，这不能不引起麻将馆主的注意。

麻将馆主："如果你们想玩大一点的，旁边还有一个单间你们可以进这里面玩，比较安全。"

我们委婉地拒绝了，主要原因是麻将馆主就在这，带着醉意方便我们进行采访。麻将馆主作为治安大队长，每天都会来麻将馆，用心经营这个工作以外的事业。经过我的询问后，他忽然变得警觉起来。我当时主要是问了以下几个问题：麻将馆为什么选择开在这里，没有人管理干涉吗，当地这样的麻将馆还有没有，等等。他作为一名公安人员，当然有一定的警惕性。

果然，麻将馆主很快从床上起身来到我们身边看我们打麻将。这时，我只能暂停手中的采访活动，放下了偷拍设备，假装一心一意地打起麻将来。他站在我身后不到两分钟就发现了端倪，人似乎一下就清醒了。因为他发现，我们四个人中有两个人不会打麻将。每个人手里保留13张牌，但是我只有12张，一看就是不会打牌的。不仅如此，对面的实习生本来已经快和牌了，却把关键的牌打了出去。我侧眼一看，麻将馆主汗都快出来了，他悄悄地躲到一边。

之后就有了前面那张照片（见图4-1），屋子里面窗帘都拉得严严实实，四个人坐在那里打麻将，并且从身份来看，一看就不是普通农民，绝对是公务人员。当时，这家麻将馆作为赌博"庇护所"，已经成为部分公务人员赌博的重要场所。一般下午三四点钟，是公务人员的上班时间，而这里却有很多公务人员打着麻将，并且赌注还很大，着实匪夷所思。我在他们身后站了大概有四五分钟，纵使心里有许多问题，但也不便多说，否则容易暴露自己。

画面中的女子十分警觉，她问我为什么站在这里。我搪塞道："我们人手不够，看看你们打麻将。你们这里有五个人，能不能挪一个过去和我们一起玩？"她立刻拒绝了我，声称他们只跟熟人打牌，随后没有更多的对话。在她的眼里，我就是一个外来闯入者。

我还想更多地调查了解时，麻将馆主敲门进来，客气地请我出去，在我还没来得及说话的时候，已经拉我出来。

此时麻将馆主似乎已经完全酒醒，开始跟我们聊天。

麻将馆主问："你们是哪儿过来的呢？"

我们回答："我们是本地的。"

麻将馆主反问："不可能，这个地方就这几个人，我还不认识吗？"

我们就一直这么聊了大概十几分钟，他表现出来的反侦察能力特别强，在聊天过程中，他似乎一直在等着有人来敲门。果然，外面来了一位自称是德惠市公安局的姓孙的政委。政委主要负责做公安系统的思想政治工作，政委一边做着我们的工作，同时还对麻将馆主进行劝说。看这张照片（见图4-2）里的场地已经变了，已经不是麻将馆，而是要请我们去吃饭的场景。孙政委过来是来试探我们底细的，问我们"从哪里来的？""能不能看看你们的证件？"并且一再表示："我们地方太小，怕招待不好你们，看你们来我们很紧张。"说了一些诸如此类示弱的话。

对于做记者的人来说，杀人不过头点地，我们的调查过程自然也是和风细雨，我们只是想了解一些真相和细节而已。其实这次的采访不能算是很成功，除了前面和麻将馆主醉酒状态下十几分钟的对话，真正特别有价值的内容还并没有收集到。刚好政委过来，我们于是想从他这里入手，获取一些更有价值的信息。然后政委带我们到一家火锅店，差不多点了一桌子的菜，但是我们连筷子都没动。这个政委忙前忙后，陪着不是，希望了解我们的来意。临到最后我终于弄明白了：孙政委把我们看成是中央纪检督察组的，他并非是息事宁人，而是有所忌惮。倘若他知道我们只是媒体记者，还真不知道他们会想出什么样的对策。·

政委一直在追问我们，让我们讲出来此行的真实目的，我们也就虚与委蛇，指东说西。于是双方呈现出一种僵持状态，感觉到对方快要发作，我们就一直盯着他问："在你们这开麻将馆对不对？""你怎么能在家里办麻将馆呢？"

作为麻将馆主的治安大队长相对于政委的见识较低一些，算是个粗人，看不能从我们这里获取准确信息，于是就开了骂腔："大不了老子这个治安大队长不做了，老子怕过谁？"然后政委就一直在劝他，他反而和我们吵了起来，问我们到底是谁，要求立刻亮出证件来。两个人一个唱黑脸，一个唱红脸。估计他们的打算是把我们震慑住，镇不住的话再进行一些沟通协商。

从晚上六点一直到半夜十二点，这个人又自顾自地喝了几杯白酒，情绪有些失控，而我们还滴酒未沾。再后来麻将馆主出去打电话，我和一个人借机上厕所，其实是在想办法，正好听见麻将馆主给治安大队打电话，让他们随时待命。

我们调查的是治安大队长，他手里握有行政资源，而我们则无法求助。

这个时候我们就快成为待宰的羔羊，虽然嘴还很硬。麻将馆主脾气越来越差，近乎气急败坏，他本以为一顿饭可以摆平我们，没有想到我们连筷子都没有动一下，一直僵持下来。

看着这情形越来越不利于我们的调查，于是我悄悄和报社朋友商量，不能再拖延下去了，毕竟这地方不是我们的主场。我们想到了一个办法：找借口脱身。正好麻将馆主正要发飙，举起杯子摔了。我抓住机会反问他这是什么态度，装作愤然离席，借着这个机会逃离这场"鸿门宴"。看得出那个政委很是为难，因为不管是何方神圣，只要不走还好沟通，一旦离开，这件事情就很难处理。正是因为麻将馆主的无理取闹，我们才能迅速穿好外套离开。

刚一出门，就听到有警车开过来。一瞬间，我的头皮发麻，感觉头发都要竖起来了。我们的车没在这儿，放在了高速公路的入口处，于是马上拦下一辆出租车。

上车之后，出租车一路狂奔。

跟在出租车后的是一辆警车。我们跟出租车司机交代：拼命向前开，能开多快开多快，加钱都行，一定要把警车甩掉。司机就一直兜圈子，最后我们拐进一个偏僻的胡同停下车。下车之后，我们四个人分头跑，跑了大概有四五百米，在一个很狭长的小巷子里，我们才发现人跑丢了一个，赶紧电话联系。估计那天晚上大概跑了有两千米左右，感觉自己的肺都要炸开了。

如果是我一个人，我可能还没有那么紧张。人一多，目标就大，加之手上还拎着一个偷拍机，不过那个时候比现在灵便。发现少了一个人后，马上打电话给那个同事问他在哪里，他是我们来时的司机，没有他我们是回不去的。然后就坐在出租车中，打着转向灯在路旁等待，这时两辆警车从我们旁边驶过，当时很害怕警车下来盘问我们的出租车。

又等了大概四五分钟，终于等来了报社的同事。当时是半夜十一点钟左右，夜已经很深了，路上的车非常稀少。我们转了几个来回，准备出其不意再驶向高速公路路口。

当时我们转了两三圈，最后司机师傅开口说没问题了，放心吧，这里我比较熟悉。我们还是不放心，让出租车开到另一辆出租车旁边，开始最后一次换乘。那天晚上，我们所乘坐出租车的司机恐怕都会认为我们有什么作奸犯科的行动吧。

坐上最后一辆出租车，终于回到高速路口。惊魂未定的我们下了出租车，立刻回到自己的车上，开着车往回疾驰。半夜里在高速上开车，车速达到了120km/h，回想起这样的车速，现在都有些后怕，好在最终我们还是安全地回去了。

回去之后，我回电视台，他们回报社，时间已经接近凌晨一点，对我而言，电视专题需要的流程一个人无法全部完成，比如配音、出镜。也就是在这一点上电视和报纸生产的方式是不同的。

第二天，我开始整理文稿，拟好的题目就是《麻将馆里有秘密》。待会儿让你们看一下报纸的题目。一目了然，就可以看到电视和报纸的题目相差甚远。电视新闻评论的题目字数是越少越好，因为电视的播放以时间为轴线，画面是一帧一帧切换的，通过切换的方式形成一种节奏，从而引导着观众观看。报纸则不同，是不受时间轴影响的。所以报纸更适合做深度报道，完整的一版报纸能够用来做一篇深度报道，虽然它们的现场感不占优势。

报纸和电视在内容和生产方面是有区别的。我们的电视题目为《麻将馆里有秘密》，大家就会联想到是什么秘密。首先，主题词确定了麻将馆。秘密和麻将馆这两个词就会吸引眼球，这是电视的一个特征。

我的稿子写出来了，报社的稿子也已经见报。我的稿子大概两三千字，约十分钟的一个专题片。他们写了将近1万字，在报纸上占了大概有一个半的版面。我把稿子拿给领导审核，这边忙着开始视频剪辑的时候，报社的朋友跑过来，他们需要我的图片，把视频画面插进文字中间。然后他们拿着相机翻拍，回去只需要把照片加工一下，放在报纸上即可。

实际上，电视专题的工作量是报纸工作量的三倍左右。写完稿子之后，照片也确定到位，报纸就可以直接排版，但是电视媒体不行。我问他们能不能晚一天出版，他们表示时间紧迫，不能推迟。报纸刊发的当天，我把视频剪完了，但还是比报社晚一天播出。制片人问这次活动你既然也去了，为什么是他们先发的？我解释道，报纸只需要文字和照片就可以进行排版，而我们需要写稿子，需要剪视频，比报纸的工作量更大，报社也没有等等我们。

报道一经发出，反响的确很大。报纸的题目是《巡警副大队长开麻将馆——玩多大都行，出了事有我》，可以看到报纸上排版的照片和我的是一个版本的，因为这些照片都是我用设备拍下来的。

相比较报纸，电视台还是比较保守的。我之所以想要写一篇关于媒介融合的论文，是因为我发现媒介生产内容可以说是相通的。其实如果我们也有一份报纸的话，我们就可以首发新闻。多媒体融合在一起是可行的，我也正是根据这个事情有了写篇论文的想法。也恰好因为这篇稿子，让我逐渐走向有关媒介融合的研究之路。针对《麻将馆里有秘密》这个报道，报纸刊发以后，电视再报道，两者相比较，报纸无疑在长春市区的影响力更大，而电视对德惠市当地影响更大。报纸作为物质性的介质，运输起来是不太方便的。这就引申到传播的定义，传播本来就相当于交通。物体的运动就相当于信息的传播，这是早期的一种对传播的理解。而电视是不需要物质介质传输的，可以扩散到偏远地区。所以我们电视是在受访当地有影响，报纸则在长春市区有影响。这样影响就形成了一种相互补充的合流。

这篇报道在1月12号发出后，1月19号，长春市政府下命令严查，当地的治安大队长更是直接受到免职处分，政委也受到了记过处分。这件事慢慢随着时间淡去。

这件事如果从舆情控制角度来说，对对方来说也算是处理失当。中国的一些部门机关，他们早期控制舆情的办法都是大事化小，小事化了。先在第一个层次，第一个战场把来访的记者处理下去。而我们当时去了两个媒体，一个是报纸，一个是电视，我们都属于省级媒体，所以他们很难把我们的消息压下来。这是第一个方面。第二个方面，打从一开始，他们就不应该请我们去吃什么火锅，他其实应该把我们请到单位去，以公事公办的态度，直接内部处理相关责任人，这样至少那个政委就不会受到处分。

近几年我对舆情方面还有很大的关注。有人的地方就会有舆论，我心里清楚自己做媒体多年，知道如何针对舆情去引导和控制。舆情是不可能完全被压制下去的，舆情就像火苗，如果火势已经很大时才想着去浇水，很有可能只是杯水车薪。所以最好的办法就是找到一个点，让舆情顺着这一点发展下去，尽量减小它的这种危害。以上是今天有关调查性报道经历的分享。

陈丽莉："不知道同学们听了以后是什么感受，反正我听了以后感触很深。享受张老师和我们分享的惊心动魄的采访过程和逃跑的过程。再次就是很感动，张老师把这么多年在电视台的经历和体会，分享给同学们。不知道我们的参讲人有什么样的体会。现在有请曲老师和大家进行分享。"

曲家辉："谢谢张老师。首先要对张老师表示敬意。进行了四次讲座，这次是最后一次，每次都以这种饱满的热情进行。让我们听到了这么多积极有益的故事。其实我给自己的定位更多的是一个转化者，承接上一次张老师的讲座，我想把张成良老师这些经历背后的一些信息——同学们这个阶段不能接触到的一些信息，由我来进行一个转述提炼告诉你们。就节省了大家的一些思考时间。首先想说的是，经过四次讲座，不知道同学们对此有没有一些深刻体会。如果说仅仅是在听故事，觉得讲座很有意思，那我觉得这是远远不够的。从我的角度来说，对于此次讲座，我想和大家分享的一个关键词就是转化。我希望同学们都要有这样一个意识。今天我在给编导班同学上课的时候，进行下一学年的展望。我说你们马上就要迈入二年级，要有一种成果意识，要开始创作自己的作品。不论你是哪一个专业，都要开始有意识地去创造自己的作品，要有可以拿得出手的东西。这些成果可以是摄影照片，可以是小短片。如果你不这样做，还是漫无目的，那么大学四年你将一无所成。

"张成良老师的这个讲座就是一个很好的契机。对于张老师的这次讲座的经历，我们至少要在头脑中建立这样一个逻辑线——经历、体悟、提炼。张老师今天坐在这里，给我们进行一个既生动又有内容的讲座，去阐释自己的经历，从他的经历展望之前会进行一些思考，比如他不仅仅是作为一个新闻人，也是作为一个思考者，思考纸质媒体和电视媒体之间的区别和联系。也就是说这种经历给了张老师一种学习的机会。在这种学习过程中，张老师有了进一步的体悟。在这个体悟基础上，张老师进行了提炼。如果说你们真正地去展开思考的话，应该是从经历到学习到体悟再到提炼。如果同学们只是把这当作张老师分享经历的一个讲座的话，那你就太低估我们的大学生活了，我觉得这是值得你们每个人认真思考的。如果你们想获得进步和收获，你不做这样的思考基本上是不可能的。我们从张老师这次经历来看，就他本人来说，他可以把这次经历转化出多少成果。

"首先是职责内的事情，张老师发表了一篇新闻调查报道，同时张老师作为传播学的教授可以把这一个经历转化成理论。也就是说同样一种经历，作为一个有心人是可以用心把这种经历提炼出来的。我作为参讲人开始，了解到这样一个情况：各位同学，不要小看这样一份经历，不要觉得这只是一个成年人将他自己的经历进行一个转述，这其实是一种能力。你们生活了18年，你们可以将生活中的故事拿来讲述，来进行一次讲座吗？我相信在座的同学大部分还没有这样的能力，包括我在内。第二个方面，我想和大家分享一下思维转化问题。张成良老师通过自己的经历，转化出有关媒介融合的思考，这就是你们所缺少的东西。这也是我们经常讲到的，大学应该怎么去学习，大多数同学都会复述这么一句话，大学应该以自主学习为主。但是你们想一想，你们真正懂得了什么？是自学？只是拿一本书在自习室里面学习吗？并不是的，我们需要通过这一系列讲座，从讲座中汲取知识，提高学习效能。自学不是简单的死记硬背。如何进行思维上的转化？如何进行自学？不妨从这次讲座开始思考。开始思考了，才能为后面的作品创作做好铺垫。

"以上就是我想通过张成良老师这次讲座和同学们分享的东西。

"按照惯例，我这边还有两个问题想要请教一下张老师。希望张老师给我们答疑解惑一下。第一个：您提到了第一篇学术论文是受到经历启发完成的。按照我的写学术论文的经历，且不说您是怎么去完成一篇优秀的论文，其实写一篇论文，最难的是确定一个选题。找到你自己比较感兴趣的点，同时又是比较契合专业发展的点，这是很难得的。所以我就想替同学们在这边请教一下，对于您写这篇论文的前因后果，怎么样确立的这个选题？怎么厘清这个思路？怎么去完成的？能不能和同学们分享一下？我觉得这一个过程是很宝贵的学术分享，对同学们来说是一种很重要的收获。谢谢！"

张成良："可以这么说，当时我写论文时和现在的心态是不一样的。比如现在写论文大多是为了工作目标达成以及业务考核。在电视台工作时，我只是觉得心里装着放不下的东西，我想试着把它落地。这样在论文中加入自己的想法，属于有感而发。你们可以仔细看看，能发现当时写的论文和现在的论文风格完全不同，因为当时并不执着于把论文发表出去。不过这也并不是我的第一篇论文，我之前当过中学物理教师，在当时的岗位上曾发表过一些论文，比如发表在《物理教师》《物理教学探讨》等，所以就具备了这种研究意识。此外，写论文对我来说可以表达心中所想，但是仅仅有自己的想法也是不够严谨的，毕竟这关涉到学术的问题。于是我开始着手查资料，主要是去我们电视台的图书阅览室。首先说明一下，我在2005年写这篇论文的时候，真的不知道什么是知网，整个过程就是在电视台那台电脑上敲打。当时只知道这篇论文应该引用一些文献，进而选定参考文献，一点点扩展，寻找类似主题的文章，整个寻找过程是比较困难的。当时电视台里有本很厚的书，作者是张君昌。根据每年都会举行一次的广播电视奖评选，他总结提炼后出版了一本著作。这本书的名字叫《超媒体时代》，内容主要是讲述电视的优势，谈到将来可能出现互联网，但还缺乏实现交互，比如没有微博微信，仅仅是基于互联网的大数据的浏览等。

"通过翻阅《超媒体时代》，我从中得到了一些启发，再结合自己的理解来投入写作。刚写出大概几百字左右，就来了新采访任务，论文书写时断时续。当时仅仅是有一个想法，但并没有把想法和文字形成一种逻辑关系。随后我就在采访本上画了一个图——关于传统媒体和新媒体的关系图。最后这篇文章大概是7000多字。从2005年的6月开始写作，到10月结束，花费了三四个月时间，应当说是所有论文里花费时间最长的。"

曲家辉："能想象出来确实是一篇比较投入时间和精力的论文。"

张成良："当时没有太多的想法，一门心思想着要把这篇论文写出来。但是实际上当年并没有发表。2006年2月10号投稿出去，到了6月有杂志联系我，是一个叫作《传媒》的杂志，现在属于C刊。在当时的情境下，能够发表已经是不错的结果了。一年之后我才逐渐意识到，我的这篇论文是关于媒介融合的。随后我上网去查，目前我的文章被引用了82次，被学者评为新媒体类被高引用论文。因为这篇论文的选题出现的比较早，所以引用的次数也就偏多。"

曲家辉："这个也就是我觉得一个很重要的原因。很多时候是您从自己的亲身经历出发，然后有了一些切身的感悟，最后提炼出来东西，这必然是精华的东西。所以说这个价值就比较高。有的时候最初发现的理论表述是比较朴素的。如果放到学术界的话，会有一些束缚，反而会有一些矫饰的感觉，谢谢张老师。虽然我不是传播学专业出身，但是我对传播学相关的一些领域还是比较感兴趣的。想询问一下新闻学有没有专门一个领域是来研究新闻学的双面性。比如说举个例子，您在做这样一个片子的时候，您是在揭露社会的乱象和社会的黑暗。您其实是带着一个正面的想法去做这个报道，但是这些信息在大众传播的时候就会无形中带来负面的影响。比如说，很多老百姓在看到这类报道之后，这些不良的人得到依法惩处固然很好，但同时也有一部分人会想：'这个社会怎么是这么黑暗的，我都没有想到还可以这么做，如果以后有机会，我也想尝试一下。'这可能会带来一些负面的情绪。不知道张老师是怎么看待这一类问题的。我们在座的很多同学也是刚刚绽放的花蕾，还没有深刻理解这个社会里面的黑暗和光明之间的关系，所以我希望您借着这个机会可以给他们心灵上的疏导。"

张成良："曲老师的问题很有道理。我相信在答疑解惑之后，大家会对传播学有一定的认知。经典传播学里面有一些重要的理论，其中就涉及传播效果研究。在座的同学如果学过《传播学概论》的话应该知道，传播效果中本身就包含好几种理论。最早的传播效果也是最朴素的经典传播学，认为新闻传播就像瞄准目标发射子弹一样，只要轻轻扣动扳机，目标就中弹了，受众往往是跟着新闻走，而丧失了主动思考的能力。当作为受众的目标被纳入这个范式中，就成为新闻传播的一个俘获者。这个模式就是魔弹论。后来学者们对传播学产生了一个更深刻的认识，提出了反馈的模式。还有此后的一些其他理论，比如第三人效果。这个理论主要是讲，接受知识或者消息的人会认为这一知识会对别人带来更大的负面影响，但是实际上，第三人效果夸大了负面新闻的影响和传播效果。其实每个人自身都会有一些免疫，有的人的确可能因为受到媒体影响而学坏。

"如果所有的媒体，包括电视台、报纸都在报道负面消息，这就会形成一个整体的媒介环境。我们可以做一个实验：在很长一段时间之内，所有报纸出版的都是负面消息，受众就会形成一种关于整个社会的认知，那可能是负面的、黑暗的。这就又涉及拟态环境理论，我们认为的社会，我们认为的美国，认为的中国，其实并不是完整意义上的形象，而是经过媒介建构之后形成的一种认识。我们国家为什么要强调媒介宣传和舆论引导？是因为人感知到的全部世界主要来自媒介。如果没有媒介，我们就不会知道今天的世界发生了什么，但是我们获取的相关信息都来自媒介，媒介会给你构筑成一种图式。媒体实际上建构的是一个微缩的有意识形态倾向的世界，事实上这还涉及一个'涵化理论'。脑白金做的广告无疑是'粗暴'的，但当大家真的考虑给长辈送礼物的时候，往往还是会选择脑白金，这也是潜在意识的作用和影响。人生最有意思的事情就是有不少人最后往往会变成自己当初最不想成为的人。又比如现在父母天天唠叨，你会感到很不耐烦，但最后你们会渐渐变成跟父母一样的人，这其实是人在不知不觉中被同化的一个过程。

"换句话说就是这个新闻事件不会对我产生影响，但会对别人产生影响。拟态环境输入多遍后，就很容易被认作是真实的。谎言也是如此，撒一次谎，大家可能不认为是真的，撒十次谎，大家就会以为是真的，因此西方国家在攻击其他国家时往往采取这种不断撒谎的传播策略，比如美国有线电视新闻网（CNN）、英国广播公司（BBC）。西方国家鼓吹新闻自由和媒介话语权，但事实上，媒介一直在被利用，并不存在一个纯粹意义上、完全站在上帝视角对话的媒体，任何一个媒体都是被操控的。所以在世界环境中，美国希望大家看到的中国是什么样子，它就会建构一个相符合的媒介世界。一切按照需求建立，其实背后都有一个推动者或者引导者。我们国内存在舆论监督，但舆论监督不论从数量还是密集度上看都有考量，其所占比例并不高，是我们国家自我监督和发展的一部分，是建设性的报道。出发点是澄清事实、解决问题，更好地形成社会舆论环境。这与西方带有偏见性的意识形态报道形成了鲜明的对比。"

曲家辉："如果各位同学听进去了，对你们价值观、世界观的塑造能起到积极作用，对未来事业的发展会有非常大的提升。我听进去了，我认为从张老师身上可以学到很多东西，不仅仅有理论也有经历，在某种领域中张老师是一个比较通透的人了，很多东西不能去照搬照抄，而是要去体会。从张老师身上汲取营养，很多时候会给你不同的启发。每个人的成长环境不一样，所看的视角也不一样，虽然讲述者不可能跟每个人心意相通，但我们可以根据自己的知识体系从不同侧面去理解他，最终是要从学习别人提升到进化为自己的一个能力。最后再叮嘱一句：同学们一定要多多思考。我觉得同学们要学会在自己的立场上进行选择，这个才是最重要的。"

陈丽莉："谢谢曲老师这么苦口婆心，这么有针对性、启发性的演讲和提问，包括和张老师的一问一答。在这里面提出的心得体会，有想要了解的可查找和请教老师。我们再有请编导陈慧玲同学分享一下她的感受。"

陈慧玲同学："张老师你好。本次讲座是本学期的最后一次讲座。对于前三回讲座和本次讲座您都用较大的篇幅来对采访的过程进行一个讲述。在您讲述的过程中，作为一名记者，需要有很强的应变能力和对于突发情况有冷静的思考并采取有效措施的能力，这是一名记者应有的职业素养。此外我有一个问题想请教一下老师。本次主题是《麻将馆里有秘密》。这个秘密指的是开麻将馆的人是治安大队长，他们都属于有一定社会职责的公务人员。包括第二期的讲座，主要讲的是用树上嫩枝作为鹿的食物，收这个嫩叶的人也是有一些权力的人。对于现在社会来说，这种腐败现象还存在着。我想请问一下老师，这样的话会有违你们报道这篇新闻的初衷吗？谢谢老师。"

张成良："如果看了我曾经出版的新闻作品集你可能会有更好的了解。其实很多时候，我们媒体只是作为一个瞭望者。社会的发展是肯定存在一定矛盾的，矛盾出现之后呢，一种是听之任之，等待矛盾的最后爆炸。一种是需要社会的媒介进行调和，这个时候媒体就会出现，媒体会对正面的、负面的新闻都进行一个平衡式的报道。负面报道出来之后，媒体无法保证这一问题是否得到解决。媒体所关心的是社会上类似的一系列的问题应当引起重视并得到有效解决。媒体有时候带有官方的气质，媒体的报道让普通受众感受到这个社会不是黑暗的，而是充满光明的，即使是把握权力的人犯了错误，也会有纪律检查部门和媒体监督的。媒体了解到负面事件后通过调查采访报道出来，告诉我们最后结果是什么。这个世界发展最好的一个方式，就是要让群众看见光明的方向。光芒不一定能照到你的身上，但是要让你看到有光明的存在，让人感觉到晨光已经冉冉升起。媒体在这其中起到一个很大的作用，特别是在社会快速发展的时候，人会产生一种强烈的焦虑感。

媒体站在这样的角度进行报道的话，它关注的是与被报道内容息息相关的群体。媒体进行报道，主要表现的是一种态度，表示我们国家对于舆论监督作用的重视。所以媒体是起到一个示范的作用。在社会发展中，矛盾的出现是必然的。有些问题不会令行禁止，而是会周而复始地出现。媒体的作用是监督并引导受众的价值判断，孤立那些违背社会公序良俗的人。那些想要犯错的、权力不受限的个体看到这些报道后，会觉得国家正加大监察力度，内心会觉得恐慌，看到事件被媒体披露出来，对于一些类似事件，必然会有所收敛，所以说媒体是一个调节阀，给很多人存在的一些问题和矛盾带来一些解决的希望。媒体解决的事情不多，更多的起到的是示范作用，强化政府的舆论监督。"

陈丽莉："下面的时间交给同学们，向张老师提出自己的疑问。有请董婷婷同学发言。"

董婷婷同学："老师您好，您一直在做这个调查性报道节目，虽然您是作为一个正义的一方来报道这个事件，但是仍然会有一些权力被放纵的现象存在，这在一定程度上也损害了一些人的利益。比如说治安大队长在报道播出来之后，有没有对您或者您身边的人构成威胁？那您觉得应对这种情况应该采取什么措施呢？"

张成良："受到威胁是正常现象。我在电视台时做过150多部调查性报道，也遇到过被威胁的时候，但是从来没有被起诉，也从来没有受到过身体上的伤害。我们首先应当知道生命是最宝贵的，其实肉体上的伤害并不可怕，可怕的是被污名化。一个有利益方受损的调查性报道播出之前，有时候就会遇到这样一种情况：受访对象想办法动用人际关系来平息影响，这就提到一个名词，叫作车马费。"

曲家辉："我是做艺术媒体的。当时在北京的时候，有人会把赚取车马费作为营生。就比如一个画展，记者一般会带走两样东西，一个就是新闻包，一个就是车马费。新闻包就是采访的一些资料，车马费在这个行业里已经是一个公开的秘密。"

张成良："车马费是受调查一方出于媒体公关目的，准备打发记者而提供的一些费用。对于一些正面新闻采访，有的部门也会给记者准备车马费，如同曲家辉老师所说的画展。如果说第一步的车马费是'收'，那么第二步就是'压'，受调查者担心事情的曝光会产生不良的影响，于是就会和相关负责人汇报，想方设法地对记者施压，希望记者做出让步。第二步可以明确的是内部处理问题的意向已经达成，与第一步小范围内寻求记者放弃采访不同，甚至相关部门可以和媒体取得联系，希望放弃报道刊发（播出）。比如相关负责人会直接给出解决方案，表明已经知悉下属犯了错，但是这个新闻不能播出来，否则会产生很多负面影响。如果这样做仍然不能取得实效，那么就来到了第三步'污'，对方的相关负责人会直接和媒体负责人（主编或台长）进行沟通，造谣记者用这件事情来索要钱财，产生了极其恶劣的社会影响。因为一旦有人举报，媒体内部的纪律部门就会介入并详细了解，要求调查性报道记者写一个详细的采访说明，比如包括采访对象是谁，都需要详细说明来龙去脉。调查性报道记者一般都知道如何保护自己，留存证据以备不时之需，对方的目的是把水搅浑，一旦调查采访受到质疑，报道也就无法第一时间播出去。从总体上说，媒体还是能够坚持自己的原则的，只要记者是出于公众利益的需要，调查采访手段合规合法，媒体就会为记者撑腰打气，让正能量的声音在媒体传播，在社会上传播。"

陈丽莉："记者是十大危险职业之一的职业。虽然这个职业很危险，但是还有记者梦想的同学依然要坚持，接下来，有请董占阳同学起来发言。"

学生董占阳："老师您好，您不是说去采访现场吗？我就想到了调查性报道应该有一个特点，就是很勇敢，一定要把事情弄个水落石出。老师您说过新闻不能只报道好的或者是只报道坏的。我就想到了一些节目，比如说《焦点访谈》《新闻调查》。就可能是第一季播报正面新闻，第二季可能是正面新闻负面新闻掺杂在一起，第三季都在报道负面消息。老师您作为一名记者，在报道新闻的时候，职业素养是非常高的。我想问的是在您青年时代，像我们这个年纪的时候，你有想到如何去充实自己吗？如果有的话，我想请老师和我们分享一下，让我们也学习学习。”

张成良：“你刚才提到了《焦点访谈》分为三季这种情况，其实万事都是相通的，比如说广播电视编导专业的同学在剪视频的时候，需要让视频的内容节奏与画面相适应，其实媒体给人带来的也是一种节奏感，每天仅仅分享单纯正面的或是单纯负面的都不好，像吃饭一样，需要荤素合理搭配。所以我认为最重要的是节奏，快慢舒缓能够很好地结合在一起，我们才能很好地享受生活。对于第二个问题，其实我在青年时代走过很多弯路，在大学时候也许并不比你们现在强多少。我读的梨树一中文科较弱，但理科很强。那个时代有俗话说，‘学好数理化，走遍天下都不怕’。尽管我高考选择的是理科，但在当时并不知道以后应该选择什么专业方向，也不清楚未来在何方。高考时我参加了保送考试，考到吉林师范大学，但我并不甘心一辈子只能当一名物理教师。那时候我对文学很感兴趣，所以经常会用闲暇时间来阅读一些小说，我至今都记得我当时看的书。《悲惨世界》我看了四遍，《呼啸山庄》《珍妮姑娘》《嘉丽妹妹》也都看到，有一本《幻灭》是描述记者的，里面有两个记者，一个是有高尚的职业伦理却命运悲惨；另一个是对立的，是把记者作为向德国上层社会攀爬工具的人。最悲惨的其实不是那个记者，而是变得理直气壮做坏事的那个人。受此影响，我开始对记者这一职业产生兴趣，这也是我从物理老师转行做记者的主要原因之一。

“我在大一的时候，一直想创作一些文章；大二大三我开始对新闻传播学产生了兴趣，当时想考入中国新闻学院读一个双学位。有了想法之后，便开始付诸行动，虽然因为竞争激烈没能进入复试，但这一经历无疑对我后来的职业产生了一定影响，也为我后来以第一名的成绩考入吉林电视台奠定了基础。当你把一件别人不能理解的事很成功地完成了，他人的羡慕之情便会油然而生，想向你讨教，你得到别人的肯定，就会更有激情地去做这件事。其实大部分人的智力都是差不多的，很少有天赋异禀之人。我到电视台任职时，距离毕业已经过去了四年，那时对于新闻采访我还是门外汉，就把别人写的新闻稿拿来反复阅读，观察优秀的稿件是怎么行文的。此外，电视台也备有一些参考书，我会时常拿来阅读。其实最快的学习方法就是把最优秀的新闻稿拿过来看，并进行仿写，逐渐就有了自己的写作灵感。

"但评判一篇新闻作品优秀与否的重要标准其实还是选题，好的选题是成功的一半。所以选题很重要，挖掘选题的要点也同样重要。那时候我还利用闲暇时间写一些散文，一边写一边思考，给自己设定小目标一个个去完成，一个模块一个模块去攻克，离开电视台时散文已经完成了近百篇，这也是后来散文集《岁月念想》的基础。"

陈丽莉："谢谢张老师，对此我也很有体会，我们可以讲座后再进行交流。还有同学想要提问的吗？有请陈玉祥同学！"

陈玉祥同学："老师好，我想问问在这个采访中最有意思的环节是和治安大队长以及政委在火锅店僵持的过程，您能想象一下，当时他们不把你们当成神圣的人而是妖孽或者你们没有逃跑成功，后续你们一行四个人的人身安全问题，还有设备、影像资料该怎么办？"

张成良："其实采访中我们最怕遇到的并不是这样的人，他们有工作有职位，受到各种纪律、道德的约束。我们最怕遇到的是没有任何职务的社会人员或小企业业主，对于这些人而言，没有约束他们的羁绊，因此他们可能会做出冒险的事来。前面你提到的这些人有一定的法律常识，知道要为自己的行为付出什么样的代价，所以说就算当时我们逃跑失败被他们扣下，他们也不会对我们的人身安全造成多大的伤害。他们会对我们的电视台或者报社有所顾忌。当事情败露的时候，作为一名记者一般不能与他们硬碰硬。我们是对事不对人，表面一定要谦卑和气，让人觉得记者是来解决问题的，不是针对他们个人的，这样他们就不会暴力相向。有些初出茅庐的调查性报道记者不能摆正自己的位置，不清楚自己采访的目的，意气用事，这样很容易把事情搞砸。不要把人逼上绝路，要让人看到希望，有希望的时候受访者会与你协商，没有希望的时候就不会保留情面，这是我的一个看法。"

陈玉祥同学："还有一个问题，您之前也谈到正面报道和负面报道，我就想问问您在整个新闻记者生涯中，获奖的新闻中是正面新闻居多还是负面新闻更胜一筹。如果是负面新闻多的话，你能说说为什么吗？"

张成良："首先是时代原因，1994 年是中国电视发展的新纪元，随着新闻节目《东方时空》兴起，舆论监督盛行一时。因此在那个时代，监督类新闻层出不穷，所以选择负面新闻会相当有优势。正面的新闻想要获奖一定是重中之重的大事件，或者是普通的人做不平凡的事、不普通的人做平凡的事。正面新闻获奖很难，要说我是哪个获奖多，一定是负面新闻获奖多，因为我们节目就是以舆论监督节目为主，我做过的调查性报道有 150 多部，其中舆论监督类的有 100 多部。我调查采访过一部有关'非典'的专题片《严密流调，阻击"非典"》完全是正面舆论引导的，也是我获奖级别最高的作品，获得了中宣部全国抗击'非典'优秀作品奖。"

陈丽莉："张老师从实践到理论给大家进行了分享和指导，希望同学们好好体悟，收获属于自己的东西。本次讲座到此结束。"

参考文献

［1］白岩松：《痛并快乐着》，北京：华艺出版社 2000 年版，第 137 页。

［2］曹林、吴铮：《议程设置在网络传播中的功能及变化》，载《河北经贸大学学报（综合版）》，2015 年第 4 期，第 11 页。

［3］曹鹏：《中国传媒市场进入后 WTO 时代》，载《新闻记者》，2006 年第 12 期，第 36 页。

［4］陈和玉：《记者应学会用眼睛采访》，载《新闻前哨》，1994 年第 1 期，第 31 页。

［5］陈力丹：《用事实说话不是新闻写作的规律》，载《采写编》，2002 年第 4 期，第 4 页。

［6］陈力丹：《山西矿难记者失职反思：舆论监督本身也需监督》，载《南方都市报》，2003 年 9 月 28 日，第 8 版。

［7］陈响园、刘鑫：《后真相时代新闻的拟真化转向》，载《现代传播（中国传媒大学学报）》，2021 年第 2 期，第 147 页。

［8］邓备：《借势法——寻找新闻选题的好方法》，载《新闻论坛》，2018 年第 4 期，第 90 页。

［9］丁柏铨：《深度报道：概念辨析及深度探源》，载《新闻记者》，2014 年第 10 期，第 73 页。

［10］高宪春：《新媒介环境下议程设置理论研究新进路的分析》，载《新闻与传播研究》，2011 年第 1 期，第 12 页，第 109 页。

［11］顾理平：《新闻法学》，北京：中国广播电视出版社 2005 年版，第

282 页。

[12] 何志武：《新闻采访》，武汉：武汉大学出版社 2004 年版，第 101 页，第 249 页。

[13] 胡文龙：《中国新闻评论发展研究》，北京：中国人民大学出版社 2002 年版，第 391 页。

[14] 贾小瑞：《20 世纪山东海洋文学研究》，北京：新华出版社 2021 年版。

[15] 李晨：《如何用采访证据系紧调查记者身上的"保险绳"——从〈新京报〉胜诉的两场名誉侵权官司谈起》，载《中国记者》，2017 年第 1 期，第 80 页。

[16] 李矗：《法制新闻报道概说》，北京：中国广播电视出版社 2002 年版，第 322 页。

[17] 刘艳琼：《融媒体环境下调查性报道的嬗变》，载《中国广播电视学刊》，2016 年第 12 期，第 82 页，第 96 页。

[18] 刘钊：《周老虎案 10 年，被撤职记者关克："虎照"真假是永远的心病》，https：//baijiahao.baidu.com/s？id=1577125987189879959（访问时间，2021 年 10 月 20 日）。

[19] 吕齐：《关于全感采访的一些问题》，载《现代传播（中国传媒大学学报）》，1985 年第 2 期，第 1 页。

[20] 任贤良：《舆论监督的现状、问题与解决方法思考》，载《中国记者》，2006 年第 8 期，第 4 页。

[21] 宋一平：《"新闻线人"运作中的问题与思考》，载《中国地市报人》，2010 年第 12 期，第 30 页。

[22] 孙旭培：《新闻侵权与诉讼》，北京：人民日报出版社 1994 年版，第 1 页。

[23] 孙燕君等：《期刊中国》，北京：中国社会科学出版社 2003 年版，第 398 页。

[24] 王光照、吕晓峰：《个媒体：自媒体传播模式的新形态》，载《传

媒观察》，2019 年第 8 期，第 67 页。

[25] 王珩：《新闻线人的道德审视》，载《青年记者》，2012 年第 19 期，第 36 页。

[26] 王军：《新闻工作者与法律》，北京：中国广播电视出版社 2001 年版，第 229 页。

[27] 王丽：《调查性报道背后的伦理学思考——以"平时是天使周末是魔鬼"为例》，载《新闻世界》，2010 年第 10 期，第 118 页。

[28] 王娅妮等：《舆论监督任重道远》，https：//news. sina. com. cn/o/ 2006-12-20/091910818616s. shtm（访问时间：2006 年 12 月 19 日）。

[29] 网易号：《爆料林生斌的记者被围攻，怒斥"收钱论"，四年前就因此被网暴》，https：//www. 163. com/dy/article/GEIUAV1D05178D8P. html？f= post2020_ dy_ recommends（访问时间：2021 年 10 月 18 日）。

[30] 魏永征：《被告席上的记者》，上海：上海人民出版社 1994 年版，第 1 页。

[31] 吴晨光：《源流说：内容生产与分发的 44 条法则》，北京：中国人民大学出版社 2020 年版，第 24 页。

[32] 吴靖：《复杂系统科学视域下媒介素养"晶体"课程实施路径研究》，北京：新华出版社 2019 年版。

[33] 谢娜：《蕴于向善性的新闻审美》，载《中国地市报人》，2013 年第 9 期，第 75 页。

[34] 徐沁：《媒介融合论：信息化时代的续存之道》，北京：中国传媒大学出版社 2000 年版，第 258 页。

[35] 许颖：《可预见性新闻报道的策划与创新——以新京报"改革开放 40 年"系列报道为例》，载《新闻与写作》，2018 年第 6 期，第 90 页。

[36] 杨保军、李泓江：《新闻学的范式转换：从职业性到社会性》，载《新闻与传播研究》，2020 年第 8 期，第 5 页，第 126 页。

[37] 杨秀国、张筱筠：《调查性报道：伦理层面的矛盾体》，载《河北大学学报（哲学社会科学版）》，2007 年第 6 期，第 55 页。

［38］杨振武：《抓独家新闻和深度报道，增强报纸的竞争力和影响力》，载《新闻战线》，2008 年第 4 期，第 4 页。

［39］俞月亭：《新闻舆论监督的尴尬》，博客中国，http：//www. blogchina. com/new/display/186571. html（访问时间：2006 年 10 月 29 日）。

［40］禹建强：《媒介战略管理案例分析》，北京：华夏出版社 2004 年版，第 246 页。

［41］袁丰雪、仇玲、周海宁等：《融媒体时代新闻采访与写作》，北京：新华出版社 2019 年版，第 29 页。

［42］［美］约翰·布雷迪：《采访技巧》，北京：新华出版社 1986 年版，第 63 页，第 72 页。

［43］张成良：《融媒体传播论》，北京：科学出版社 2019 年版。

［44］张成良：《新媒体素养论：理念、范畴、途径》，北京：人民出版社 2015 年版，第 189 页。

［45］张成良：《偏见比无知距离真相更远——西方媒体对拉萨"3·14"事件报道解析》，载《新闻记者》，2008 年第 5 期，第 7 页。

［46］张成良：《中国媒体进入后舆论监督时代》，载《新闻知识》，2007 年第 4 期，第 8 页。

［47］张荣玲：《协作与共振：微博中议程设置的主体及效果》，载《中国报业》，2018 年第 14 期，第 17 页。

［48］张筱筠：《刍议调查性报道伦理"向善性"保障》，载《新闻界》，2009 年第 4 期，第 77 页。

［49］张洋：《当代中国调查性报道的兴起：话语与实践的历史考察》，载《新闻界》，2019 年第 1 期，第 88 页。

［50］赵新乐：《调查性报道：常在水边走还能不湿鞋》，http：//roll. sohu. com/20111228/n330550673. shtml（访问时间：2021 年 10 月 22 日）。

［51］周海燕：《调查性报道采访与写作》，北京：新华出版社 2003 年版，第 70 页，第 161 页，第 203 页。

［52］朱莉·波塞蒂等：《虚假信息和政治袭击助长暴力，正在严重伤害

女记者》，https：//www. jzwcom. com/jzw/bf/24049. html（访问时间：2021年10月18日）。

［53］《2019 年新闻线人行业分析报告》，https：//www. doc88. com/p-7744765293873. html？r=1（访问时间：2019 年 11 月 7 日）。

［54］松本君平、休曼、徐宝琪等：《新闻文存》，北京：中国新闻出版社 1987 年版，第 401 页。

［55］BURGH H D. *Investigative Journalism*，*2nd Edition*，2008，p. 14.

［56］DU BOIS J W "The stance triangle"，In R. Englebretson（eds.），*Stancetaking in Discourse*：*Subjectivity*，*Evaluation*，*Interaction*，Amsterdam/Philadelphia：John Benjamins Publishing Company，2007.

［57］ETTEMA J S，Glasser T L. Custodians of Conscience - Investigative Journalism and Public Keyon，G. M. Guided Autobiography：In Search of Ordinary Wisdom. In G. D. Rowles & N. E. Schoenberg（Eds.），Qualitative Gerontology：A Con-temporary Perspective（2nd ed.）New York：Springer. 2002.

［58］TONG J. *Investigative journalism in China*：*Journalism*，*power*，*and society*，A&C Black，2011，P. 13.

［59］*Virtue*，Columbia University Press，1998.

［60］［美］W. 巴雷特：《非理性的人——存在主义哲学研究》，段德智译，上海：上海译文出版社 1992 年版，第 32 页。

后 记

秋风又起，红叶飘飞。从 2019 年开始策划《调查性报道采访》，中间开展了多次沙龙活动，同时也在研究生课程中开展了互动讨论。如今两年过去了，书稿在断断续续地思考和写作中得以完成，撰写的过程既是对过往调查性报道实践的回忆和总结，同时也是在当今社会环境中的一次深入思考。

2018 年教研室集体外出活动，在偶然的机会里提到了我以前的职业经历，于是侃侃而谈地说开来去。我的叙说感染了在场的同事们，他们对我调查性报道的经历连连称赞。其中关注人类学研究的专家姜娜博士从人类学体验的视角给出了建议：可以出版一本有指导意义的小册子，以"拟战"的状态提示学生们调查性报道素养的养成。这显然是那些从未参与过调查性报道的著者们无法实现的。

应该说这样的交流如同播种下一粒种子，让我有了完成这一课题的最初想法。2011 年，我曾经出版过一部 30 万字的调查性报道作品集《为百姓说话》（线装书局 2011 年版），作品集收录了调查性报道 65 篇，选取了部分视频截图，最大限度地呈现了我的调查性报道足迹。应该说，作品集的出版将我的媒体记忆存留下来，也算是正式与媒体工作的告别。但回头翻看时，我总有种缺憾。每一篇文字都是一幅幅惊心动魄的调查采访画卷，而我则是画卷中那个若隐若现的奔跑者，依靠记忆和分享让那段时光不断闪耀起来。

2019 年年初，在姜娜博士的帮助下，源于媒介实践分享的四场讲座最终浮出水面，四场报告依次得以开展。报告的听众是传播学一年级的学生，对他们而言这是一次近距离接触媒介采访实践的交流活动，对于我而言则是激

发我完成从叙事分享到书稿撰写的一次动员活动。四次讲座的题目分别是
《卧底记者的生死时速》《孤身夜走屠宰场》《废矿区里闻呼声》《麻将馆里有
秘密》，这四段调查性报道的经历是我当年采访经历的几个片段，唤起了我对
曾经那段流金岁月的回忆。参与讲座的学生们认真倾听、积极互动。经过多
年的洗礼，我也能够用另外一种视角来重新审视当年的采访经历，这是一次
自我学习和升华的过程。讲座中姜娜、曲家辉、王杰飞、陈丽莉等几位老师
担当了点评人和主持人的角色，引导学生参与对话和提问，成为师生互动的
重要环节。他们也一起分享了对于调查性报道的认识和理解。

系列讲座结束后，姜娜博士意犹未尽，催促我投入书稿撰写。她还认真
地完成了书稿的框架搭建，看得出来，基于人类学和社会学视角的框架强调
了调查性报道过程中的行动性。姜娜博士的主要指导意见是：

> 先用目前的案例出版一本采访手册，偏向于教科书类型的实践
> 性手册，可以给传媒专业的学生使用。当前融媒体的重要性成为大
> 家的共识，但是具体要怎么做，这个其实还是很含糊的，更没有成
> 型的理论体系，所以可以在本书的基础上再升华成一本开创性的理
> 论著作，作为传播学等学科的理论体系建设指导。她特别强调的是：
> 要按照田野调查法的流程串联起来章节；每一部分的标题都只是对
> 内容的一个概括，并非精确表述；每一部分要插入大量案例细节来
> 做充分阐释。

有了姜娜博士的穿针引线，我开始沉下心来准备书稿撰写。一时间，当
年调查采访的细节如潮水一样涌来，回忆的每一个细节都成为不吐不快的
话题。

2001 年 11 月，我以第一名的优秀成绩考入吉林电视台，那时我正跨在而
立之年的门槛上，古语说三十而立，我却以一种独特方式敲开三十岁的大门：
那就是仗笔行走舆论江湖。有生以来，最酣畅淋漓表达性情主张的，也正是
2001—2006 年的几个年头，我以小小的调查性报道记者身份，做了现在想来
都难以完成的人生科目，走过有生以来最长的调查性报道之路。

　　四年多时间里，我走遍东北的松辽大地，采访编发调查性报道 150 多篇，其中舆论监督占据半数以上。谈到我在媒体中的调查性报道经历，就不能不提到《纪实》这个栏目，这个与中央电视台《焦点访谈》同一时期诞生的栏目，曾是吉林电视台新闻调查节目的标兵，先后经历了三位节目制片人。十几年间，栏目获国家级奖项十数项，锻造了无数的精品电视专题和评论节目。可惜的是，在我离开半年后，这个辉煌了十三年的老牌栏目轰然倒下，退出了调查性报道的历史舞台，让远隔千里的我不禁扼腕喟叹。末代制片人叫作康凯，身材魁伟，人如其名，一副笑眯眯的样子，从不拒人于千里之外。电视台里，同行间往往以"哥""姐"呼之，称为老师的人不多，康凯就是其中的一个，从栏目成立到最终倒下，他始终在这个栏目里，见证了栏目的发展，也带出了像我一样的一批记者同侪。栏目的取消是因为时代大背景使然，与栏目采编人员没有直接关系。但对于曾在栏目工作过和正在栏目工作的编导人员而言，这种见证也属于一种无奈的唏嘘。

　　正是因为电视台新闻中心提倡调查性报道，栏目也鼓励多出调查性报道精品，于是我迅速进入栏目调查性报道的第一方阵，攘臂奋袂，冲锋陷阵。之所以更加倾向于调查性报道的泥土气息，想来与我对身处底层百姓的感同身受有关，我一向强调把脚站在泥土里。我深知社会变革过程中存在着一些不易察觉的问题，于是我要做调查性报道；近年来记者们往往趋附于假大空的宣传报道，便是企业主也可肆意网罗记者，或是鼓吹奉迎，或是噤声失语，出于对记者天职的骄傲，我要做调查性报道。

　　在《纪实》栏目三年多的时间，因为调查性报道太过于专注，以至于有摄像戏称我为"小煤矿矿长"（多次深入九台煤井采访）。2006 年 2 月，新闻中心内部刊物《编播月报》卷首语中，王雪霁以《感谢·祝福》为题提到了我的离去，文章开首写道：

　　　　"新闻中心《纪实》栏目的战友张成良同志，经过偷拍、获奖
　　　　……千锤百炼终于翅膀硬了栖上了高枝当大学老师去了……虽然平
　　　　时跟成良没有太多接触，可我还是太留恋这位好同事了……"

曾经同事的夸赞虽让我受之有愧，却也是他们对我这几年在调查性报道中的成绩给予的肯定。几年中调查性报道带来的酸甜苦辣、个中滋味，恐怕只有我清楚，当然也包括和我一起完成这些采访的好兄弟许丛远、孙宇功和孙立军，暗访、偷拍、卧底，我的角色也不断变化着，教师、洗浴店老板、农药推销员、政府公务员、黑社会小弟、赌客、嫖客、农民、开发商、小企业主等林林总总，目的只有一个，那就是在调查中获得第一手采访素材。

2009 年，一位官员的雷人话语曾经在网络上甚嚣尘上，这位官员问记者："你是代表老百姓还是代表政府？"之所以引起争议，是因为他把政府和开发商利益捆绑在了一块儿。要我说，这位官员不是可恨而是可爱，他说出了官场中的一个潜规则：一些公务人员认为官商是一体的，记者就应该成为他们的吹鼓手，顺从的是百姓，不顺从的就是刁民。在政府公务人员的协同和记者的吹捧下，一些企业老板变得更加有恃无恐，气焰嚣张，成为调查性报道的主要对象。

实际上从做调查性报道开始的那一天起，我就已经见识到这种潜规则的盛行。采访一些企业单位时，总会有掌握资源的人突然横插进来，说服我们放弃采访，甚至还以中间人身份提出"摆事"的种种办法。一次在东丰采访糠醛企业违法生产，造成环境污染的新闻，还没等完成采访，当地镇政府就搅了进来，并找来县委宣传部的人，准备宴请我们。镇政府的人实话实说："我们镇发展经济不容易，招商引资成功了，每年能给国家缴纳千万元的税款，招商引资指标不但完成了，我们镇一年的办公费用、工资、奖金都有了着落，整体说来利大于弊。你们可别听那几个刁民起哄架秧子，他们也就是想讹人家厂家几个钱，为经济大局，你们可不要站在刁民们的一边哪。"由此看来，利益当头，一些官员总是人为地把政府、企业者与百姓之间隔离开来。

调查性报道者最无奈的还是一张无形大网形成的弹力。在电视台工作期间，仅 2004 年和 2005 年两年对我而言，就常有各色人走马灯一样地找来，受用些的还是通过关系毙掉片子。恶心人的是恶人先告状，找到相关领导，指责记者到下面去以势讹钱，或是受访对象是记者的亲属云云。言之凿凿，使得荆棘丛生，遍地疑云。对此，要么是和领导汇报解释清楚，要么是以书面材料呈报说明。因为没有相关法律的庇护，调查性报道手段成为最受人质疑的众矢之的，调查记者置身于夹缝中间，工作起来备感艰难。有一段时间，一波未平一波又起，让我这调查性报道者也受到了严酷的行政监督，纪委谈话、主任陈情，好在浮云遮不了望眼，谣言掩不住实情。在一次次心力交瘁的博弈之后，我还是要拂去尘土，走上新的征程。

调查性报道者担心的还有被调查者的疯狂报复。镜头中被调查对象增加的同时，被报复的概率也必然增加，在电视台工作期间，不管是上班进台，还是下班回家，我总是要顾盼四周，生怕遭到黑手袭击。谢天谢地！调查性报道的几年里，我总算没有招致那些飞来的灾祸。

在互联网技术不断发展的时代，新闻话语权在自觉地下放，人人皆握有麦克风的时代，调查性报道也被赋予了新的使命，由下而上的新闻调查特征正在形成。2007 年，我曾在一篇《中国媒体进入后舆论监督时代》论文中提到传统媒体舆论监督的式微。在后舆论监督时代，调查性报道的"明星媒体"身份已不复存在，多极共存，理性和谐是目前的调查性报道的现状。媒体在调查性报道中相互配合，形成了泛媒体间合作的调查联盟。

庆幸的是，正是在这样的一种背景下，互联网开始崭露头角，以新旧媒体融合为标志的新的舆论监督格局正在悄然形成，调查性报道实现了它的一次成功突围。网络媒体的舆论发起与鼓噪，传统媒体的强势话语权和主流身份，共同为舆论监督打开了一扇大门。

我本人目前虽然早已远离调查性报道的第一线，但是看着一个个调查性报道案例被以网民互动参与的方式掀起风浪时，内心还是充满了感动：这才是一个成熟、负责任的国度，这才是成熟子民所追求舆论引导的新方式。

在电视台工作期间，国内的新闻舆论监督正处在高潮期，那时因势而为，积累了丰富的调查采访经验，这些经验对于无法直接进入实际社会生活中进行体验、只有课本知识的专业学生而言具有重要的指导和"拟战"借鉴意义。

本书围绕调查性报道的采访流程顺序，以丰富的案例为佐证展开全书的叙述，以一位负责任的"老记者"的身份向青年学子们讲述"我"的故事。考虑到新闻的真实性属性，本书没有刻意回避问题，对于个人的做法以及调查采访中的具体行动均加以事实呈现。也许从职业规范等出发尚嫌不足，但这种实践范式的呈现意在展示调查性报道的过程属性，而非一般性的观点与逻辑，这也是本书的初衷。书的最后精选四个实践案例，通过讲座整理的方式呈现，使读者更加直观地感受现场氛围，加深对新闻采访工作的理解。

感谢在电视台媒体工作的那段时光，它为我提供了不断回忆和书写的丰厚积淀。感谢我在电视台时遇到的制片人康凯老师，还有《纪实》栏目的一众兄弟姐妹，我们一起见证了那段调查性报道的黄金时光。好剧不会落幕，它存活于每个人的记忆里，随时光打磨而历久弥新。媒体工作的时光每一天都有故事，有的故事由年长的老师们讲述，有的故事则是我的亲身经历，值得回忆的不是故事本身，而是故事发生时的那种"聊发少年狂"的冲动。虽然栏目已经不在，但从栏目走出来的人们，都是在各个岗位上奋发砥砺的精英。"聚是一团火，散作满天星"，就用我们的微光做一个时代性的标记，照亮每一个前行的脚步吧。

感谢鲁东大学新闻与传播学院和我一起同行的新闻传播专业的同事们。传媒专业从无到有，到如今初见规模，我们一起见证了新闻与传播专业硕士学位的建立、省级一流本科专业的获批，以及两门省级一流本科课程的立项。走的虽然不远，但脚印足够深刻。感谢激活我职业记忆的姜娜博士，她以学者的视角为我确定这一选题，为我提供人类学书写范式，使我受益良多。感谢在"取灯沙龙"中做出点评的曲家辉、王杰飞、陈丽莉老师，和他们的沟通交流使我如沐春风，受益良多。这本书的贡献不是来自学术的价值，而是一种深入其中的视角，让青年学生们感受调查性报道采访中的诸多细节，还原当年媒体采访的经历。

还要特别感谢的是传媒专业的学生们。研究生司忠丽、王国芸和李珂心认真整理文稿，并对文字进行了重新梳理和修改。司忠丽同学在完成文字整理的同时也参与了第一章、第二章和第三章部分文字的撰写和校对等工作。本科生张涛、李肖霖、林新颖、陈慧玲作为沙龙的发起者和参讲人，还为讲座文稿的转换与校对做出了贡献。

感谢原鲁东大学文学院胡晓清院长，她一直以来对新闻传播专业的关心